KB065518

역사학
너머의
역사

역사학 너머의 역사

빅히스토리, 문명의 길을 묻다

제1판 제1쇄 2022년 10월 28일

지은이   김기봉
펴낸이   이광호
주간   이근혜
편집   홍근철 박지현
펴낸곳   ㈜문학과지성사
등록번호   제1993-000098호
주소   04034 서울 마포구 잔다리로7길 18(서교동 377-20)
전화   02)338-7224
팩스   02)323-4180(편집) 02)338-7221(영업)
전자우편   moonji@moonji.com
홈페이지   www.moonji.com

ISBN 978-89-320-4062-2 93900

이 책은 2018년 대한민국 교육부와 한국연구재단의 지원을 받아 수행된 연구임
(NRF-2018S1A6A4A01029033)

역사학 너머의 역사

빅히스토리, 문명의 길을 묻다

김기봉 지음

문학과지성사

오늘날 인류는 생존과 문명의 지속 가능성을 심각하게 고뇌해야 할 상황에 직면해 있다. 코로나19 팬데믹의 긴 터널을 지나는 동안 인류는 '우리는 무엇인가'를 반성해야 했고, 기후 위기는 '우리는 어디로 가고 있는가'에 대해 성찰하게 했다.

팬데믹과 기후 위기, 둘 다 인간 활동으로 생겨났다. 이들은 "지구 생활자"[1]로서 인류가 제 위치를 반성하고 문명의 패러다임을 바꾸지 않으면 더는 존립 불가능하다는 경종을 울렸다. 인류는 여전히 지구의 품을 벗어나서는 삶을 영위할 수 없다. 기후 위기는 제임스 러브록이 '가이아'라고 이름 붙인 어머니 지구의 체온이 높아지는 지구온난화가 유발한 현상이다.

지금까지 인류는 물론 모든 유기체가 지구에서 살다

---

1   브뤼노 라투르, 『나는 어디에 있는가?』, 김예령 옮김, 이음, 2021.

가 사라졌다. 지구가 생명체를 탄생시키고 소멸하게 만든 것은, 그것이 일종의 자율 조절 총체ensemble로 기능했기 때문이다. 오늘날 우리가 경험하는 이상 현상은 '산업화된 인간들industrialized humans'이 저지른 행위에 대한 반응으로 나타난 것이다. 만일 지구에 자율 조절 기능이 없었다면 팬데믹이나 지구온난화는 일어나지 않았을 것이다. 엄밀히는, 지구가 잘못되어가는 것이 아니라 인간이 생존하기 어려운 환경으로 변해간다는 점이 문제다. 브뤼노 라투르는 지구가 우리에게 칸트와 같이 정언명령을 내리고 있다고 보았다. "너희는 온도 상승을 2도 아래로 유지하라. 그러지 않으면 죽을 것이다!"[2] 이 정언명령에 따르지 않으면, 지구에서 번성하다가 사라진 다른 생명체들처럼 인류가 멸종하는 것은 시간문제다.

물론 지구에서는 말할 것도 없고 우주에서 영원한 것은 없다. 지구도, 태양도 언젠가는 소멸한다. 하지만 지금 우리의 문제는 우리 자신이 행한 것들로 인해 인류 종말의 시간이 점점 더 가까이 다가오고 있다는 점이다. 우리가 지구에서 존립할 수 있는 시간을 연장하려면 어떻게든 지구가 내리는 정언명령에 따를 수 있는 길을 모색해야 한다. 그러기 위해서는 지구 역사와 충돌하지 않고 인류가 번성할 수 있는 대안 문명을 찾는 것이 먼저다.

2   브뤼노 라투르, 『지구와 충돌하지 않고 착륙하는 방법―신기후체제의 정치』, 박범순 옮김, 이음, 2021, 11쪽.

지금까지 인류 문명사는 인류가 지구환경을 일방적으로 변화시키는 패턴으로 전개됐다. 인류는 환경을 자신을 둘러싼 주변으로 간주했고, 그것을 변화시키는 주체로 자신의 위치를 설정하는 플롯plot에 따라 문명사를 구성했다. 하지만 환경 변화로부터 초래된 실존적 위기에 직면하면서, 인류가 연약한 유인원에서 지구상 가장 번성한 생명체로 성장할 수 있었던 토대가 언제 어떻게 성립했는지, 곧 문명의 기원에 대해 되돌아볼 필요가 생겨났다.

우리는 인류 역사상 최초로, 인류가 문명을 건설해 번성할 수 있는 바탕이었던 환경 시스템의 '기본 값default value'이 깨지는 것을 경험하고 있다. 이 같은 유례없는 비상사태를 맞아 인류에게 가장 중요한 문제는, 더는 되돌릴 수 없는 임계점을 넘기 전에 지구 생태계의 골디락스 조건을 유지할 수 있는 기본 값을 복원시켜야 한다는 것이다. 이를 위한 절체절명의 과제가 화석연료 기반으로 이룩한 근대 문명의 패러다임을 바꾸는 것이다.

오존층 파괴 원인을 규명해 1995년 노벨 화학상을 받은 파울 요제프 크뤼천Paul Jozef Crutzen은 2000년 2월 멕시코에서 열린 지구환경 관련 국제회의에서 "우리는 이제 홀로세가 아니라 인류세에 살고 있다"라고 선언했다. 이 선언을 계기로 인류를 뜻하는 'anthropos'와 시대를 뜻하는 'cene'의 합성어인 인류세Anthropocene라는 새

로운 지질시대 용어가 논의되기 시작했다.[3] 대다수 지질
학자들은 새로운 지질시대 구분을 지층 속의 화석으로
대표되는 지질학적 흔적을 준거로 판단해야 하는데, 지구
대기와 지표면에서 일어나는 변화를 근거로 인류세를 말
하는 것은 시기상조라고 반대를 표명했다.

46억 년에 달하는 지구 역사에서 지질시대를 바꾼 주
체는 자연, 더 정확히는 지권, 수권, 기권, 생물권, 외기권
등의 다섯 가지 구성 요소가 상호작용을 지속하면서 균
형을 유지하는 것으로 알려진 지구 시스템이었다. 하지만
오늘날에는 인간이 북극 빙하를 녹이고 바다에 플라스틱
을 쌓이게 하는가 하면, 질소비료를 대량 사용해 지층을
변화시킬 뿐 아니라 핵실험으로 플루토늄-239 같은 동
위원소를 인공적으로 생성한다. 더 나아가 핵전쟁이 발발
한다면, 지금까지 인간 활동이 미친 모든 영향력을 능가
하는 지구환경의 근본적인 변화가 일어날 수 있다.

이처럼 인류세란 인간이 지질학적 힘을 행사해 지구
시스템을 바꾸는 요인 가운데 하나로 등장한, 지구 역사
의 신기원을 가리키는 용어다. 그런데 인간의 지배력이
정점에 도달한 이 인류세에 나타난 역설은, 인간이 환경
에 대한 지배력을 강화하면 할수록 지구에서 인간이 펼
칠 수 있는 자유의 영역은 그만큼 적어진다는 것이다.

3　Paul Crutzen, "The Geology of Mankind," *Nature* 415, 2002, p. 23.

8   근대란 야코프 부르크하르트의 말처럼 "의식의 각성에 의해 자연과 단절된"[4] 역사 개념에 근거한다. 이 단절을 통해 인간이 세상을 인식하는 주체로 부상한 것을 칸트는 '코페르니쿠스적 전환'이라 불렀다. 우주에서 인간의 위치를 인식 주체로 설정한 칸트는 자연을 필연의 영역으로, 인간 행위를 자유의 영역으로 나누고, 자연에 대한 인간의 책임을 실천이성에 근거한 도덕론으로 규정했다. 하지만 지구온난화를 막는 것이 정언명령이 된 인류세에 도덕은 자유의 영역이 아닌 필연의 영역에 뿌리내려야 한다.[5] 이제 인류의 운명이 가이아라는 자율 조절 총체의 작동 방식에 달려 있다면, 인류 역사Human history를 지구 역사Geo-history의 범주로 포괄해서 인식할 수 있게 하는 새로운 역사 개념이 요청된다.

처칠은 "더 멀리 뒤돌아볼수록 더 먼 미래를 내다볼 수 있다"[6]라는 명언을 남겼다. 이 말은 인류가 가장 멀리 되돌아보는 성찰을 하면 할수록 미래 전망을 더 넓고 깊게 할 수 있다는 통찰을 담고 있다. 그런 통찰을 위한 성찰

---

4   클라이브 해밀턴, 『인류세—거대한 전환 앞에 선 인간과 지구 시스템』, 정서진 옮김, 이상북스, 2018, 25쪽에서 재인용.

5   같은 책, 92쪽.

6   Winston Churchill, "Toast to the Royal College of Physicians," 1944. 3. 2("Prime Minister among the Politician," *The Lancet* 243, 1944, p. 344에서 재인용).

과 전망을 이끄는 빅퀘스천Big Question이 '우리는 어디서 왔고, 무엇이며, 어디로 가는가'다. 인류의 과거를 탐구하는 역사학은 이 3문閒에 대한 답을 추구한다. 그런데 문제는, 기존 역사학 패러다임으로는 인류 역사와 지구 역사가 충돌하면서 도래한 인류세에 대응해 3문에 답할 수 없다는 점이다. 종래의 역사학은 인간 활동을 중심으로 역사를 기술할 뿐, 그런 활동을 가능케 한 공간인 지구는 역사 인식의 프레임 밖에 있었다.

지구 없는 인간 삶은 불가능하다. 인간은 지구에서 태어나 지구에서 살다가 사라진다. 홀로세 이후 설정된 안정적 기후 조건 덕분에 인간은 번영할 수 있었다. 그로부터 농업혁명이 일어나 인류 문명이 지속 가능한 발전을 할 수 있는 장기 지속의 구조가 형성됐다. 한반도라는 지리적 공간이 한국사의 운명을 결정하는 구조이듯, 지구환경은 이제 인류 역사의 변수가 아니라 성립의 토대가 되는 상수로 재인식되어야 한다. 하지만 지구를 인간 삶의 드라마가 공연되는 무대로 설정하고 서술한 역사는 거의 없다. 인간이 더는 지구에 살 수 없는 상황이 도래하면 역사가 종말을 고한다는 것은 명약관화하다. 인류세 대멸종에 직면해서 '현재와 과거의 대화'를 시도하는 역사학은, 지구라는 무대 위에서 펼쳐진 인간 드라마 형식으로 역사를 재구성해야만 한다.

작은 것을 큰 것에 넣는 것과, 큰 것을 작은 것에 붙이는 것은 차원이 다르다. 전자는 기존의 인식 범주를 조금만 확장하면 되지만, 후자는 작은 것이 큰 것 속으로 해소되어 다른 것으로 바뀔 수 있다. 지구 역사를 연구하는 대표적 학문 분야인 지질학을 인류 역사의 전사前史에 해당하는 것으로 역사학 내에 포섭하면 그 학문적 정체성은 무엇인가? 중요한 것은 그것이 역사학인가 아닌가가 아니라, 우리 시대가 요청하는 3문에 대한 답을 어떻게 하느냐다.

지구는 약 46억 년 전에 생겨난 것으로 추정된다. 이에 비해 현생인류는 20만~30만 년 전에 출현했고, 그 가운데 역사학이 연구 대상으로 삼는 시간은 채 5천 년이 안된다. 그렇다면 5천 년의 과거에 대한 지식으로, 46억 년 동안 축적된 시간을 거치며 생겨난 문제들에 대한 답을 얻을 수 없다는 것은 명확하다. 아직 인간이 생겨나지 않았던 아주 먼 옛날 지구의 과거에 대해 알아야, 지금 우리가 직면한 문제들을 탐구할 가능성이 생긴다.

린 헌트가 썼듯 현재는 역사학에서 '전 지구 시간whole Earth time'이 이제 막 움트는 단계다.[7] 역사학은 지구와 변화하는 환경을 다룰 수 있는 지구의 깊은 역사Deep history로 시야를 확장해야 한다.

7   린 헌트, 『무엇이 역사인가―린 헌트, 역사 읽기의 기술』, 박홍경 옮김, 프롬북스, 2019, 146쪽.

점차 역사학자들은 과거에나 현재에나 지구에 인간만 **11**
살고 있는 것이 아니며 인간끼리의 관계로만 역사가
흘러가지 않았음을 인식하고 있다. 사람들은 늘 자신
이 거주하는 환경, 동일한 공간에 존재하는 동물과 도
구, 인간의 삶을 가능하게 만들거나 때로는 불행을 일
으키는 미생물, 병원체와 상호작용했다. [……] 이러한
상호작용의 역사는 인간이 우주의 주인이 아니며 지
구와 다른 종을 무시한 행동 때문에 오늘날 우리가 직
면한 문제가 벌어졌음을 인정하도록 일깨운다.[8]

미래 인류의 삶은 지구상의 비인간 존재는 물론, 태양
계와 그 너머 우주 모든 것과의 상호작용을 확장하는 역
사로 전개될 전망이다. 인간의 거의 모든 삶은 지구에서
이뤄지지만, 시간을 거슬러 올라가면 인간을 형성한 원소
들은 모두 지구 밖의 별들에서 생성된 것들이다. 결국 인
류의 과거는 우주의 역사와 연결돼 있다.
　오스트레일리아 매쿼리 대학교의 데이비드 크리스천
은 그런 연결을 통해 존재하는 모든 것의 기원을 설명하
는 '현대판 창조 신화modern creation myth'로 빅히스토
리를 창안했다.[9] 교양을 사람이 알아야 할 모든 것이라고

8　같은 책, 149쪽.
9　데이비드 크리스천, 『거대사―세계사의 새로운 대안』, 김서형·김용우 옮
김, 서해문집, 2009.

정의한다면, 빅히스토리보다 더 좋은 교양 교육은 없을 것이다. 빅히스토리는 우리의 기원과 정체성에 관한 가장 과학적이고 종합적인 설명을 제공하는 인류 집단 학습의 결정체다. 하지만 대다수 역사학자는 빅히스토리를 과학 지식의 교양 과목으로 간주할 뿐 역사학의 한 분야로 인정하지 않는다. 역사학자들이 지적하는, 역사로서 빅히스토리가 가진 결점에는 모든 것의 기원을 설명하는 과학적 지식이 풍부하지만 '삶의 교사'로서 역사의 고유한 역할은 하지 못한다는 것이 있다.

인지신경과학자 스타니슬라스 드앤에 따르면, 뇌과학에서 배움이란 현실의 일부를 우리 뇌로 가져와 마음속에 세상의 모델을 만드는 행위다.[10] 우리는 배움을 통해 실재로서의 세상을 그대로 복사하는 것이 아니라, 획득한 정보나 지식을 토대로 뇌 속에서 우리 나름의 매트릭스 matrix를 구축한 후 그것을 토대로 주변 환경을 우리에게 맞게 변화시킬 수 있는 길을 모색한다. 그런데 인간이 배움을 집단 학습으로 할 수 있었던 것은 자연의 사실 세계가 아닌 문화의 허구 세계에 사는 존재로 탈바꿈하면서부터다. 문화 세계에서 집단 학습을 할 수 있는 와이파이로 인간이 발명한 첫번째 인터넷이 이야기다.

빅히스토리는 인간이 과학과 인문학으로 탐구해낸 세

---

10 스타니슬라스 드앤, 『우리의 뇌는 어떻게 배우는가 ─ 배움의 모든 것을 해부하다』, 엄성수 옮김, 로크미디어, 2021, 36쪽.

상과 인간에 관한 모든 지식을 연결해 집단 학습을 할 수 있게 하는 가장 큰 이야기다. 그런데 빅히스토리도 수학적 기호가 아니라 언어적 소통 수단으로 전달되는 서사인 이상, 이야기 형태로 메시지를 전송하는 통신망 연결이 잘 작동하지 않으면 집단 학습의 효과를 충분히 발휘할 수 없다. 빅히스토리의 최대 장점은 '우리는 어디서 왔으며 무엇인가'에 대해 과학적으로 설명 가능한 이야기 모델을 제공한다는 점이다. 모든 정보와 지식은 이미 일어난 사건들과 현상들에 관한 것이다. 그것들에 관해 가장 큰 이야기를 해줄 수 있는 빅히스토리가 지금 우리에게 중요한 것은, 인류세 대멸종의 위기에 직면한 인간의 생존과 미래 문명의 지속 가능성의 길을 열 수 있는 내비게이션으로서 빅히스토리가 유용하기 때문이다.

인간은 과거를 바꿀 수 없지만, 미래는 선택할 수 있다. 인간은 집단 학습을 통해 그 선택의 자유와 가능성을 확장하는 방향으로 문명을 건설해왔다. 인류세란 그런 문명사의 전개가 임계점에 이른 상황이다. 그렇다면 이제 '우리는 어디로 가야 하는가?' 빅히스토리가 앞서 말한 3문 가운데 마지막 물음에 답하는 내비게이션 기능을 강화하려면, 우주에서 인간의 위치와 존재 의미에 관해 더 많이 성찰하고 전망하는 문명사적 문제의식을 가진 빅히스토리 모델이 요청된다.

인류세에 인간은 지구 생활자로서 삶의 궤도를 수정하

14   는 문명사적 대전환을 해야 한다. 그러려면 무엇보다 먼저 인간의 가치관과 경험에 근거해 만물을 이해하고 의미를 부여하는 인간중심주의anthropocentrism에서 벗어나려는 노력부터 해야 한다. 인간은 우주의 중심이 아니라, 먼지로부터 생성된 작은 존재다. 하지만 인간은 그렇다는 사실을 알고 자신의 존재 의미에 대해 고뇌하는, 우리가 아는 한 우주에서 유일한 생명체다. 우주가 인간에게 의미를 부여하는 것이 아니라, 우주 속의 우리가 우주에 대한 정보를 구성하며 3문에 대해 성찰한다. 인간중심주의로부터 탈피해야 빅히스토리가 성립 가능하지만, 인간 없는 역사를 이야기하는 것은 무의미하다. 그렇다면 인간중심주의를 지양하면서도 인간의, 인간에 의한, 인간을 위한 인문학적 빅히스토리 이야기 모델은 어떻게 가능한가?

그 모델을 추구하는 것을 목표로 하여 집필된 이 책은 총 5부로 구성된다. 1부는 어떻게 해서 인간이 집단 학습을 할 줄 아는 '이야기꾼 인간Homo narrans'이 되었는지를 탐구한다. 이야기는 인간에게 허구의 세계로 비상하는 날개를 선사했다. 허구 서사를 통해 인간은 현실이란 고치에서 탈피해 나비로 탈바꿈하는 꿈을 꾸는 존재가 될 수 있었다. 인간은 어떤 꿈을 갖고 그것을 이루려는 삶을 사느냐로 정체성과 존재 의미를 만드는 실존적 삶을 영

위한다. 이야기를 매개로 내면에 인간의 무늬를 형성할
목적으로 생겨난 학문이 인문학이다.

2부는 이야기를 매체로 하는 인문학과는 달리 수학이
란 기호로 자연법칙을 해독하는 과학의 탐구 방식이 갈
릴레오에 의해 정립된 후 일어난, 인문학에서 과학으로의
패러다임 전환을 다룬다. 인문학이 세상을 해석했다면 과
학은 세상을 변화시켰다. 전자보다 후자가 더 많은 지식
을 축적하고 집단 학습을 잘하면서, 과학이 인간과 자연
을 지배하는 힘은 인문학을 능가했다.

3부에서는 과학으로 학문의 패러다임이 전환된 시대
에 집단 학습으로서 역사란 무엇인가에 대해 생각해본다.
과학적 지식을 통해 인간이 자연에 대해 알면 알수록, 인
간의 자연에 대한 지배력은 확장됐다. 하지만 인간의 지
배력이 커질수록 복잡성complexity이 증대되면서 불확실
성 역시 증대했다. 그러면서 자연이 인류 역사에 포섭되
는 것이 아니라, 오히려 자연사에 의해 인류 역사가 더
조건 지어지는 역설적 현상이 발생했다. 코로나19 팬데
믹과 점점 더 심각해지는 기후 위기는 그런 역설을 잘 보
여준다. 따라서 집단 학습을 위한 '삶의 교사'로서 역사가
인류 생존 문제를 해결하는 임무를 수행하려면, 역사의
인식 범주를 자연사로 확대하거나 인류 역사와 자연사를
통합해야 할 필요성이 대두했다.

4부에서는 이 문제의식으로 모든 것의 역사, 빅히스토

리에 대해 고찰한다. 인문학과 과학의 지식 대통합이 일어나는 오늘날의 학문 지형도에서, 가장 넓은 인식 지평으로 인간과 우주에 대한 거의 모든 지식을 연결하는 플랫폼 역할을 할 수 있는 역사 서사가 빅히스토리다. 빅히스토리는 과학의 지식을 토대로 빅뱅부터 현대 문명에 이르기까지 시간의 지도를 그리는 시도를 한다. 하지만 그렇게 과학적 지식을 접합하여 그린 시간의 지도가 문명사적으로 무슨 의미가 있는가? 이 책은 이 같은 기존 과학사적 빅히스토리의 한계를 넘어설 수 있는 문명사적 문제의식으로 서술된 빅히스토리 모델을 추구한다.

마지막 5부에서는 과학적 빅히스토리와 인문학적 문명사를 융합하는 빅히스토리 문명사의 관점에서 인류의 가장 근본적이고 큰 문제인 '우리는 어디서 왔고, 무엇이며, 어디로 가야 하는가'를 종합적으로 성찰한다.

이 책을 내면서 또 한 번 느낀 것은, 책을 쓰는 행위자는 내가 아니라는 사실이다. 나 스스로 알아낸 것이 아닌 지식들 없이는, 내가 빅히스토리에 대해 쓸 수 있는 것이 거의 없다. 또한 홍근철 편집자의 꼼꼼한 읽기와 세심한 교정을 거치지 않았다면, 얼마나 많은 논리적 비약과 과학적 사실의 오류가 걸러지지 않은 채 책이 출간됐을 것인가? 생각만 해도 아찔하다.

결국 모든 것은 연결로 만들어진다. 내가 세상에 나올

수 있었던 것은 부모님 덕분인데, 이 책이 출간될 쯤이면 호스피스 병동에서 삶의 마지막 시간을 보내는 아버지의 세상과 연결이 끊어질 것 같다. 모든 것은 끝이 있기에 새로운 것이 나올 수 있다. 생명은 죽음을 통해서만 진화할 수 있다고, 빅히스토리는 이야기한다. 진화를 통해 다양한 생명이 지구상에 생겨날 수 있었고, 진화가 일어나는 전제 조건으로 죽음이 있다. 생명으로 태어난 인간은 죽는다. 사라진 것의 흔적으로 남는 것이 기억이다. 책은 집단 기억을 불러와 새로운 기억을 만드는 것으로 창작된다. 책은 일단 만들어지면 인간보다 오래 세상에 남을 수 있다. 이 책이 오래 남을 가능성은 거의 없다고 여겨지지만, 아버지께 마지막으로 드리는 선물로서 기억의 징표가 되길 바란다.

2022년 10월

김기봉

여기가 우리의 고향이다

아프리카 유인원까지 거슬러 올라가 계산한 인류의 나이는 대략 5백만~7백만 년이다. 생존 연대만 따진다면 인류는 1억 5천만 년 동안 지구를 주름잡은 공룡과 비교 상대가 전혀 되지 않는다. 하지만 시야를 우주의 차원으로 넓혀보자. 만약 외계 생명체가 지구를 방문한다면, 그들이 현생인류에게 가장 큰 호기심을 가질 만한 이유는 충분하다. 현생인류는 우주에서 지구의 모습을 바라본 유기체다. 46억 년에 달하는 지구 역사를 하루로 가정하면 인류의 나이는 고작 2분인데, 이 짧은 시간에 인류는 그 이전 어떤 생명체도 못 했던 업적을 이룩했다. 인간을 비롯해 지구상의 모든 생명체가 경험하는 지구란 우리 머리 위와 발밑으로 불과 몇 킬로미터에 지나지 않는다. 지구의 전 역사에 걸쳐 생명체가 살아왔던 공간은 '생물막biofilm'

으로 일컬어지는 지구의 표면에 불과하다. 그런데 인류가 지구과학의 임계 영역critical zone을 넘어선 생명체가 되었다. 라이트 형제가 비행기를 발명해 처음 하늘을 날았던 해가 1903년이다. 그로부터 58년 후인 1961년 소련의 우주 비행사 유리 가가린은 지구를 벗어나는 우주 비행에 성공했다. 그는 지구로 귀환해 "지구는 푸른빛이었다"라는 명언을 남겼다.

1968년 아폴로 8호를 타고 달 궤도를 비행한 미국의 우주인 윌리엄 앤더스는 달에서 지구가 뜨는 장면을 보고 이를 사진으로 찍었다. 우주에서는 지구도 해와 달처럼 뜨고 지는 별로 보인다. '지구돋이Earthrise'로 명명된 이 사진은, 지구가 우주의 중심이 아니라는 코페르니쿠스의 말을 직접 눈으로 확인시켜줬다는 데 의미가 있다.

인류가 우주로 가장 멀리 보낸 물체는 1977년 발사한 보이저 1호와 2호다. 1990년 보이저 1호가 해왕성 궤도를 지나 태양계를 벗어나는 지점에 이르렀을 때, 칼 세이건은 보이저 1호의 카메라를 잠시 뒤로 돌려 기념사진을 찍자는 제안을 했다. 그로 인해 생길 수 있는 위험을 무릅쓴 채 미국 항공우주국NASA은 지구를 포함한 태양계 여섯 개 행성의 사진을 찍기로 결정했다. '가족사진Family Portrait'이란 이름이 붙여진 그 사진을 보고 크게 감명을 받은 세이건은 1994년 『창백한 푸른 점』에서 다음과 같이 소감을 적었다.

지구돋이. 자료: NASA/William Anders.

이 빛나는 점을 보라. 그것은 바로 여기, 우리 집, 우리 자신인 것이다. 우리가 사랑하는 사람, 아는 사람, 소문으로 들었던 사람, 그 모든 사람은 그 위에 있거나 또는 있었던 것이다. [……] 지구는 광대한 우주의 무대 속에서 하나의 극히 작은 무대에 지나지 않는다. [……] 사진은 우리가 서로 더 친절하게 대하고 우리가 아는 유일한 고향인 이 창백한 푸른 점을 보존하고 소중히 가꿀 우리의 책임을 강조하고 있다고 나는 생각한다.[1]

우주에서 본 지구는 작은 점에 불과하고, 그 표면에 붙어사는 인류는 먼지보다 작은 존재다. 지구는 인류를 낳은 어머니이자 인간을 태우고 우주를 항해하는 우주선이다. 우리 각자는 지구라는 우주선을 타고 백 년도 채 안 되는 시간 동안 여행한 후 후손에게 자리를 남긴 채 사라진다. 인류뿐만 아니라 지구상의 생명체 모두 같은 우주선을 타고 있는 동반자다. 그동안 수많은 승객이 지구에서 생겨났다가 사라졌다. 그 가운데 현생인류는 비교적 최근에 나타난 여행객이다. 그런 인류가 스스로 제작한 우주선을 타고 지구를 벗어나 '제2의 우주여행'을 시작한 것은 놀라운 일이 아닐 수 없다.

1 칼 세이건, 『창백한 푸른 점』, 현정준 옮김, 사이언스북스, 2001, 26~27쪽.

　다른 유기체와 비교할 때 현생인류는 생물학적으로 적어도 두 특성을 갖고 있다. 첫번째는 아프리카에서 발생한 이래 전 대륙으로 이동해 개체 수를 늘림으로써 전 지구를 지배하는 최상위 포식자가 됐다는 것이다. 두번째는 사람 속genus에 속하는 최소 여섯 아종subspecies 가운데 '호모 사피엔스 사피엔스*Homo sapiens sapiens*'로 지칭되는 현생인류만 생존해 있다는 점이다. 일반적으로 다른 동물, 예컨대 호랑이, 코끼리, 원숭이 등은 같은 종이라도 지역적으로 격리가 생기면 DNA의 서열 차이가 생기면서 여러 아종으로 나뉘지만, 인류의 경우는 특이하게도 단일 종, 단일 아종으로만 존재한다.

　현생인류가 가장 더운 적도 지방에서 가장 추운 극지방에 이르기까지 지구의 모든 지역에서 살 수 있는 것은 환경에 적응하는 것을 넘어 환경을 극복하고 조정하는 방법을 찾아냈기 때문이다. 아프리카에서 탄생한 인류가 환경을 조절한 첫걸음은 불의 발명이었다. 하지만 그에 앞서 출현한 네안데르탈인 역시 도구를 제작하고 불을 피울 줄 알았다. 그들은 호모 사피엔스 사피엔스보다 뇌가 크고 근육이 다부졌다. 그런데도 네안데르탈인은 멸종했다.

　네안데르탈인이 지구에서 사라진 이유에 대해서는 기

후변화, 현생인류와의 무력 충돌이라는 두 가지 학설로 설명되어왔는데, 그 둘을 종합하는 학설을 팻 시프먼이 제시했다.[2] 기후변화로 인해 네안데르탈인의 사냥터였던 숲이 사라지고 평원과 툰드라가 늘어난 한편, 엎친 데 덮친 격으로 새로 이주한 호모 사피엔스와의 경쟁에서 패배함으로써 멸종했다는 것이다. 시프먼은 전 지구에 걸쳐 이주에 성공한 현생인류가 지구 역사상 가장 강력한 '침입 종'이라 했다. 침입 종이란 "역사적으로 과거에 한 번도 살지 않았던 새로운 지리적 영역으로 이동해 들어간 종"을 일컫는다.[3] 아프리카의 한구석에서 출현해 전 지구를 정복한 현생인류는 일단 한번 발을 들이고 나면 그 지역의 동물상(특정 지역에 사는 모든 동물)을 붕괴시키고 생태계 격변을 일으키는 가장 강력한 침입 종이다. 지구의 전 지역을 그처럼 점령해나가는 삶의 패턴은 46억 년 지구 역사상 전례가 없었다.[4]

인류가 단순히 강력한 침입 종의 특성만을 가졌다면 현재의 지위에 등극할 수 없었을 것이다. 역설적이게도 인류는 같은 종뿐만 아니라 동식물, 심지어 무생물에 이르기까지 타자를 이해하고 교감한다. 시프먼은 4만 년 전

2   팻 시프먼, 『침입종 인간—인류의 번성과 미래에 대한 근원적 탐구』, 조은영 옮김, 푸른숲, 2017.

3   같은 책, 35쪽.

4   같은 책, 30쪽.

현생인류가 네안데르탈인과의 생존경쟁에서 승리한 결정적 요인으로, 교감을 통해 다른 상위 포식자와 동맹을 맺는 데 성공한 것이라 보았다. 인간의 눈은 다른 동물들보다 흰색 공막(흰자위)의 면적이 유별나게 넓다는 특성이, 교감을 가능하게 만든 요인으로 지목된다. 고릴라나 침팬지 등 다른 영장류는 공막이 홍채와 비슷한 갈색인 데 비해 인간의 공막은 하야므로 시선의 방향이 노출된다. 이 형질이 인간의 소통 능력을 뛰어나게 만들었다.

서로 눈을 맞추는 방식으로 이뤄지는 교감은 인간 상호 간의 소통과 협력은 물론 동물을 가축화하는 데에도 결정적으로 이바지했다. 개와 고양이가 오늘날 반려동물이 될 정도로 인간과 친밀해질 수 있는 것도 그들이 아주 적으나마 공막을 갖고 있기 때문이다. 무엇보다 개의 가축화가 중요했다. "가축화된 개는 시선을 통해 의사소통하는 늑대의 유전적 능력을 그대로 이어받았을뿐더러, 인간을 응시하는 시간이 평균적으로 늑대보다 두 배나 더 길다. 이는 인간이 개를 가축화할 때 인간을 바라보는 시간이 긴 개체를 선택적으로 교배했을 가능성을 시사한다."[5] 침팬지처럼 공막이 짙은 색인 네안데르탈인은 개를 키운 흔적이 없다. 반면 현생인류는 개와 협력해 사냥함으로써 사냥감을 발견하고 사냥 시간을 획기적으로 단축

5 같은 책, 325쪽.

했을 뿐 아니라 매머드와 같은 대형동물도 대량 살육해서 생태계의 먹이사슬에 중대한 변화를 초래했다.

인류의 이중성, 친구와 악마

지구 생태계에서 현생인류는 다른 생명체와 교감을 나누는 친구이자, 군림하는 최상위 포식자다. 현생인류는 길들이기가 가능한 소, 닭, 돼지 등은 고기 공급원으로 대량 사육해서 번성시킨 반면 호랑이, 사자와 같은 맹수들은 대량 살육해서 멸종 위기로 내몰았다. 인간은 동물은 물론 식물과도 교감할 수 있는가 하면, 생태계의 '제노사이드genocide'를 자행해 종의 다양성을 훼손하는 악마로 전락하기도 했다. 이 이중성이, 결국 인류 자신이 인류 생존 최대의 적이 되는 역설을 낳았다. 현생인류의 이러한 이중성이 지구 역사상 정점에 이른 때가 인류세다.

지금 우리는 인류세를 맞아 지구라는 우주선에 계속 남을 수 있도록 탑승 방식을 바꿀 것인지, 아니면 그동안 저지른 만행으로 퇴출당하고 말 것인지, 지구를 탈출해 다른 행성으로 이주 시도를 할 것인지의 갈림길에 서 있다. 어떤 선택을 하든, 현생인류가 지구 역사에서 지질학적 행위자로 등장한 과정에 대한 반성은 필요하다.

사회생물학의 창시자 에드워드 윌슨에 따르면, 오늘날

인류가 모순 덩어리가 된 것이야말로 위기를 초래한 근본 원인이다. 현생인류의 뇌와 신체는 수십만 년 전 구석기시대에 만들어진 그대로이지만, 행사하는 힘은 지구 역사를 바꿀 정도로 커졌다는 것이 인간을 불합리한 존재로 만든 요인이라는 것이다. 지금 우리는 구석기인과 다를 바 없는 감정을 느끼고, 중세에 확립된 관습에서 아직 벗어나지 못하고 있는데, 과학기술은 유전자를 복제해 생명을 창조하는 신의 경지에 이르는 상황에 처해 있다는 것이다. 이처럼 인류세에 내재한 '비동시적인 것의 동시성' 문제는, 인간이 지표면에서 이룩한 문명사의 시각만으로는 해명할 수 없다. 문명사라는 표층 역사의 밑바닥을 형성하는 지구 생명 진화의 심층 역사를 함께 아우르며 인간 정체성을 밝히는 연구를 해야 한다. 뇌과학자 조지프 르두는 그런 문제의식을 바탕으로 생명 진화의 대서사시와 닿아 있는 인간 본성의 뿌리를 드러내기 위해 『우리 자신의 깊은 역사*The Deep History of Ourselves*』를 썼다.

과거와 현재의 모든 생명체는 생명의 공통 선조인 루카LUCA, 최초의 원시세포로부터 기원해 하나의 생명의 나무로 연결돼 있다. 현생인류나 단세포생물이나 생존을 지상명령으로 여기고 행동한다는 점에서는 다르지 않다. 생존을 위해서는 무엇보다 항상성homeostasis을 유지해야 한다. 짚신벌레나 세균 그리고 인간이 환경에 성공적으로 웅전해 항상성을 유지할 수 있는 것은 그 나름의 생존 전략이 유전자 속에 각인돼 있는 덕분이다. 생명을 보존하기 위해 위험을 피하고 영양분을 얻으며 수분과 체온을 유지하고 번식을 위한 본능적 행동을 한다는 점에서 모든 생명체는 차이가 없다. 단지 인간이 다른 생명체와 구별되는 것은 우리가 그런 존재라는 자의식을 갖고 실존적 고뇌를 하며 산다는 점이다.

생명의 나무 곁가지로 출현한 인류

지구가 탄생하고 약 7억 년 후에 최초의 세포가 만들어졌지만, 세균 같은 미생물만 존재하는 생명 역사의 암흑시대가 오랫동안 지속했다. 그러다 지금으로부터 약 5억 년 전 갑자기 생명의 대폭발이 일어났다. 눈, 입, 다리, 뇌, 지느러미 같은 기관을 가진 다양한 생명체가 한꺼번에 등장한 이 시기를 지질학에서는 '캄브리아 폭발Cambrian explosion' 또는 '캄브리아 방사Cambrian radiation'라고 부른다. 그때부터 육식동물이 대거 등장하기 시작했다. 선先캄브리아기 포식자들은 수동적이었던 반면, 캄브리아기에 나타난 포식자들은 능동적이었다.

변화를 일으킨 결정적 계기에 대해, 해양생물학자 앤드루 파커는 눈의 탄생이 포식자로서 동물의 생존 방식을 근본적으로 바꾼 생명 역사의 기념비적 사건이라 했다.[6] 그는 눈을 통한 시각 정보의 사용이 먹이사슬의 스위치를 켜는 작용을 했다는 '광스위치설Light Switch theory'을 주장했다. 촉각, 소리, 화학물질 등과 달리 지구의 수많은 환경에 존재할 수 있다는 점이 자극의 측면에서 빛이 가진 예외적 특성이다. 눈을 가진 최초의 동물은 삼엽충으로, 최초의 진정한 포식자가 될 수 있었다. 눈을 통해 외부 세계를 볼 수 있게 되면서 동물은 먹이를 찾아 움직이거나 먹이가 되지 않도록 운동해야 할 필요성이 증대했고, 그런 선택압으로부터 여러 다양한 운동기관이 발생하는 폭발적 진화가 일어났다.

외부 환경을 시각적으로 인식하는 눈의 생성이 생명의 빅뱅을 일으킨 동인이라면, 인간이 자기 내면을 보는 '마음의 눈,' 자기 주지적 의식의 발현이 인류 역사의 빅뱅을 일으켰다. 인간의 뇌 안에서 "나는 나다"라는 자기 주지적 인식으로 인해 자의식이 생겨나고, 그것에 기반해 세상을 자기중심적으로 인식하고 변화시키려는 인간의 노력이 시작됐다. 그런 노력으로 형성된 인간 특유의 삶의 방식이 문화다. 자기 주지적 의식을 통해 자기를 대상으로 바라볼 줄 알게 된 인간은 양극단으로 자기를 형성할 수 있는 잠재력을 가졌다. 자기애와 이기심을 최대한 충

6   앤드루 파커, 『눈의 탄생—캄브리아기 폭발의 수수께끼를 풀다』, 오숙은 옮김, 뿌리와이파리, 2007.

족시키는 방향으로 행동하면서도, 자기를 객관화해 본능의 노예가 되지 않고 자기희생을 할 줄 아는 이타적 존재가 될 수도 있다.

전근대의 인간성 교육은 후자를 목표로 삼아 인간 정체성을 탐구하고 존재 의미를 가르치는 데 중점을 두었다. 그 노력의 결정체가 종교와 인문학이다. 그 둘은 일반적으로 인간을 자연 속의 다른 존재와 분리해 파악했다.

이에 반해 인간의 위치를 지구상 다른 유기체와의 연관 속에서 객관적으로 탐구할 수 있는 길을 열어준 사람이 찰스 다윈이다. 그는 자연선택에 의한 진화론을 체계화함으로써 지구상에 존재하는 모든 생명체의 기원과 변이 그리고 멸종을 과학적으로 설명했다. 리처드 도킨스는 "어떤 행성에서 지적 생물이 성숙했다고 말할 수 있는 것은 그 생물이 자기의 존재 이유를 처음으로 알아냈을 때"이며, "만약 우주의 다른 곳에서 지적으로 뛰어난 생물이 지구를 방문했을 때, 그들이 우리의 문명 수준을 파악하기 위해 맨 처음 던지는 질문은 '당신들은 진화를 발견했는가?'의 물음일 것이다"라고 했다.[7] 도킨스는 인류가 '우리는 어디서 왔는가'를 해명하는 열쇠로 진화 개념을 알아낸 것을, 그 이전과 이후를 나누는 인류 문명사의 분기점으로 보았다.

---

7 리처드 도킨스, 『이기적 유전자』, 홍영남·이상임 옮김, 을유문화사, 2002, 40쪽.

진화라는 개념은 생명의 나무에서 현생인류의 위치가 어디인지에 대한 의식의 각성을 함축한다. 인류세는 인간이 현존하는 생명체 대부분을 사라지게 만드는 '여섯번째 대멸종'의 촉발자trigger가 될 수 있다는 경고가 나온 시대다. 현생인류가 생명 나무의 큰 줄기를 문명의 톱으로 잘라내는 만행을 저지른 것이다. 인류가 그런 자기 파멸에 이르는 문명의 길을 되돌릴 수 있는 등대의 불빛으로, 제러미 리프킨은 공감empathy이라는 인간 본성을 재발견했다.[8] 리프킨은 인간이란 '이기적 유전자'의 노예가 아니라, 유기체든 비유기체이든 다른 존재와의 교감과 감응을 통해 의식을 확장하는 호모 엠파티쿠스*Homo empathicus*라고 했다. 그는 공감하는 존재로서 인간 본성을 회복해, 애덤 스미스가 이기적 개인들의 연합체라고 공식화했던 근대사회의 구성 방식을 해체할 수 있는 대안으로 '공감 문명empathic civilization' 패러다임으로의 전환을 역설했다.

상대방의 모습을 비추는 공감 능력은 인간뿐 아니라 원숭이에게도 있다는 것이, 이탈리아 신경과학자 자코모 리촐라티Giacomo Rizzolatti 연구 팀에 의해 밝혀졌다. 원숭이 뇌에 전극을 꽂고 뇌파 변화를 연구하던 어느 날 한 연구원이 간식을 먹으며 방에 들어섰는데, 그를 보고 있

8   제러미 리프킨, 『공감의 시대』, 이경남 옮김, 민음사, 2010.

던 원숭이의 뇌파가 움직였다. 그 뇌파는 원숭이 자신이 음식을 입에 넣을 때 보이는 것과 같았다. 보는 것만으로도 먹는 것과 같은 뇌파의 반응이 생겨날 수 있을까? 이 의문으로부터 거울 뉴런mirror neuron이 발견됐다.

원숭이와 인간의 공감 능력은, 전자가 손거울이라면 후자는 전신 거울에 해당한다는 것이 차이다. 원숭이의 거울 뉴런은 상대방의 모습만을 비출 뿐이지만, 인간은 대상을 포함한 주위 배경과 맥락까지 비출 수 있기에 감정이입과 역지사지를 할 수 있다. 이 능력 덕분에 인간은 자기 행동이 타인의 공감을 받을 수 있는지, 곧 타인의 처지에서 보았을 때 자기 행동을 정당화할 수 있는지 반성할 줄 아는, 애덤 스미스가 말하는 '도덕 감정moral sentiments'을 가질 수 있다.

인간은 뛰어난 공감 능력을 통해 자기 종은 물론 유생물과 무생물, 세상 만물로 관계망을 확장하는 문화를 만들어냈다. 문화를 통해 인간은 자연에 맞춰 살지 않고, 자연을 이기적으로 길들이는 삶의 방식을 지향함으로써 우주와 지구에서 자신의 위치를 특별하게 만들었다. 오늘날 인간은 당대 생태계의 최상위 포식자로 군림하는 것을 넘어, 과학기술 문명을 발달시켜서 지구환경을 바꾸는 행위자가 되었다. 그런 오만에 대한 지구의 징벌로 인류가 멸종 위기에 처한 시대가 인류세다.

생명의 역사에서 생물 종 절반 이상이 100만 년 내 절
멸하는 사건으로 정의되는 대멸종은 다섯 번 일어났다.[9]
최근에는 중생대 가장 번성한 파충류 가운데 하나였던
공룡이 6,600만 년 전 지구상에서 영원히 사라졌다. 공룡
은 2억 2,800만 년 전 중생대 트라이아스기부터 백악기
까지 1억 5천만 년 이상 번성했다. 공룡이 사라지면서 음
지에 숨어 살던 포유류가 양지로 나올 수 있었다. 대멸종
의 연대기는 지구가 한때 전성기를 구가했던 생명체들이
홀연히 사라지면 빈자리를 다른 주연 배우들이 대신 채
우는 무대라는 사실을 알려준다. 만약 공룡이 멸종하지
않았다면 포유류인 현생인류는 아마 생겨나지도 못했을
것이다.

대멸종은 주로 빙하기의 도래와 화산 폭발 그리고 운
석 충돌로 인해 일어났다. 대멸종의 연대기는 해당 지질
시대를 대표하는 생물 종의 참사로 기록된다. 진화의 대
서사시는 결과적으로 당대의 지구를 주름잡던 무대의 주
역이 교체되는 비극인 셈이다. 지구의 입장에서 대멸종은
세대교체다. 공룡과 함께 파충류의 시대가 종말을 고했기
에 포유류의 전성시대인 신생대가 도래할 수 있었다. 그

---

9   피터 브래넌,『대멸종 연대기—멸종의 비밀을 파헤친 지구 부검 프로젝
트』, 김미선 옮김, 흐름출판, 2019.

렇다면 기후학자들이 경고하는 여섯번째 대멸종은, 엄밀히는 현생인류 생존이 걸린 문제다.

모든 일에는 전조가 있다. 2020년 코로나바이러스의 대공습은 자연이 인간에게 전하는 여섯번째 대멸종의 경종일 수 있다. 공룡은 자신에게 닥칠 비극적 종말을 전혀 예측하지 못했을 것이다. 하지만 우리는 다르다. 대멸종의 연대기를 알고 있을 뿐만 아니라 인류 종말의 시점을 자정으로 가정하고 그때까지 남은 시간을 재는 '둠스데이 시계Doomsday Clock'라는 것까지 만들었다. 지구의 '깊은 역사'를 탐구하는 현생인류는 장차 대멸종이 일어난다면 그 일차적 책임이 자신에게 있음을 자각하고 있으며, 지구라는 무대조차 사라지고 없는 우주의 '깊은 미래deep future'까지 연구한다. 그런 고도의 지적 능력을 가진 현생인류가 과연 대멸종의 역사를 바꿀 수 있을 것인가?

대멸종의 연대기에 비추어볼 때, 지구 생명의 역사에서 멸종은 흔히 일어나는 현상이다. 개체든 종이든 영원히 존재할 수 없다. 최근에는 지구도, 태양도, 은하계는 물론 우주도 아주 먼 미래에는 모든 별이 사라지고 아무것도 존재하지 않는 최후의 상태를 맞이한다는 것을 과학적 연구로 알아냈다. 하지만 그처럼 위대한 과학적 지식이 이 세상에서 백 년도 채 못 살고 사라지는 우리에게 어떤 의미가 있는가? 그런 의문을 제기할 때 다시 부상하는 것이 인문학적 문제의식이다.

'우리는 어디서 왔고, 무엇이며, 어디로 가는가'는 본래 인간 정체성과 존재 의미를 탐구하는 인문학의 본질적 물음으로서, '인문학 3문'이라 지칭할 수 있다. 공자, 석가모니, 소크라테스, 예수는 이 물음에 가장 의미 있는 답을 제시한 스승으로 여겨지기에 인류 4대 성인으로 추앙받는다. 하지만 오늘날 3문의 첫 질문인 '우리는 어디서 왔는가,' 곧 인류의 기원에 관해 신뢰할 수 있는 설명을 어디에서 얻는가? 학교에서 배우는 지식은, 성인의 가르침이 아니라 과학자들이 연구를 통해 알아낸 성과다. 17세기 과학혁명 이후 과학은 비약적인 발전을 거듭하며, 칼 야스퍼스가 차축시대Die Achsenzeit라 지칭한 시기(BCE 800~BCE 200) 이래로 2천 년간 축적해온 인문학적 지식을 지난 세기에 추월한 것은 물론 그것을 통해 지구라는 존재의 집을 복구 불가능한 정도로 파괴하는 지점에까지 이르렀다.

여기서 인류는 '우리는 무엇이며, 어디로 가야 하는가'에 대한 근본적인 성찰을 해야 한다. 지금까지 연구한 과학 지식에 따르면, 우주에서 인간은 우리가 아는 한 유일한 관찰자다. 그 관찰자를 낳은 것은 지구라는 어머니다. 그런데 인간이 자신을 낳아준 지구환경을 파괴해서 사라질 위기에 처해 있다면, 우리가 제기해야 할 가장 중요한 물음은 인문학 3문이다. 하지만 인문학의 지적 수준으로는 인류세에 인간이 처한 생존 위기에 대처할 수 있는 3문의 답을 제시할 수 없다. 인류세의 문제의식으로 3문에 대한 답을 하려면, 인류가 어떻게 지구에서 현재의 위치에 이르렀고, 우주의 유일한 관찰자로서 무엇을 할 것인지에 대해 문명사와 지구 역사를 통합하는 빅히스토리 관점의 조망이 필요하다.

1부
이야기꾼 인간과 인문학

1장
생각하는 인류에서
이야기하는 인간으로

만능의 전문가 인류

모든 것에는 시작이 있다. 아무리 커다란 일도 처음에
는 작은 것에서 비롯한다. 그렇다면 인간을 특별하게 만
든 그 작은 차이란 무엇일까? 막스플랑크 진화인류학연
구소의 패트릭 로버츠 박사와 미국 미시건 대학교의 브
라이언 스튜어트 교수는 인류 종 가운데 현생인류와 마
지막까지 공존한 네안데르탈인의 운명을 가른 차이점이
무엇인지 밝혀내는 연구를 했다.[1] 고고학과 고생물학 연
구에 따르면 현생인류는 이미 후기 홍적세에 다양한 환
경에 적응하면서, 지구의 전 대륙에 걸쳐 거주하는 특별

1   Patrick Roberts & Brian A. Stewart, "Defining the 'generalist
specialist' niche for Pleistocene *Homo sapiens*," *Nature Human
Behaviour* 2, 2018.

한 생태적 지위niche를 차지했다. 어떻게 그런 일이 일어난 것일까? 로버츠와 스튜어트는 환경에 응전할 줄 아는 현생인류의 생태적 '적응성plasticity'에 중점을 두고 설명하는 모델을 제시했다.

유기체가 생태계에서 환경에 적응해 생존하는 방식은 크게 둘로 나뉜다. 하나는 상이한 환경조건 아래서 다양한 자원을 사용하는 '제너럴리스트generalist'의 생존 방식이고, 다른 하나는 제한된 환경에서 특정 방식의 물질대사를 하며 살아가는 '스페셜리스트specialist'의 생존 방식이다. 그런데 현생인류는 두 생존 방식에 모두 능하다는 점이 최대의 장점으로 여겨진다. 현생인류는 열대우림에서 채집 생활을 하는가 하면, 아주 추운 극지방에서도 사냥을 하면서 살아갔다. 이처럼 현생인류가 아주 다양한 기후와 환경조건에 적응하면서 살 수 있는 것은 다방면에 걸쳐 여러 종류의 일을 다재다능하게 할 줄 아는 '만능의 전문가generalist specialist' 특성을 개발했기 때문이다.

인류 외에 다른 동물들은 대체로 나름의 고유한 생존 전략을 꾀하는 스페셜리스트로 살아간다. 땅을 잘 파거나, 몸의 변환을 잘하거나, 육지와 물 양쪽에서 살 수 있거나, 냄새를 잘 맡거나, 빛보다는 소리로 대상을 잘 감지하는 등 무엇이든 한 가지 특기를 갖고 살아남았다. 그에 반해 인류는 한 가지 장기를 토대로 해서가 아니라, 만능의 전문가로 살아갈 수 있는 길을 열었기에 생태적 적응성을 띤 특이한 유기체로 성장했다. 직립보행을 하는 현생인류는 빠르게 달리지는 못하지만 오랫동안 먼 거리를 이동할 수 있다는 점이 다른 동물에 비해 눈에 띈다. 원시시대 인류는 아마 이 지구력을 바탕으로 동물들이 지칠 때까지 쫓아가 사냥했을 것이라 추정된다. 하지만 인류의 특수성은 마라토너와 같은 '스페셜리스트'라는 데 있지 않았다.

인류가 만물의 영장으로 도약할 수 있었던 원동력은 '제너럴리스트'로의 변신에 성공한 데 있다. 인류가 '결핍존재'로서 자기 결함을 스스로 인지하고 극복하려 한 것이, 장대높이뛰기 선수처럼 장애물을 뛰어넘는 도약의 에너지가 되었다. 독일의 문화학자 아르놀트 겔렌은 인간의 특이성을 다음과 같이 통찰했다. "인간은 무능한 동물이다. 빠르지 못하고 강하지 못하며, 높이 날 수 없고 깊이 헤엄칠 수 없다. 환경으로부터 자유로운 인간이 그로부터 버림받지 않기 위해 선택한 길은 보편 기능과 문화 창조다. 퇴화함으로써 진화했다."[2]

인류는 하늘의 가장 높은 곳과 바다의 가장 깊은 곳을 탐험할 수 있는 지구상에서 거의 유일한 만능의 전문가다. 하지만 그런 재주는 선천적으로 주어진 것이 아니라 인간 스스로 만들어낸 것이다. 예컨대 새에게는 날개가

---

2   아르놀트 겔렌, 『인간, 그 본성과 세계에서의 위치』, 이을상 옮김, 지식을만드는지식, 2015, 76쪽.

46 있어 하늘을 날 수 있지만 인류에게는 그런 기관이 없다. 초월과 자유의 상징으로서 하늘을 날고 싶다는 꿈을 이루기 위해 인류는 공기저항을 이용해 하늘로 날아오르는 원리를 알아냄으로써 비행기라는 인공물을 발명했다. 인류는 몸이라는 하드웨어가 아닌 지식이라는 소프트웨어 개발로 생물학적 한계를 극복한 지구상 유일한 유기체다. 인류는 자신의 꿈과 욕망을 실현하기 위해 지능을 계발시켜서 환경을 바꾸는 삶의 방식을 영위한다.

슬기롭고 또 슬기롭다

겔렌이 말했듯, 보편 기능과 문화 창조의 길을 연 것은 인류가 변신할 수 있는 요인이었다. 보편과 문화란 실재가 아닌 허구다. 허구를 그려내는 인간의 상상력은 뇌가 만들어내는 작용이다. 동물은 근육의 운동을 조절하고 감각을 인식하며 기억과 생각, 감정을 관장하는 중추가 뇌에 있다. 인류의 뇌가 가진 특별한 능력은 사유다. 이 특성을 반영한 인류의 학명學名이 '호모 사피엔스 사피엔스'다. 이 말은 우리말로 '슬기롭고 슬기로운 사람'으로 번역된다.

생물 종의 학명은 린네의 이명법에 따라 속명屬名과 종소명種小名으로 이뤄진다. 현생인류의 학명은 '*Homo sapiens*'인데, 여기에 인류 종의 특성을 또 한 번 구별하는 '*sapiens*'라는 아종명亞種名이 붙은 것은 4만~5만 년 전 후기 구석기시대, 그 전의 호모 사피엔스와는 구별되는 신체적 특징과 도구 제작 기술이 나타났기 때문이다. 신인류인 크로마뇽인은 돌을 쪼개어 돌칼을 만들었으며, 동물의 뼈나 뿔로는 화살과 창을 만들어 큰 짐승을 사냥하거나 낚싯바늘을 만들어 물고기도 잡았다. 그들은 무리 지어 동굴 속에 살면서 벽에 그림을 그렸다. BCE 1만 7000년~BCE 1만 5000년경 그려진 것으로 추정되는 라스코동굴 벽화가 대표적이다.

구석기인들의 일상은 절박한 생존경쟁의 연속이었을 것이다. 그렇다면 왜 엄청난 시간과 노력을 들여 동굴에 벽화를 그렸을까? 예술이란 무엇인가를 사회사적으로 해석한 아르놀트 하우저는 다음과 같이 썼다. "구석기시대의 사냥꾼 예술가는 그 그림을 통해 실물 자체를 소유한다고 믿었고, 그림을 그림으로써 그려진 사물을 지배하는 힘을 얻는다고 믿었던 것이다. 그들은 그림 속의 짐승을 죽이면 실제의 짐승도 죽게 마련이라고 믿었다."[3] 네안데르탈인도 불을 사용하고 도구를 만들며 죽은 자를 매장한 '슬기로운' 인류였지만, 허구 세계와 소통하는 상상력을 발휘했다는 증거는 없다.

---

3   아르놀트 하우저, 『문학과 예술의 사회사 1』, 백낙청 외 옮김, 창비, 1999, 17쪽.

라스코동굴 벽화.

구석기인들은 그림을 그리기 위해 먼저 사물을 정밀하게 관찰했을 것이다. 실재의 모사로서 그림은 단순한 가짜가 아니라 사고실험의 도구로 기능한다. 구석기인들은 그림을 매개 삼아 효율적으로 사냥할 수 있는 공동체의 협력과 분업, 집단 사냥 기술에 대해 많은 토론과 연구를 했을 것이다. 일련의 과정은 커다란 동물에 대한 두려움을 극복하고 공동체의 집단의식을 고양시키는 효과를 낳았다. 이 같은 추상적 행위가 종교와 예술의 기원을 이루며, 문화를 창조하는 계기가 되었다.

모든 동물은 자연 속에 살지만, 인간은 문화라는 인위적 세계를 창조함으로써 '슬기롭고 슬기로운' 단계로 나아갔다. 문화란 자연 상태의 사물에 인간이 작용을 가해, 그것을 변화시키거나 새롭게 창조해낸 것 일반을 지칭한다. 인간이 문화라는 인위적 세계를 만들어낸 힘은 생각에서 나온다. 의식을 지닌 모든 유기체가 생각한다고 말할 수 있다. 그런데 현생인류의 특이성은 생각을 슬기롭고 슬기롭게, 곧 지혜롭게 한다는 점이다. 인류의 학명에 붙은 사피엔스란 라틴어도 지혜를 뜻하는 사피엔티아sapientia에서 유래했다. 아리스토텔레스는 『형이상학』에서 지혜란 "원리와 원인에 대해 아는 것"이라고 정의했다.[4] 이런 탐구를 가능케 하는 인간의 소양이 이성이다. 이성

---

4   아리스토텔레스, 『형이상학』, 김재범 옮김, 책세상, 2018, 23쪽.

을 가리키는 그리스어 로고스logos는 '말하다'(또는 '말한 것')라는 뜻을 갖는다. "태초에 말씀logos이 있었다"라는 「창세기」 구절이 함축하듯, 로고스로서 이성은 무엇보다 언어로 사물을 개념화해서 인식하는 능력을 뜻한다.

모든 것은 시간 속에서 변하고 어느 시점에는 소멸한다. 없어지지 않는 무엇을 상상했던 인간은 사물을 이미지로 구현하는 상징을 고안해냈다. 상징을 만드는 대표적 매체가 언어다. 언어를 통해 인간은 한철 아름답다가 곧 사라져 없어지는 장미를 이름으로 남길 수 있는 길을 찾아냈다. 언어는 사물을 부르는 이름으로 기능할 뿐만 아니라 그것에 의미라는 혼을 불어넣는 마법을 부렸다. 에른스트 카시러는 언어라는 상징 형식이 인간을 문화적 존재로 이행하는 효과를 낳았다고 했다.[5] 신화, 종교, 예술은 물론 과학도 상징 형식을 기반으로 성립한다.

언어라는 인간 본능

우리가 어떻게 언어를 쓸 수 있게 되었는지에 대해 유명한 학설을 제시한 언어학자는 변형생성문법transformational generative grammar의 창시자 놈 촘스키다. 모든 언

---

5   에른스트 카시러, 『상징 신화 문화─에른스트 카시러의 1935~45년 에세이 및 강의』, 심철민 옮김, 아카넷, 2012.

어에는 문법이 있다. 생성문법generative grammar 이론에 따르면 한 언어는 그 안에 내재한 규칙에 따라 다양한 문장을 생성해낼 수 있다. 즉 인간이 유한개의 규칙으로 무한개의 문장을 만들어낼 수 있는 원리를 설명한다. 이때 촘스키는 인간 언어의 생성문법이 유전자에 내재한 생득적 특성으로부터 기인한다고 보았다. 아울러 인간이 보편적 언어 기능faculty of language을 타고난다는 것을 근거로 보편문법universal grammar의 실재를 주장했다. 그렇다면 인간 언어에 선천적으로 내재하는 보편문법의 실재를 어떻게 증명할 수 있으며, 그것이 왜 우리에게만 생겨난 것일까?

인지과학자 스티븐 핑커는 촘스키의 언어 이론과 철학, 인지과학, 생물학, 뇌신경학 등을 연계한 학제 간 연구로 인간의 마음이 어떻게 언어를 만드는지를 해명한다. 그는 촘스키와 마찬가지로 언어를 학습이 필요한 문화적 인공물이 아니라 인간 뇌의 생물학적 구조로부터 발현되는 본능으로 보는 '언어 본능language instinct'[6]을 주장했다. 인간인 이상 언어가 없는 종족은 없다. 어느 시대에나 인간에게는 언어가 있었다. 그런데 석기시대 언어로 분류되는 별개의 특성은 발견되지 않는다. 핑커는 시대를 초월한 인간 언어의 보편성이 보편문법의 증거라고 했다.

---

6   스티븐 핑커, 『언어본능 — 마음은 어떻게 언어를 만드는가?』, 김한영·문미선·신효식 옮김, 동녘사이언스, 2008.

문화와 종족마다 언어는 다양하게 존재한다. 하지만 언어
행위는 인류의 보편적 현상이며, 따라서 인간 본능이라는
테제를 핑커는 제시했다. "언어는 시간 읽는 법이나 연방
정부 운영 방식을 학습하듯이 학습하는 문화적 인공물이
아니"[7]라, 거미가 거미줄 치는 법을 알고 태어나듯 인간
에게 '본능'처럼 주어진 것이다.

지구상에는 6,000여 개의 언어가 있다. 열두 살 이전
의 아이들은 체계적인 교육을 받지 않고도 다중 언어를
습득할 수 있다. 이는 언어의 보편적 심층구조가 유전자
에 내재한 증거로 인용된다. 언어를 인간 본능으로 여긴
다는 점에서 핑커는 촘스키와 견해를 같이한다. 단지 언
어의 보편성은 선천적이지만, 그것이 내재한 기본 설계도
는 환경과 사회적 활동에 따라 다르게 발현된다고 주장
한 것이 촘스키와의 차이점이다. 핑커는 "언어의 보편성
이 곧 선천적 언어 본능으로 귀결되지 않는다"[8]라고 보았
다. 인간은 순전히 유전자의 명령에 따라 자동으로 복잡
한 언어를 사용할 줄 아는 것은 아니라는 것이다. 인간의
언어가 본능의 산물이기만 하다면 왜 수많은 다른 언어
가 존재하는지, 왜 언어와 언어가 접촉해 변형이 일어나
는지, 같은 영어라도 왜 인도, 싱가포르, 일본과 한국 등
지에서 다르게 쓰이는지를 설명할 수 없다. 이에 대해 핑

7   스티븐 핑커, 『언어본능』, 24쪽.
8   같은 책, 45쪽.

커는 주변 환경에 따라 양적 변이가 일어나기 때문에, 같은 언어라도 말하는 양식과 언어의 변형이 발생한다고 설명한다. 핑커는 이를 인종에 비유하는데, 모든 인종은 인간으로서 상동적 특성을 선천적으로 갖고 태어나지만 환경 차이로 인해 외형에 변이가 일어난다는 것이다.

핑커는 인간이 언어를 쓰는 것은 본능이지만, 어떤 언어로 말하는지는 환경에 적응하는 과정에서 스스로 발명한다는 사실을 '피진어pidgin'의 사례를 들어 논증한다. 과거 하와이 사탕수수 농장에는 한국, 일본, 중국, 필리핀, 푸에르토리코 등지에서 온, 서로 다른 언어를 쓰는 계약 노동자들과 노예들이 있었다. 농장주들은 서로 다른 언어 배경을 지닌 노동자들을 바벨탑처럼 섞어놓았다. 하지만 일을 하려면 서로 어떻게든 의사소통해야 했다. 이들은 고육지책으로 농장주나 농장 감독이 사용하는 영어 단어들을 나열해 소통했고, 그 결과 피진어라는 임시방편의 혼성어가 생겨났다. 노동자의 아이들은 부모와 격리된 채 역시 피진어를 사용하는 다른 노동자들에게 집단적으로 양육됐다. 이 아이들에게 피진어는 일종의 모국어였던 셈이다. 하지만 아이들은 단어 열을 단편적으로 재생산하는 단계에 머물지 않았다. 이들은 자체적으로 복잡한 문법을 도입하여 완전히 새롭고 표현이 풍부한 언어를 만들어냈다. 이들은 피진어를 토대로, 다른 언어와 비교해도 손색없는 구조와 우아함뿐만 아니라 동등한 기본 문법을 갖춘

'크리올어'를 발명해냈다.[9]

아이들은 언어를 재발명했다. 새로운 언어의 발명이 어떻게 가능했는가? 이는 뇌 안에 보편 언어 기능을 하는 유전자가 본래 있기 때문인가, 아니면 새로운 환경에 응전할 수 있는 현생인류 특유의 적응력 덕분인가? 전자가 언어 본능설이라면, 후자는 언어 진화설이다.

언어는 인류의 조상들이 식량을 채집하는 단계에서부터 직면한 문제들을 해결하는 과정에서 자연선택된 진화의 소산이다. 핑커는 코끼리에게만 있는 코가 모순이 아닌 것처럼, 오직 인간에게만 있는 언어 본능 역시 모순이 아니라고 설명한다.[10] 중요한 것은 언어 본능으로 인해 인간이 자연 속에 사는 유기체가 아니라 자연과는 다른 세계를 창조해 공동체의 질서를 구성하는 '사회적 동물'이 되었다는 점이다. 인간 사회는 힘이 세거나 빨리 달리는 사람보다는 말을 잘하는 사람이 더 큰 영향력을 행사하는 방향으로 발전했다.

인간이 볼 수 있고 아는 현실은 유한하다. 하지만 인간은 언어를 통해 현실 세계를 초월한 허구 세계로 상상의 나래를 마음껏 펼칠 수 있다. 인간이 언어를 매체 삼아 허구 세계로 들어가는 문을 열기 위해 발명한 것이 이야기narration다.

---

9   같은 책, 46~51쪽.
10   같은 책, 523쪽.

　이야기로의 변환은 현생인류를 만물의 영장으로 등극시키는 문명사적 '나비효과'를 일으켰다. 언어가 만들어낸 '태풍의 눈'이 이야기라는 인간 특유의 소통 방식이다. 동물도 나름의 언어활동을 한다. 동물의 언어활동은 송신자와 수신자의 의사소통 관계로 이뤄지지 않고 일방적인 메시지 전달에 머무른다. 이에 반해 인간은 공감과 설득을 염두에 두고 쌍방향적인 소통을 지향한다. 쌍방향의 의사소통 관계는 단순히 보고 느낀 것을 타자에게 전달하는 것만으로는 불충분하다. 말하는 사람은 상대방에게 정보의 신빙성을 논증하고 자신의 주장에 공감을 자아낼 수 있게 이야기할 필요가 있다.

　콜레주 드 프랑스의 고인류학자 파스칼 피크는 이야기를 통해 의사소통 관계를 형성하려는 현생인류의 속성이, 다른 인류 종들이 멸종한 가운데 혼자 살아남게 한 결정적 요인이라 했다. 이야기의 서술적 기능은 집단 학습의 효과를 낳았다. 인간은 이야기를 통해 종의 생존에 필요한 지식과 경험을 전수하고, 개체의 유한성을 넘어 집단과 연결되는 삶의 방식을 지향하는 새로운 길을 열었다.

　이야기는 하나의 생물학적 종으로서 인류를 사회적 존재로서 인간으로 변이를 일으켰다. 문화적으로 진화한 '신인류'를 피크는 '호모 사피엔스 나랜스*Homo sapiens* *narrans*'라고 일컬었다. "그보다 먼저 있었던 호모 사피엔스의 다른 종들과 호모 사피엔스 나랜스를 구별해주는 것은 지성이 아니라 '인류'의 새로운 기본적 '지혜'의 원천인 '그 자신의 이야기'를 들려주는 인간 집단들의 능력"이다.[11]

이야기는 슬기로운 생각을 하는 '호모 사피엔스'를 상호주관적인 의사소통을 할 수 있는 '호모 나랜스'로 전환시켰고, 이로써 사람과 사람 사이의 관계로 존재 양태가 규정되는 인간이 탄생했다. 인류가 생물학적 유전자로 구별되는 하드웨어 측면의 정체성 규정이라면, 인간은 사람들 간에 맺는 결속의 사회성으로 구축되는 소프트웨어에 입각한 정체성 표현이다.

예컨대 우리는 인류의 한 개체로서뿐만 아니라 한국인이라는 특정 인간 집단의 구성원으로 태어났다. 이 인간의 특성을 아리스토텔레스는 본성적으로 '폴리스적 동물'이라고 정의했다.[12] 아리스토텔레스에 따르면 인간은 폴리스 안에서만 자신의 본성을 실현할 수 있고, 자신을 완성시킬 수 있다. 이야기를 통해 다른 개체와 소통하고 의견을 조율하며 선한 일을 실천할 수 있는 이성을 지닌 인간은 폴리스라는 정치 공동체를 창조했다. 동시에 폴리스

---

11 파스칼 피크·베르나르 빅토리·장-루이 데살, 『언어의 기원』, 이효숙 옮김, 알마, 2009, 124쪽.

12 아리스토텔레스, 『정치학』, 천병희 옮김, 숲, 2009.

를 위해 개체로서의 존재 의미를 실현하는 것을 삶의 덕목으로 삼는 시민이 탄생했다.

　폴리스란 사물처럼 실제로 있는 실체가 아니라 신화나 종교 같은 이야기에 근거한 '상상의 공동체'다. 역사상 가장 유명한 폴리스인 아테네는 지혜의 여신 아테나를 수호신으로 하여 성립한 시민들의 전사 공동체였다. 전사 공동체가 성립하기 위해서는 개체의 정체성과 존재 의미에 대해 답을 주는, 공동체가 추구하는 이념을 담은 서사가 필요했다. 아테네의 경우 민주주의가 공화국 시민을 위한 정치 종교였다. 이를 기반으로 아테네가 페르시아전쟁에서 승리한 사건을 기록한 서사가 헤로도토스의 『역사』다.

2장
이야기꾼 인간과 문화 유전자의 탄생

언어에서 이야기로

호모 나랜스는 미국 캘리포니아 대학교 버클리 캠퍼스의 영문학자 존 나일스가 만든 신조어다. 그는 인간만이 이야기하려는 본능이 있고, 이야기를 통해 사회를 이해하는 특성을 갖고 있다는 점에 착안해 이 용어를 제안했다.[1] 언어와 마찬가지로 이야기는 인간 고유의 속성이다. 언어가 없다면, 이야기란 불가능하다. 그렇다면 전자로부터 후자의 탄생이 어떻게 가능했는가?

언어 본능설은 인간 뇌에 탑재된 정신 문법이 선천적으로 언어를 만들었다는 주장이다. 한편 언어 진화설은 본능과 환경의 상호작용이 언어를 진화시켰다는 입장이

---

1 John D. Niles, *Homo Narrans: The Poetics and Anthropology of Oral Literature*, University of Pennsylvania Press, 2010.

다. 여기서 본능이란 정확히는 '선천적 획득'을 의미한다. 피크는 "어떤 종에게 있어 선천적 획득이란 그 종의 진화 계통의 유산으로서 게놈 속에 포함된 모든 잠재력을 가리킨다"라고 했다.[2] 인간의 아이가 특정 시점에 일어나 걷는 것은 그것을 가능케 하는 유전적 잠재력을 갖고 태어났기 때문이다. 인간의 직립보행 능력은 영장류의 오랜 진화 역사에서 운동의 적응력을 향상시켜 획득한 성과다.

직립보행으로 먼 곳을 바라보고 손을 자유롭게 쓸 수 있게 된 현생인류는, 사냥에 무기를 동원하고 육식으로 에너지 공급도 늘려 뇌 용량을 키움으로써 지구 최상위 포식자가 되었다. 하지만 그와 동시에 중대한 손실을 감수해야 했다. 이마누엘 칸트는 네발짐승 가운데 인간만이 직립보행을 하면서, 수영을 특별히 배우지 않으면 물에 빠지는 유일한 동물이 되었다고 보았다.[3] 또한 직립보행으로 골반 구조가 변형되어 혼자 출산을 못 하고, 출산 도중에 산모와 아이가 사망하는 일이 빈번히 발생했을 뿐만 아니라, 똑바로 선 척추가 중력의 영향을 더 많이 받아서 다른 네발짐승에게는 없는 허리 디스크가 발생한다.

이 모든 부작용을 상쇄하고도 남을 선물은 손으로 도구를 사용할 수 있게 된 것, 또한 발성기관에 변화가 일

---

2   파스칼 피크·베르나르 빅토리·장-루이 데살, 『언어의 기원』, 42쪽.
3   위르겐 카우베, 『모든 시작의 역사 ─ 우리와 문명의 모든 첫 순간에 관하여』, 안인희 옮김, 김영사, 2019, 23쪽.

60 어나 언어 기관을 발달시킬 수 있게 된 것이다. 네발짐승들은 폐부터 후두, 인두, 구강까지 일자형으로 연결되어 지면과 수평을 이룬다. 이에 반해 인류는 직립보행을 하면서 척추와 머리뼈가 90도로 꺾이고, 그럼으로써 성대가 있는 후두가 아래로 내려온다. 그 덕분에 성대와 혀 사이의 공간인 인두가 아래로 커져서 공명을 위한 공간이 충분히 확보된다. 따라서 다양한 목소리를 낼 수 있다는 것이, 나중에 언어를 발달시킬 수 있는 조건으로 작용했다.[4]

현생인류에게 직립보행은 선천적 획득이지만, 수많은 학습을 통해 얻는 성과이기도 하다. 언어도 마찬가지로 학습의 결과라는 것이 피크의 주장이다. "어린아이는 분절 언어를 획득하는 유전적 잠재력을 갖고 태어나지만, 언어 획득은 교육을 통해 이루어진다."[5] 어린아이는 언어를 쉽게 배울 수 있다. 그런데 어른이 된 이후에는 다른 언어를 배우기 어려운 이유가 무엇인가? 언어 유전자가 선천적으로 있다는 촘스키의 주장이 맞는다면, 모국어 이외의 언어도 쉽게 습득할 수 있어야 한다. 그렇지 못한 이유에 대해, 피크는 한 개인의 개체발생이 후천적 획득의 폭을 '제약'하는 효과를 낳기 때문이라고 설명한다. 예

4   김형태, 『보이스 오디세이―목소리에 숨겨진 비밀을 찾아서』, 북로드, 2007.
5   파스칼 피크·베르나르 빅토리·장-루이 데살, 『언어의 기원』, 42쪽.

컨대 우리가 이미 한국어 문법에 길들여진 이후에는 주어와 동사의 위치가 다르고 발음 방식이 다른 영어를 모국어처럼 말하기 어렵다. 후천적 획득의 폭을 결정하는 것은 환경이다. 어떤 환경에 놓이느냐에 따라 선천적 획득의 잠재적 가능성이 후천적으로 다르게 발현되고, 그렇게 시작된 작은 차이가 장대한 결과로 이어진다.

인간과 침팬지의 유전자는 약 98.8퍼센트의 유사성을 보인다. 단지 1.2퍼센트 차이가 인간을 언어라는 '존재의 집'에 살도록 만들었다. 뇌과학에 따르면 뇌의 기능에서 중요한 것은 뉴런이다. 뉴런은 신경계를 이루는 구조적·기능적 기본 단위로, 다른 뉴런과 연결되어 신경전달물질을 주고받으며 정보를 전달하고 처리한다. 유전자 차이는 1.2퍼센트로 작지만, 그 차이에서 인간 뉴런이 지속적으로 성장·확산해 침팬지와 거대한 간극을 낳았다. 뉴런 간의 연결이 늘어나 성장하고, 그런 소통의 활성화로 뉴런이 확산하는 과정이 연속적으로 축적되면서 미세한 차이가 장대한 결과로 나타났다.

선천적 요인과 후천적 환경의 상호작용으로 생명체의 변이에 관해 설명하는 일반 이론이 찰스 다윈의 진화론이다. '진화evolution'라는 용어는 1859년 출간된 『종의 기원』 초판에는 없고, 대신에 생명체의 개체군이 세대를 거듭함에 따라 유전되는 특성이 변화한다는 의미로 '변화를 동반한 계승descent with modification'이란 표현을 쓴다. 『종의 기원』 초판을 우리말로 번역한 진화학자 장대익에 따르면 다윈은 1871년 『인간의 유래와 성선택』에서 진화라는 말을 처음 사용했으며, 1872년 출간된 『종의 기원』 6판에서 본격적으로 썼다.[6] 다윈이 진보progress와 구별하고자 했던 진화란, 생명체가 생식하고 환경에 적응하는 과정에서 일어난 돌연변이가 자연선택으로 살아남아 다양한 동식물 종이 생성되는 '전개unfolding'를 지칭한다. 진화란 다윈이 『종의 기원』의 마지막 문장으로 장식했듯 "그토록 단순한 시작에서부터 가장 아름답고 경이로우며 한계가 없는 형태로 전개되어왔고 지금도 전개되고 있는"[7] 생명의 장엄함이다.

던바의 수, 우리는 이야기로 연결된다

존재하는 모든 것은 사라진다. 인간만이 남길 수 있고 남긴 가장 위대한 유산 가운데 하나가 이야기다. 이야기란 내가 사라진 후에도 남아서 변형되거나 또 다른 이야기를 재생산한다는 점에서 몸 없는 생명체로 볼 수도 있다. 다른 동물은 생식을 통해서 자신의 분신을 후손으로 남기는 데 반해, 인간은 이야기라는 비물질적인 유전의

6   찰스 다윈, 『종의 기원』, 장대익 옮김, 사이언스북스, 2019, 26쪽.
7   같은 책, 650쪽.

방식을 개발했다. 이렇게 인간이 이야기라는 대안 생명체를 발명함으로써 획득한 특질이 문화라 불리는 '제2의 자연'이다. 인간은 비물질적인 이야기로 어떤 하드웨어보다 더 강력한 소프트파워를 개발했다. 인류가 멸종하느냐 살아남느냐의 갈림길에서 어떻게 전환점을 마련했는지에 대해 영국 옥스퍼드 대학교의 진화인류학자 로빈 던바는 유명한 설명을 제시했다.[8]

던바가 영장류의 진화를 탐구하는 데 발판으로 삼은 두 요소는 '사회적 뇌 가설'과 '시간 예산 분배 모델'이다.[9] 전자가 신피질의 크기로 결정되는 하드웨어에 관한 것이라면, 후자는 삶을 설계하는 방식인 소프트웨어에 관한 것이다. 이 두 요소를 준거로 6백만 년에 걸친 영장류의 진화 과정을 살펴보면 5단계의 전환이 있었음을 알 수 있다. 이 중 호모 사피엔스의 등장은 네번째 전환점에 해당한다. 이 단계에서 몸의 형태는 물론 뇌 용량까지 현재와 동일해졌다. 한편 마지막 다섯번째 단계는 신석기시대 유목 생활에서 농업 기반의 정착 생활로 이행하는 것이었다.

약 1만 2,000년 전 시작된 신석기 농업혁명은 호모 사피엔스에게 새로운 '시간 예산 분배 모델'을 만들도록 압박했다. "이때부터 사피엔스는 거의 모든 시간과 노력을

8   로빈 던바, 『멸종하거나, 진화하거나 — 로빈 던바가 들려주는 인간 진화 오디세이』, 김학영 옮김, 반니, 2015.

9   같은 책, 67쪽.

몇몇 동물과 식물 종의 삶을 조직하는 데 바치기 시작했다. 인간은 해 뜰 때부터 해 질 때까지 씨를 뿌리고 작물에 물을 대고 잡초를 뽑고 좋은 목초지로 양을 끌고 갔다. 이런 작업을 하면 더 많은 과일과 고기를 얻게 되리라고 생각했던 것이다.”[10] 하지만 농업혁명에 대한 환상은 유발 하라리의 말대로 “역사상 최대의 사기”[11]였다. 정착 생활을 했던 신석기시대 사람들은 수렵 채집인보다 체격도 왜소해졌으며 뼈에도 스트레스의 흔적이 훨씬 더 많은 것으로 발견된다. 거주지가 일정해지고 공동체 생활을 하면서 사회적 스트레스 또한 증가했다. 현생인류는 가중된 스트레스를 해소할 수 있는 새로운 길을 문화라는 소프트웨어 개발로 열었다. 후기 구석기시대가 끝나갈 무렵 현생인류는 문화적 행위를 통해 새롭게 진화했다. 이 전환의 지렛대 역할을 한 것이 이야기다.

'이야기꾼 인간'으로 정체성 변환을 거치며 현생인류는 지구 역사에서 주인공으로 등장하기 시작했다. 현생인류의 성공 스토리가 어떻게 시작되었는지를 던바는 시간 예산 분배 모델에 입각해서 설명한다. 던바는 먼저 인간 삶에서 이야기가 차지하는 위상을 조사했다. 선사시대부터 현대사회까지 인간에게 이야기는 거의 본능적인 행위

---

10 같은 책, 120~21쪽.

11 유발 하라리, 『사피엔스―유인원에서 사이보그까지, 인간 역사의 대담하고 위대한 질문』, 조현욱 옮김, 김영사, 2015, 124쪽.

다. 살기 위해 이야기하는 것이 아니라, 이야기하는 것으로 산다고 할 만큼 인간은 이야기에 집착한다. 그런데 시대와 사회, 계층, 집단, 성별에 관계없이 거의 모든 사람이 즐기는 이야기의 주제란 유익한 정보나 삶에 대한 진지한 탐구보다는 시중에 떠도는 소문이나 남에 대한 '뒷담화'라는 사실이 흥미롭다. 일례로 던바가 대학 구내식당과 카페에서 교수들끼리 나누는 대화를 분석한 결과, 학술적 토론은 고작 20퍼센트에 불과하고 대부분이 잡담이었다.

하지만 중요한 것은, 이야기의 내용이 아니라 이야기 행위로부터 생겨나는 효과다. 잡담과 수다를 떠는 성향은 이성적인 호모 사피엔스를 감성적인 호모 나랜스로 변환시켰다. 인간은 만나면 이야기를 나누지만, 유인원들은 털 고르기를 한다. 유인원의 경우 누구와 털 고르기를 하느냐로 친소 관계가 결정되며 결속을 이루는 집단이 형성된다. 거기에 투자하는 시간에 비례해서 친교 집단의 크기가 결정된다.[12] 문제는 먹이를 구하러 다닌 후 남는 시간에만 털 고르기를 할 여유가 있기 때문에, 한 종이 임의의 서식지에서 유지할 수 있는 집단의 최대 규모는 시간 예산 분배 모델에 의거해 결정된다는 것이다. 일반적으로 털 고르기에 투자할 수 있는 시간의 상한선은 20퍼센트이고, 침팬지의 경우는 집단의 임계 숫자가 대략 54마리다. 그런데 인류는 다른 동물보다 털이 적기 때문에 털고르기가 교제 수단으로 유효하지 않다. 그 결핍을 보상해준 것이 바로 이야기다. 이야기는 털 고르기보다 쉽지만 훨씬 파급력이 크기 때문에, 관계를 맺을 수 있는 숫자가 확대되었다. 던바는 그 최대 인원이 150명임을 밝혀냈다. 이 임계치는 그의 이름을 따서 '던바의 수Dunbar's number'라고 불린다.

이야기와 문화 유전자 밈의 탄생

인간은 어떤 다른 포유류보다 큰 집단을 형성함으로써 생존에 절대적으로 유리한 조건을 마련했다. 이런 이야기꾼 인간의 탄생이 인류 진화에 돌연변이를 일으켰다. 다윈이 진화를 설명하는 핵심 개념이 자연선택이다. 자연선택이란 흔히 오해되듯 자연이 선택하는 것이 아니라 '자연적으로' 선택되는 것이다. 생존경쟁의 과정에서 생겨나는 유전적 변이가 자연선택이 일어나는 조건이다. 다윈은 자연선택을 다음과 같이 정리했다. "만일 어떤 개체들에게 유용한 변이들이 실제로 발생한다면, 그로 인해 그 개체들은 생존경쟁에서 살아남을 좋은 기회를 가질 것이 분명하다. 또한 대물림의 강력한 원리를 통해 그것들은 유사한 특징을 가진 자손들을 생산할 것이다. 나는 이런 보존의 원리를 간략히 자연선택이라고 불렀다."[13]

다윈이 1838년 처음으로 '자연선택'이란 개념을 구상해낸 것은 맬서스의 『인구론』을 읽으면서다. 전 세계에 분포하는 모든 생물들이 기하급수적으로 증가하면 생존경쟁은 필연적으로 일어난다. 생태계에서도 맬서스의 법칙이 적용되기 때문에 자연선택이라는 조절 장치가 작동한다는 것이다.

> 각각의 종에서 생존할 수 있는 개체보다 많은 개체들이 태어나고, 그에 따라 생존경쟁이 끊임없이 일어나며, 복잡하고 때로는 변화하는 환경에 어떠한 면에서건 조금이라도 유리한 형질을 갖춘 개체는 생존할 가능성이 높아질 것이다. 그 결과 '자연적으로 선택'되는 것이다. 이렇게 해서 선택된 변종은 강력한 유전원칙에 따라 자신의 새롭고 변형된 형질을 전파하려 할 것이다.[14]

현생인류만이 살아남고 그 밖의 다른 인류 종들이 모두 멸종했다면, 그 역시 자연선택의 결과다. 신체적으로는 결코 강력하지 않은 현생인류가 자연선택에서 유리할

---

13 찰스 다윈,『종의 기원』, 장대익 옮김, 198~99쪽.
14 찰스 다윈,『종의 기원』, 김관선 옮김, 한길사, 2014, 42~43쪽.

수 있었던 제일 조건은 포유류 가운데에서 150명이라는 큰 집단을 형성할 수 있었다는 점이다. 하지만 인간은 그렇게 작은 공동체 안에 살지 않는다. 던바에 따르면 위도에 따라 자연적으로 선택되는 공동체의 규모 또한 달랐다. 적도 주변의 열대지방에서는 병원균의 전염성이 강하기 때문에 공동체의 규모가 작은 것이 유리했다. 하지만 고위도지방에서는 생존을 위해 대규모의 교역이 필요했기 때문에 더 큰 규모의 공동체를 형성해야 했다. 그로 인해 갈등 요인 또한 증대되자, 사회적 긴장 관계를 완화하고 결속을 강화할 새로운 메커니즘이 요청됐다. 이런 필요에 부응해서 공동체의 결속을 강화하는 데 결정적 역할을 수행한 것이 종교와 스토리텔링 같은 문화적 행위다.

이야기꾼 인간은 현실 세계 너머 허구 세계로 들어가는 문을 열며 자신의 정체성과 존재 의미를 만들어가는, '그 자신이 짠 의미의 거미줄에 매달려 사는 동물'로 탈바꿈했다. 이야기꾼 인간이 의미의 거미줄로 짠 이 네트워크가 문화다. 무능한 동물이었던 인류가 지구 생태계에서 가장 높은 위치로 도약한 것은, 생물학적 유전자에 따라 결정된 하드웨어의 한계를 극복할 수 있는 문화라는 소프트웨어의 개발을 통해서다. 이렇게 해서 진화한 인간 특유의 삶의 방식을 설명하는 사회생물학 용어가 '문화 유전자'다.

찰스 다윈이 『종의 기원』을 출간한 당시 유전자의 존재를 알지 못했던 다윈은 자연선택에 의한 진화의 기본 단위를 개체로 파악했다. 현재는 유전자가 진화를 설명하는 핵심 개념이다. 유전자란 부모가 자식에게 물려주는 특징, 곧 형질을 만들어내는 유전정보의 단위를 지칭한다. 제임스 왓슨과 프랜시스 크릭은 유전물질인 DNA 분자가 이중나선 구조로 되어 있다는 것을 1953년 처음으로 발표했다. 유전자의 변이는 암수 개체의 생식을 통해 유전자가 재조합되는 과정에서 발생한다. 이에 비해 문화 유전자는 개인에서 개인으로 사회적 학습을 통해 전파된다. 사회적 학습을 할 수 있는 유기체는 인간뿐이기에 인간만이 문화 유전자를 갖고 있는 것이다.

인간이 사회적 학습을 할 수 있는 첫번째 요건은 서사적 기능을 하는 이야기다. 벌이나 개미 같은 동물도 나름의 언어생활을 하면서 집단을 구성한다. 하지만 그들의 언어에는 서사적 기능이 없기 때문에 문화 유전자를 발생시키지 못했고, 따라서 폴리스 같은 정치 공동체를 성립시켜 왕을 몰아내거나 공화정을 수립할 수 없다. 이는 인류가 46억 년 지구의 역사에서 비교적 늦게 등장했지만 주인처럼 행세할 수 있는 결정적 계기가 되었다.

문화는 자연에 종속되지 않고 자연을 길들이며 사는 인간 특유의 생활 방식이다. 그런데 문화 유전자란 용어는 문화를 다시 생물학적인 것으로 자연화하는 역설처럼 비칠 수 있다. 문화가 전파하고 변화하는 방식은 유전자가 전승되고 변이되는 방식과 완전히 다르다. 그렇기에 문화 유전자란 개념이 과연 성립할 수 있는지부터 쟁점이다. 문화 유전자는 문화의 독자성을 부정하고 생물학주의로 환원한다는 비판을 받는다. 에드워드 윌슨이 '통섭consilience'이란 용어로 주창했던 '지식의 대통합'도 같은 맥락에서 '생물학 제국주의'라는 반론이 제기된다.[15]

하지만 인간의 생물학적 신체는 물론 문화 역시 정보의 코드로 파악하는 문화 유전자 개념은 생물학의 범위를 넘어서는 '정보혁명'의 일반적 흐름과 일치한다. 유전자는 DNA라는 정보로 해독된다는 점에서, 문화 유전자 또한 충분히 성립 가능한 개념이다. 즉 이는 생물학주의라기보다는 만물의 근원을 정보로 파악하는 디지털 시대의 '정보적 전환informational turn'과 맥을 같이한다.[16]

존재하는 것은 사라지고, 남는 것은 이야기뿐

문화 유전자가 생물학적 유전자와 다른 점은, 몸을 매

15 에드워드 윌슨, 『통섭』, 최재천·장대익 옮김, 사이언스북스, 2005; 한국철학사상연구회, 『인간을 이해하는 아홉 가지 단어—소수자에서 사이보그까지, 인간 존재를 묻는 철학 키워드』, 동녘, 2010.

16 Luciano Floridi, *The Philosophy of Information*, Oxford University Press, 2011.

개로 한 생식을 통해서가 아니라 정신적 교류를 통해 전파된다는 것이다. 문화가 "개인들의 교습이나 모방에 의해 다른 동료들로부터 획득되는 정보로서, 그들의 표현형에 영향을 미칠 수 있는 정보"[17]라면, 이때 문화를 정보로 모듈화할 수 있는 단위라고 보는 용어가 문화 유전자다. 문화 유전자가 문화적 복제를 위한 전달과 모방의 단위임을 나타내기 위해 도킨스는 새로운 이름을 고안해냈다. 모방을 뜻하는 그리스어 '미메메mimeme'를 생물학적 유전자인 '진gene'과 같은 단음절로 축약한 '밈meme'을 제안한 것이다.[18] 생물학적 유전자인 '진'이 다음 세대로 전달되어 단백질을 만드는 정보라면, 문화 유전자인 '밈'은 두뇌나 책과 같은 매체에 저장되어 모방의 형태로 전달되는 정보를 뜻한다.

영국의 철학자 앨프리드 노스 화이트헤드는 서양의 2천 년 철학을 가리켜 모두 플라톤의 각주에 불과하다고 말했다. 지난 2천 년간의 서양 철학사는 기본적으로 플라톤 철학이라는 밈을 모방하려는 학습으로 전개됐다는 의미다. 플라톤은 약 2,500년 전에 죽었지만, 그가 남긴 밈은 책이라는 매체로 전수되어 서양 사상의 핵심을 형성했다. 사상은 '어떠한 사물에 대하여 가지고 있는 구체적

17 Stephen Shennan, *Genes, Memes, and Human History*, Thames & Hudson, 2002, p. 37.

18 리처드 도킨스, 『이기적 유전자』, 287쪽.

인 사고나 생각'으로 정의된다. 인간은 사상을 밈으로 변환해 진화시키는 능력을 갖췄기에, 사상으로 자연을 개조하고 사회혁명을 일으키는 역사의 주체가 되었다.

우리는 소크라테스의 생물학적 유전자를 물려받은 후손을 알지 못한다. 하지만 그의 밈은 수많은 사상적 자손을 낳았다. 그것이 가능했던 이유는 비록 소크라테스가 독배를 마시고 죽었다 해도, 그의 밈이 제자 플라톤에게 전수됐다는 데 있었다. 플라톤은 그의 밈을 모방해 서양 정신의 금자탑을 세운 플라톤 사상이란 밈을 후대에 전수했다. 플라톤 사상을 담고 있는 『대화편』의 정보 체계는 소크라테스와 제자들, 소피스트들의 대화를 편집한 이야기 형태로 구성되어 있다. 이렇게 만들어진 이야기는 학습을 통해 후대에 계속 모방되고 변이되었다.

이야기로 모방되고 변이되는 밈은 일종의 '마음의 바이러스'로 기능한다. 감염이 일어나는 신체 기관은 뇌다. 인지과학철학자인 대니얼 데닛은 "사람은 수백만 개나 되는 문화적 공생체의 숙주인 감염된 뇌를 지닌 호미니드hominid이며, 그것을 가능하게 한 주역은 언어라는 공생체 체계"[19]라고 했다. 이야기를 매개로 마음의 바이러스에 감염되어 동병상련하고, 공생체 체계를 이룬 것이 현생인류를 지구에서 특별한 생명체로 만들었다.

19　대니얼 데닛, 『자유는 진화한다』, 이한음 옮김, 동녘사이언스, 2009, 243쪽.

앞서 현생인류의 특이성을 '만능의 전문가'로 규정했다. 그런 변신의 토대 역시, 개별적이고 특수한 기능을 수행할 수 있는 여러 정보를 문화 유전자라는 형태로 변환해 교류·접합·융합하는 탐구 활동을 통해 마련됐다. 그런 탐구 활동 일반을 지칭하는 한자 용어가 학문學問이다. 학문이란 말 그대로 '배우고 묻는 것'을 의미한다. 인간이 배우고 묻는 행위로 위대한 업적을 쌓아 올릴 수 있었던 것은 첫째, 언어가 있고 둘째, 언어를 모듈로 해서 이야기라는 구조물을 건축할 수 있기 때문이다. 인류의 4대 성인인 소크라테스, 석가모니, 공자, 예수의 가르침은 모두 이야기의 형태로 이뤄져 있다. 이야기는 문화 유전자의 정보를 전달하고 증식시키는 생식세포의 기능을 한다.

존재하는 모든 것은 사라지고, 남는 것은 그에 대한 이야기다. 이야기의 발명은 유한자인 인간에게 죽음을 초월해 영원한 구원에 이르게 하는 종교를 탄생시킨 한편, 문화 유전자의 조합으로 인간됨의 무늬〔人文〕를 스스로 수놓을 수 있는 인문학의 길을 열어주었다.

3장
이야기와 인문학

이야기가 인간에게 준 여섯 가지 선물

인간은 다른 동물과 마찬가지로 이 세상에 태어났다가 죽음과 함께 사라지는 존재다. 그렇다면 사라진 후에는 어디로 가는가? 보이지 않는 세계에 대해서도 말할 수 있는 이야기꾼 인간은 허구 서사를 통해 이쪽 세계에서 저쪽 세계로 건너갈 수 있는 다리를 놓았다.

인간이 일상적으로 경험하는 대표적인 허구 세계는 꿈이다. 꿈은 약 80퍼센트의 비율로, 뇌파는 깨어 있을 때와 비슷하지만 안구를 제외한 근육 긴장도는 떨어져 있는 렘REM수면 상태에서 나타난다. 꿈은 인간만 꾸지 않는다. 개와 고양이 같은 포유동물도 렘수면 주기를 갖고 있기에 꿈을 꾼다는 것이 연구를 통해 밝혀졌다. 그런데 왜 인간만이 현실 세계 안에 꿈의 이미지를 새겨놓고 그것을 좇는 '증강 현실'을 사는 존재가 됐을까?

꿈의 특이성은 그것이 가진 이중의 의미로 설명된다. 인간에게 꿈은 '잠자는 동안에 깨어 있을 때와 마찬가지로 여러 가지 사물을 보고 듣는 정신 현상'이자 '실현하고 싶은 희망이나 이상'이라는 두 가지 사전적 정의를 갖는다. 전자의 꿈이 생리적 현상이라면, 후자의 꿈은 자기 정체성과 존재 의미를 만들고자 하는 인간의 실존Existenz 의식과 연관된다. 실존철학은 실존을 인간성의 특성으로 규정한다. 인간 이외의 다른 존재는 주어진 본질대로 살지만, 인간은 자기 존재를 스스로 규정하는 삶을 지향한다. 이런 인간 특유의 삶의 방식을 장-폴 사르트르는 "실존은 본질에 앞선다"라고 표현한 바 있다.

본질이 일반적 본성을 의미한다면, 실존은 개별자로 존재해 있다는 자각과 함께 깨어나는 의식이다. 나를 나로 만드는 것은 본질이 아닌 실존이다. 내 정체성을 규정할 때 중요한 것은 내게 주어진 현실이 아니라 내가 가진 꿈이다. 이처럼 인간이 꿈꾸면서 현실을 산다는 것이, 실존적 존재가 될 수 있는 요건이다.

이야기는 인간이 꿈을 재현하는 가장 일반적인 매체다. 이야기는 현실을 표현할 뿐 아니라 만드는 힘 또한 갖고 있다. 이렇듯 이야기꾼 인간의 실존과 관계된 모든 이야기를 다루는 학문이 인문학이다. 과학이 사실에 관한 학문이라면, 인문학은 인간의 실존적 의미를 인간에게 새기는 학문이다. 호모 나랜스, 곧 생각하는 인류가 언어라는 '존재의 집'에 사는 이야기꾼 인간이 되면서 이야기가 우리에게 준 중요한 선물은 여섯 가지로 요약될 수 있다.

첫째, 공동체 정체성의 코드

이야기 덕분에 인간은 '던바의 수'를 초월하는 거대한 협력 공동체를 결성할 수 있었다. 이에 관해 널리 알려진 주장이 유발 하라리의 인지 혁명 테제다. 하라리는 인간이 언어를 매개로 단순히 정보를 전달하는 데 그치지 않고 실재하지 않는 대상을 이야기로 만들어낸 결과 인지 혁명이 일어났으며, 그것이 인류의 운명을 바꾼 결정적 전환점이라 했다. "전설, 신화, 종교는 인지 혁명과 함께 처음 등장했다. 이전의 많은 동물과 인간 종이 '조심해! 사자야!'라고 말할 수 있었다면, 인지 혁명 덕분에 호모 사피엔스는 이렇게 말할 수 있게 되었다. '사자는 우리 종족의 수호령이다.' 허구를 말할 수 있는 능력이야말로 사피엔스가 사용하는 가장 독특한 측면이다."[1]

인류가 사자, 독수리, 늑대, 곰과 같은 동물을 자기 종족의 표상으로 삼는 일이 가능했던 것은 자신들의 기원을 그들과 연결 짓는 이야기를 통해서였다. 농업혁명이 일어난 신석기시대에는 각 씨족이 특정 동식물을 수호신

---

1   유발 하라리, 『사피엔스』, 48쪽.

으로 삼는 토테미즘totemism이 나타났다. 한반도의 경우 고조선의 단군 신화가 곰 토테미즘에서 유래했다. 민족과 국가 등의 정치 공동체를 성립하고 유지할 수 있는 정통성도 과거에는 신화와 종교에서 출발했다. 현재는 율령과 역사, 헌법으로 대체되었으나, 인간이 만든 서사에 근거한다는 점은 기본적으로 동일하다.

인류사에는 수많은 종족과 집단이 있었다. 그 가운데 정치 공동체를 형성하고 역사를 남긴 사람들은 많지 않다. 그런 업적을 이룩하는 출발점이, '던바의 수'라는 관계망의 한계를 넘어서게 하는 스토리텔링을 만들어냈느냐다.

> 스토리텔링은──역사적으로 무슨 일이 일어났는지, 조상이 누구였고 우리는 누구이며 또 어디서 왔는지, 머나먼 지평선 너머에 어떤 사람이 살고 있는지, 우리가 직접 경험할 수 없는 정신세계에는 누가 거주하는지 등에 관한 이야기를 통해──공통의 세계관을 가진 사람들을 관계 망 속에 묶어줌으로써 공동체 의식을 형성한다.[2]

인간은 누가 우리인지 아닌지를 구분하는 집단 정체성의 기준을 이야기로 규정하는 유일한 생명체다. 허구

2   로빈 던바, 『멸종하거나, 진화하거나』, 284쪽.

로 만들고 변형시킬 수 있는 이야기가 집단 정체성을 결정하는 코드가 되자, 선천적인 혈연관계로 맺어지는 집단보다 훨씬 더 유연하고 큰 협력 공동체를 결성할 수 있는 길이 열렸다. 공동체주의자인 앨러스데어 매킨타이어는, 기본적으로 이기적인 개인이 이타적 정치 공동체를 구성하는 시민으로서의 덕성을 함양할 수 있었던 요인으로 서사적 존재라는 인간의 특성을 들었다. "'나는 무엇을 해야 하는가?'라는 물음에 대답하려면 그 전에 '나는 어떤 이야기의 일부인가?'에 답할 수 있어야 한다."[3]

태초에 한국인, 일본인, 중국인이 있었던 것은 아니다. 집단 정체성은 내게 어떤 이야기가 문화 유전자로 각인되느냐에 달려 있다. 정체성의 코드를 형성하는 대표적인 서사가 역사다. 한국사, 일본사, 중국사와 같은 자국사란 해당 민족 또는 국가의 문화 유전자가 형성되어 다른 서사를 신봉하는 집단들과 교류하고 생존경쟁을 벌이는 진화의 과정에 관한 스토리텔링이라 정의할 수 있다.

둘째, 미래의 선취

인간은 이야기를 통해 아직 오지 않은 시간인 미래를 선취함으로써 자기 삶을 기획하고 만드는 존재가 되었다. 이야기의 첫번째 기능이 인간 정체성의 공간적 확대라면,

3   Alasdair MacIntyre, *After Virtue*, University of Notre Dame Press, 1981, p. 201.

두번째 기능인 미래의 발명은 시간의 확장이다. 현재는 그 이전을 과거로, 그 이후를 미래로 구분한다. 이전과 이후를 구분하는 것은 변화다. 기억을 토대로 변화에 대한 인식이 가능해지며 인간에게 시간관념이 생겨났다.

미래란 아직 오지 않은 시간이다. 시간은 일단 오면 현재가 되고, 곧장 과거로 흘러가 사라진다. 인간이 알 수 있는 시간은 과거이고 미래는 불확실하다. 그런데 우리가 살아갈 시간은 과거가 아닌 미래라는 것이, 인간이 직면한 근본 문제다. 내게 더 이상 미래가 오지 않을 때는 죽음을 맞이한다. 내가 죽는다는 것은 과거 사례로 알 수 있는 확실한 사실이지만, 언제 죽을지는 모른다. 미래란 죽음처럼 미지의 영역이다.

인간에게 과거는 사실이지만, 미래는 허구다. 현재란 허구였던 미래가 과거라는 사실로 바뀌는 순간이다. 인간이 이 순간의 점들을 인과관계로 연결해 고안해낸 선이 이야기다. 이야기를 통해 인간은 과거-현재-미래로 흘러가는 시간, 그리고 시간의 흐름 속 세상이라는 공간에서 펼쳐지는 삶을 이해하고 의미를 만들어내는 자유를 얻었다. 시간 속에서 경험되는 세계는 이야기를 통해 표현되고 기억된다. 프랑스의 철학자 폴 리쾨르는 이야기와 시간의 연관성을 다음과 같이 정리했다. "이야기하는 모든 것은 시간 속에서 일어나며, 시간이 걸리고, 시간적으로 전개된다. 그리고 시간 속에서 전개되는 모든 것은 이야기될 수 있다. 어쩌면 모든 시간적 과정은 그것은 어떤 식으로든 이야기될 수 있다는 한에서만 시간적인 것으로 인식될 수 있을 것이다."[4] 모든 것은 시간 속에서 사라진 다. 시간은 세상 모든 것의 파괴자다. 시간의 횡포에 맞서 려는 지극히 인간적인 노력이 이야기다. "시간은 이야기 양태를 통해 분절되는articulated 한에서 인간적인 시간이 되며, 이야기는 시간적 실존의 조건이 될 때 그 충분한 의미를 획득한다."[5]

미래는 모호하고 열려 있다. 모호함과 불확실성은 불안을 동반한다. 하지만 인간은 이야기를 통해 미래를 만들어가는 꿈을 안고 산다. 미래에 대한 인간의 근본적인 딜레마는, 인간이 세계에 대한 지식을 많이 가지면 가질수록 미래에 개입하는 정도가 커져서 그만큼 변화와 불확실성이 커지는 역설이 발생한다는 점이다. 궁극적으로 인간은 미래를 예측할predict 수 없고, 단지 대비할prepare 뿐이다.

현생인류는 미래의 리스크에 대비하고 꿈의 실현을 목표로 사는 유일한 동물이다. 이야기를 매개로 집단 학습을 한 인간은 미래를 대비하고 기획한 덕분에 문명을 건설했다. 인류 문명의 원천은 '이야기꾼'이라는 인간 정체

4   폴 리쾨르, 『시간과 이야기 1─줄거리와 역사 이야기』, 김한식 · 이경래 옮김, 문학과지성사, 1999, 25쪽.
5   같은 책, 52쪽.

성에서 기인한다. 시간은 모든 것을 파괴하지만, 이야기
는 남아서 미래 후손들에게 문화 유전자를 전달한다.

셋째, 허구 세계의 열쇠

이야기는 상상을 가능케 하며 현실 세계 밖의 허구 세
계를 열어주었다. 이야기는 인간이 현실의 감옥에서 벗어
나 허구의 세계로 비상하게 해주는 날개다. 이야기로 펼
치는 상상의 나래가 픽션fiction이다.

> 픽션은 대리 경험과 행동 선택의 범위를 넓혀준다. 놀
> 이처럼 픽션은 가능한 기회와 위험을 배우도록 해주
> 며, 실제로 위험에 처하지 않고서도 피할 수 없는 좌
> 절에 대처하는 데 필요한 전략과 감정적 수단을 제공
> 한다. 그 과정이 대단히 효율적인 이유는 픽션이 강렬
> 한 경험과 집중된 변화에 초점을 맞춤으로써 초자극
> 의 역할을 하기 때문이다.[6]

픽션을 통한 기억의 확장은, 현실 속 경험을 다시 상
기시킬 뿐 아니라 이를 재조합하고 연결해서 새롭게 만
들어낸다는 의미가 있다. 픽션은 현실에 없는 것이다. 픽
션의 문법에 따르면 기억의 반대말은 망각이 아니라 상

---

6   브라이언 보이드, 『이야기의 기원—왜 인간은 스토리텔링에 탐닉하는
가』, 남경태 옮김, 휴머니스트, 2011, 274쪽.

상이다. 신이 무無에서 유有를 만들어내는 창조력을 갖고 있다면, 인간은 유有에서 무無를 떠올리는 상상력을 갖고 있다.

픽션을 언어로 표현한 것이 이야기라면, 이미지로 나타낸 것이 그림이다. 카메라가 발명되어 현실 모사가 간편해진 기술 복제의 시대로 접어들자, 있는 그대로의 실재를 사실적으로 묘사하는 예술의 존재 이유가 사라졌다. 눈에 보이는 자연을 그대로 그리는 것이 더 이상 예술로서 의미를 상실한 대신 화가의 머릿속에 있는 생각을 담아내는 것이 그림을 그리는 목적이 되었다. 재현representation에서 표현expression으로 중심이 이동하면서, 현실을 다르게 보거나 보이지 않는 것을 그리는 미술사 혁명이 일어났다. 그 혁명을 이끈 선구적 인물이 입체파 운동을 이끈 피카소다. 그는 "나는 대상을 보이는 대로가 아니라 생각하는 대로 그린다"라고 선언했다.

인간이 언어와 그림으로 사물을 표현하고 그것에 이름을 붙이는 행위는 구상이 아닌 추상이다. 인간이 보편 개념을 지닌 것도 추상 능력 덕분이다. 개, 고양이, 인간 등과 같은 보편 개념은 개별 대상의 색과 형태에 대한 파괴를 전제로 성립한다. 이처럼 현실과 분리된 추상의 픽션을 만들어낼 수 있다는 것이 자연선택에서 인간을 절대적으로 유리한 위치에 오르게 했다.

인간은 이야기의 발명으로 '생물학적 유전자' 이외에 문화 유전자, 즉 밈을 가짐으로써 시간 속에서 사라지는 사물의 존재 문법을 초월해 영속할 수 있는 무형의 인공물을 창조했다. 유형의 존재는 시간의 파괴로부터 벗어날 수 없다. 아름답던 장미는 사라지고 없지만, 그 이름은 남아 있듯 비물질적인 이야기는 영원히 존속할 수 있다. 이야기를 만든 사람은 죽어 없어지지만, 그가 남긴 이야기는 자손이자 대안 생명체로서 계속 살아남아 증식하고 퍼져나간다.

현실 세계는 유한하고 단 한 번뿐인 실재다. 현실 세계에서 벌어진 일이나, 벌인 행동은 되돌릴 수 없다. 하지만 이야기로 펼쳐지는 가상 세계에서는 모래 놀이처럼 쌓고 부수고 다시 만드는 실험과 연습을 할 수 있다. 실험과 연습을 통해 인간은 지능을 계발해 현명하고 지혜로운 삶을 영위할 수 있다. 인간은 현실 세계에서 발생하는 이해관계의 충돌과 갈등에 대한 해결책을 무력이 아닌 소통과 합의로 구할 수 있다. 이야기는 현재 상황이 이대로 계속되면 앞으로 어떤 사태가 벌어질지를 시뮬레이션으로 이해하고 남과 소통할 수 있게 해준다.

이야기꾼 인간으로의 진화는 갈등과 싸움의 '제로섬 게임zero-sum game'이 아니라 협력과 상생의 '논 제로섬 게임non zero-sum game'을 할 수 있는 문명화의 길을 열어주었다. 인류 역사는 상당 기간 동안 전쟁과 폭력으로 점철됐다. 그러다 노르베르트 엘리아스가 연구했듯 '문명화 과정'[7]으로 인류 역사의 흐름이 바뀌었다. 문명화 과정은 자기 감정을 통제하고 본능적 행위를 순화시키도록 가르치는 예절을 탄생시킨 한편, 사적 폭력을 금지함으로써 폭력을 독점하는——홉스가 리바이어던이라 부른——근대 국가를 성립시켰다. 홉스는 신이 창조하고 통할한 예술품이 자연이라면 인간도 신의 창조를 모방해 인공적 자연을 만드는 능력이 있는데, 그것이 리바이어던이라 했다. 하지만 문제는, 인간이 만든 피조물임에도 리바이어던이 인간을 지켜주는 한편 인조 신처럼 군림한다는 점이다.

다섯째, '이야기 자아'의 매트릭스 속 인간

문화 유전자로 자아 정체성과 존재 의미가 각인되는 인간은 실재 세계보다는 이야기가 만든 매트릭스에 산다. 인간은 경험한 것을 언어로 진술하기 위해 이야기를 만들어내지만, 경험은 시간 속에서 망각되고 이야기로 표현된 것만이 기억되어 실재를 표상한다. 전형적인 사례가 과거라는 실재를 이야기로 구성한 역사다. 과거 사실에 대한 기록으로서 역사가 성립하지만, 역사로 이야기된 과

---

7   노르베르트 엘리아스, 『문명화과정 1』, 박미애 옮김, 한길사, 2002.

거 사실만이 실제 있었던 일로 기억된다.

인간은 이성의 법칙이 아니라 편견과 감정에 휘둘려 이야기하는 경향이 있다. 사람의 마음을 움직이는 것은 객관적 사실보다는 이야기다. 만유인력 법칙을 발견한 뉴턴조차 주식 투자로 전 재산을 날린 후 "나는 천체의 움직임은 계산할 수 있지만, 인간의 광기는 계산할 수 없다"라고 말한 바 있다. 이야기로 주조된 매트릭스에 사는 호모 나랜스라는 특성이 인간을 계산 불가능한, '시스템 오류system fault'가 일어날 수 있는 자유의지의 존재로 만든다.

인간의 하드웨어를 형성하는 것이 몸이라면 소프트웨어를 구성하는 것은 기억이다. 인간은 기억을 기반으로 정체성을 의식화한다. 중요한 사실은, 인간은 경험한 그대로를 기억하는 것이 아니라 이야기를 통해 기억을 재구성한다는 점이다. 경험한 것은 실제로 일어난 일이지만, 이야기로 재구성한 기억은 엄밀히 말해 허구다. 인간은 전자가 아닌 후자에 의거해 행동한다. 그렇기에 본래 심리학자인 대니얼 카너먼은 '인간은 합리적 선택을 하는 존재'라는 주류 경제학의 전제에 의문을 제기하고, 실제 경험이 아니라 이야기가 인간 행동을 결정한다는 데 근거해 행동경제학이란 새로운 학문을 창시함으로써 2002년 노벨 경제학상을 수상했다.

카너먼은 인간에게 '경험자아experiencing self'와 '기억

자아remembering self'라는 서로 다른 자아가 있음을 실험으로 증명했다. 경험자아가 매 순간 경험한 것을 느끼는 나라면, 지나간 경험을 회상하고 평가하는 나는 기억 자아다. 이 두 자아가 어떻게 다른지를 카너먼은 대장 내시경 검사를 받은 환자의 경험과 기억에 대한 연구 결과를 통해 밝혀냈다. 그는 실험을 위해 A와 B 두 집단으로 나누어 대장 내시경 검사를 했다. A 집단 환자들은 대장 내시경 검사가 끝나자마자 내시경을 빼내게 했고, B 집단 환자들은 검사가 끝난 후에도 내시경을 한동안 놔두었다가 빼냈다. A 집단은 8분간 고통스러운 검사를 받았지만 고통의 순간은 짧고 굵게 끝났다. 이에 비해 B 집단은 상대적으로 훨씬 더 긴 24분간이나 검사를 받았지만, 고통이 상당히 완화된 상태에서 내시경을 빼냈다.

경험자아라면 더 오랫동안 검사를 받은 B 집단이 훨씬 더 고통스러웠을 것이다. 하지만 기억 자아는 정반대의 대답을 했다. 검사 후 한 시간이 지나서 고통이 어느 정도인지, 또다시 검사를 받을 의향이 있는지를 물었을 때 A 집단보다는 B 집단에서 훨씬 더 높은 응답률이 나왔다는 것이, 인간 행동이 기억 자아에 의해 지배받는다는 사실을 보여준다.[8]

경험과 기억의 차이는 인간이 호모 나랜스라는 데서

---

8   대니얼 카너먼, 『생각에 관한 생각』, 이진원 옮김, 김영사, 2012, 462쪽.

기인한다. 인간은 경험한 고통의 총량이 아니라 경험의 가치를 중심으로 기억하고 이야기한다. 경험의 가치는 일반적으로 가장 강렬했던 순간과 마지막 순간에서 겪은 느낌의 평균값으로 결정된다. '이야기 자아'는 모든 경험을 말하지 않으며, 가장 강렬했던 순간과 최종 결과에 초점을 맞추어 스토리를 구성하고 사태를 재생한다. 예컨대 아이를 낳은 직후 많은 산모들이 더 이상 아이를 낳지 않겠다고 공언한다. 이는 경험자아의 생각이다. 하지만 일정 시간이 흐르면 기억 자아는 출산의 고통은 망각하고, 아이를 낳았을 때의 기쁨과 현재 자기 삶에서 아이가 차지하는 가치를 중심으로 이야기를 구성하기 때문에 또다시 아이를 낳는다.

경험자아는 지나간 과거이지만, '이야기 자아'는 계속 다시 맞이하는 현재다. 인간은 자아 정체성과 존재 의미를 경험이 아닌 이야기로 구성한다. 이런 이야기꾼 인간의 속성은 양면성을 가진다. 그것은 한편으로는 '결핍 존재'인 인간을 성장시키는 원동력이 되지만, 다른 한편으로는 이야기가 짜놓은 매트릭스에 갇힌 노예처럼 살게도 만든다. 종교와 이데올로기에 함축된 이야기는 인간을 구원하고 자기희생을 할 줄 아는 숭고한 존재로 정화시키는 효과를 발휘하는 한편, 다른 이야기를 신봉하는 타자에게는 악마처럼 행동하게도 하는 모순을 낳는다. 종교전쟁과 이념 전쟁, 그리고 인종주의와 민족주의는 이야기의 폭정으로 일어난 인류사의 비극이다.

여섯째, 상호주관적 상징 세계의 창조

생명은 자신을 정의하는 경계가 필요하며 그 경계로부터 타자와 다른 나가 성립한다면, 이야기는 각 개체로 분리된 인간들이 함께 공유하며 신뢰를 토대로 상호주관적인 상징적 질서를 세울 수 있는 마법을 부린다. 하라리는 이야기의 마법을 통해 인간이 창조한 세 가지로 돈, 제국, 종교를 든다. 많은 사람들이 믿는 허구는 진실의 효과를 발휘해 신화로 성립된다. 예컨대 단군 신화는 있는 그대로의 역사는 아니지만, 우리 민족의 뿌리를 상징적으로 표현하는 집단표상collective representation으로 해석된다. 집단표상이란 프랑스의 사회학자 에밀 뒤르켐의 용어로, 특정 집단의 성원들이 상징과 개념으로 공동의 의미를 갖는 현상을 가리킨다. 집단표상을 바탕으로 인간은 돈, 제국 그리고 종교 같은 강력한 상징 질서를 세울 수 있었다.

집단표상은 집단 성원 간의 합의consensus를 전제로 한다. 이런 합의는 이야기꾼 인간만이 가능하다. 이야기는 의사소통의 매체일 뿐만 아니라 상호주관적인 제3의 세계를 창조한다. 늑대나 침팬지 같은 동물들은 외부 실재라는 '객관'과 그것을 나름의 감각기관으로 지각하는 '주관'의 두 세계에 산다. 이에 반해 인간은 의미를 추구한다. 인간이 동물과 다른 것은, 인간이 객관적 실재와 주관적 감각 세계 외에도 이야기로 창조된 상호주관적 의미 세계에 살기 때문이다. 종교, 왕국과 공화국, 자본주의와 같은 인공적인 제3의 세계는 인간 문명의 징표들이다. 그것들은 실체가 아닌 '말씀'과 규약, 규칙 등의 언어적 구성물로 구축된 허구이지만, 인간은 이를 토대로 신뢰 체계를 구축해 사회질서를 만들어냈다. 예컨대 우리는 모르는 사람이 운전하는 자동차라도 빨간 신호등 앞에서 정지할 것이라고 믿기에 횡단보도를 건널 수 있다. 이 인위적 질서를 폭력이 아닌 예절과 법률로 유지시켰으며, 인문 교육을 통해 다음 세대로 전수했다.

이야기꾼으로서 인간 정체성을 대변하는 학문이 인문학이다. '통섭'이란 용어로 지식의 대통합을 주창했던 에드워드 윌슨은 학문 체계를 생물학으로 환원한다는 비판을 받았지만, 그는 인문학의 가치를 결코 부정하지 않았다. 『인간 존재의 의미』에서 그는 인류 종을 관찰하는 외계인의 시선을 상정해 인간다움을 가장 잘 보여주는 것이 인문학이라고 이야기했다. 그는 외계인이 지구를 방문한다면 무엇보다 지구의 정복자 행세를 하는 인간에 관심을 가질 것이라 보았다. 그렇다면 외계인이 인간의 무엇에 가장 큰 호기심을 가질 것인가? 지구로 우주여행을 올 정도라면 그들은 인류보다 훨씬 지적 능력이 뛰어난 존재임에 틀림없다. 윌슨은 그들이 우리 자신보다 인류 종의 특이성에 대해 더 잘 파악해낼 거라고 말했다. "나는 진짜 외계인이라면 우리에게 주목할 가치가 있는 한 가지 핵심 자원을 우리 종이 지니고 있다고 말해 줄 것이라고 믿는다. 우리의 과학과 기술이라고 생각할지 모르겠다. 하지만 그렇지 않다. 바로 인문학이다."[9]

왜 외계인은 인간의 인문학을 신기하게 여길까? 과학이 객관적 실재에 관해 탐구하는 학문이라면, 인문학은 인간의 실존적 존재 의미에 대해 성찰하는 이야기꾼 인간을 대변하는 학문이다. 과학 지식은 인간의 인식을 우주로까지 확대함으로써, 앞서 칼 세이건이 말한 대로 우주에서 인간의 위치에 대한 '천문학적 계몽'을 했다. 인간은 우주의 먼지에서 생겨난 미미한 존재이지만, 우리가 아는 한 이야기를 할 수 있는 유일한 생명체다. 그런 인간의 위치가 과학 지식이 세계관의 기초가 되고, 과학기술을 토대로 해서만 인류 생존의 문제를 해결할 수 있는 이 시대에도 인문학이 필요한 이유다.

---

9   에드워드 윌슨, 『인간 존재의 의미 — 지속 가능한 자유와 책임을 위하여』, 이한음 옮김, 사이언스북스, 2016, 59쪽.

2부
인문학 대 과학

전통 시대 동서양의 인문학

인간의 줄무늬는 안에 있다

인문학은 단어 그대로 인간의 특성을 대변한다. 인간만이 문화라는 가상 세계를 구축해 자기 정체성과 존재 의미를 만드는 생명체다. 그것은 이전 세대가 축적한 경험과 지식을 담아내는 문화 유전자를 고안해냈기 때문이다. 문화 유전자를 디자인할 수 있었던 결정적 계기는 인류가 호모 나랜스로 변환된 데 있었다.

지구상의 생명체는 자연적으로 주어지는 본성에 따라 살아간다. 오직 인간만이 인간 본성을 바탕으로 인간성을 새겨서 인문人文이란 인위적 형태의 형상을 주입하는 교육과 학습을 한다. 그런 인간 특유의 노력으로 탄생한 학문이 인문학이다. 헬레나 노르베리-호지가 『오래된 미래』에서 인용한 히말라야 고원 라다크 지역의 속담대로, "호랑이의 줄무늬는 밖에 있고 인간의 줄무늬는 안에 있다."[1] 전자가 생물학적 유전자로 결정된 자연적 특성인 반면, 후자는 타고난 성품을 계발하고 내면적 성찰과 수련을 통해 만드는 품성이다.

인간이 인문을 만들 수 있는 소질은 무엇보다 언어로 이야기를 만들어내는 능력에서 비롯했다. 이로부터 생겨난 인간 고유의 특성이 '이성'으로 번역되는 로고스다. 고대 그리스 철학은 로고스를 물리계physis와 인류의 세계nomos를 지배하는 불변의 보편 원리로 파악했다. 기독교에서 로고스는 신이 세계를 창조한 사상의 내용과 더불어 제2위격인 예수 그리스도를 지칭한다. 자연과 인간은 모두 신의 피조물이기에 신의 말씀인 로고스가 관통한다는 것이다.

대화를 뜻하는 영어 단어 dialogue의 어원은 '통하여'를 뜻하는 그리스어 dia와 '말'을 뜻하는 그리스어 logos의 합성어다. 4대 성인과 제자들의 대화를 기록한 석가모니의 불경, 공자의 『논어』, 예수의 『신약성서』 그리고 플라톤의 『대화편』 모두 인간의 무늬를 새기는 법을 가르쳐주는 매뉴얼이다. 그들의 가르침이 인문학의 시초다.

---

1   헬레나 노르베리-호지, 『오래된 미래』, 양희승 옮김, 중앙북스, 2007, 77쪽.

　　인간의 품성을 기르는 인문학은 서구에서보다는 유교적 전통을 지닌 동아시아에서 훨씬 더 중시되며 오랫동안 학문의 정수를 이뤘다. 인간이 자연계와 분리해서 만든 인위적인 질서를 가리키는 용어가 인륜人倫, Sittlichkeit이다. 유교는 인륜을 '군신·부자·형제·부부 따위에서 지켜야 할 도리'로 정의했다. 이는 인간의 가장 기본적인 관계를 모듈로 삼아 집단 질서의 문법을 규정하는 방식이다. 반면 헤겔 철학에서 인륜은 '객관화된 이성적 의지'를 이르며, 가족, 시민, 사회, 국가 등에 의해 구현된다. 둘의 차이는 동아시아와 유럽이 문화 유전자 코드를 조합하고 배열하는 방식이 다르다는 데서 기인했다.

　　유교가 내면의 도덕을 코드로 한다면, 헤겔 철학은 외부 공동체가 규정한 윤리로 개인의 행동 방식을 규제한다. 유교의 도덕道德에서 도道는 본래 '길'을 뜻했다. 이 말이 "아침에 도를 들으면 저녁에 죽어도 좋다朝聞道 夕死可矣"라고 말한 공자에 의해 깨달음의 의미를 가지면서, 도를 배우는 것이 학문의 목적이 되었다. 도란 인생을 사는 이유와 목적을 아는 것이며, 덕德은 그런 깨달음을 얻어 머무르는 상태를 말한다. 두 단어가 합쳐진 도덕은 개인적 차원에서 자기완성을 위한 규범으로 작동한다.

　　이에 반해 윤리倫理는 생활의 특정 영역에서 작동되는

행동 규범이다. 예컨대 변호사와 의사에게는 그들만의 직업윤리가 있으며, 이는 때로 도덕과 충돌한다. 변호사는 도덕규범이 아니라 변호사로서의 직업윤리에 입각해 자신의 의뢰인을 법정에서 변호할 의무가 있다. "윤리적 규범은 보편적 올바름이나 일련의 믿음과는 전혀 상관없다. 그것은 동업자 집단에 의해 조직의 구성원들을 보호하고, 그 직종에 도움이 되게 할 방식으로 마련된 일련의 규칙이다."[2]

도덕적인 사람은 어떤 상황에서도 선한 행동을 하려는 의지를 갖고 있다. 선한 행동은 윤리를 위반한 반사회적·반국가적 범죄로 처벌을 받을 수도 있다. 이를 다룬 유명한 고전이 소포클레스의 비극『안티고네』다. 오이디푸스의 큰딸 안티고네는, 전쟁터에서 죽은 오빠 폴리네이케스를 조국의 배신자로 규정해 매장을 금지한 섭정 크레온의 명령을 어기고 장례를 치러서 사형을 당한다. 크레온은 안티고네가 국법을 위반한 중죄인이기에 사형을 당해 마땅하다고 판결하지만, 안티고네는 죽은 가족의 매장은 신들이 부여한 신성한 의무라고 주장한다. 크레온의 판결이 윤리에 기반한 것이라면, 안티고네의 정의는 도덕에 기반한 것이다. 이에 대해 인류의 담지자로 국가의 중요성을 강조한 헤겔은 크레온을 옹호했다.

---

2   https://www.dictionary.com/e/moral-vs-ethical/.

유럽에서는 자연과 문화가 서로 대립적인 의미를 갖는 것과 똑같은 맥락에서, 도덕과 윤리가 경계를 이루며 충돌하는 지점이 있었다. 이에 반해 한자 문명권에서는 천문天文과 인문人文이 동전의 양면처럼 각각 도道와 짝을 이루어 천륜天倫과 인륜人倫으로 분화됐다. 천륜이 부모와 자식처럼 하늘이 맺어준 자연적 질서라면, 인륜은 후천적으로 맺어진 관계에서 성립하는 도리다. 전통 시대에는 전자가 후자에 우선한다고 믿어졌기 때문에 충忠보다는 효孝가 더 중요한 가치로 여겨졌다. 과거 일제의 대한제국 침탈에 맞서 1907년 일어난 의병 운동은 그 대표적 사례다. '13도 창의군' 대장이었던 이인영이 일본군과 교전 중에 아버지의 사망 소식을 듣고 낙향하면서, 1만 명 가까이 집결한 운동이 실패로 돌아간 것이다.

전통 시대 동아시아에서 천문과 인문의 문법은『주역』의 「산화비괘山火賁卦」에서 "천문을 관찰하여 이로써 때의 변화를 살피고, 인문을 관찰하여 이로써 천하를 교화시켜간다觀乎天文 以察時變 觀乎人文 以化成天下"[3]라는 말로 정식화됐다. 천문의 문법에 근거해서 인문을 탐구할 목적으로 탄생한 것이 역사다. 동아시아 역사의 아버지 사마천은『사기』의 집필 의도를 "하늘과 인간의 관계를 탐구하는 것究天人之際"이라 밝혔다. 사마천의 역사 정신

---

3   김세환, 「천문天文과 인문人文의 의미 고찰」, 『중국학연구』 79, 2017, 48쪽.

의 원조는 『춘추』를 편찬한 공자다. 공자는 하늘과 인간의 관계를 탐구해 도덕의 자기완성을 이룬 성인을 군자라고 불렀다. 군자란 수기치인의 품성을 갖춘 인문의 표상이다.

공자는 인문의 문양을 '인仁'과 '예禮'라는 두 요인의 결합으로 새기고자 했다. 인이 내면적 도덕성을 형성하는 주관적 원리라면, 예는 외면적 사회규범으로 작동하는 객관적 질서다. 춘추시대 공자는 주나라 제도의 복원을 목표로 삼아 극기복례克己復禮를 주장했다. 공자는 『논어』 「안연」 편에서 안연이 인에 대해서 물었을 때, "나를 이기고 예로 돌아감이 인이 된다顔淵問仁 子曰克己復禮爲仁"라고 답했다. 공자는 내면적 도덕의 함양으로, 외부 규범인 예를 능동적으로 행하는 내면의 가능성인 인의 소양을 갖추는 것을 인문교육의 목표로 설정했다.

예절의 권력화, 중세에서 근대로

서구에서 인문학의 어원은 키케로가 만든 개념인 인간다움, 후마니타스humanitas다. 13세기 중세 대학에서 인간다움을 가르치는 교과과정으로 성립한 것이 오늘날 대학 교양과목의 기원을 이루는 '자유 학예artes liberales'다. 여기서 "'리베랄레스'란 성직자나 법률가, 의사가 될 학생들의 기본 소양을 키우는 과목들로 직업으로부터 '자유로운,' 곧 직업과는 직접적인 연관이 없다는 뜻이었다."[4] 자유 학예는 문법, 수사학, 변증학(논리학)의 3학trivium과 산술, 기하학, 점성술, 음악의 4과quadrivium로 구성되었다. 자유 학예와 대조를 이루는 것이 '노예의 기술artes serviles'이었다. 이는 엘리트 자유인들을 섬기는 데 필요한 전문화된 능력과 지식을 습득하는 과정을 의미했다.

이처럼 인문학은 동서양을 막론하고 엘리트를 위한 학문이었다. 차이가 있다면, 전통 시대 동아시아에서는 내면의 마음 수련을 중시한 데 비해 고대 아테네에서는 "자유민에 적합한 일반교육enkuklios paideia"이었다는 것이다.[5] 고대 그리스 로마 시대 인문학은 귀족과 시민의 자질에 관한 것이었다. 이 소양 교육이 행동 규범과 결합되어 내면적 규율화로 전환된 것은 17세기 시빌리테civilité의 탄생을 통해서다. 이는 중세에서 근대로의 이행과 연관이 있다. 고대 인간상의 표상은 자유롭고 용감한 영웅인 데 반해, 중세 기독교 문화에서 인간은 원죄를 지은 죄인이었다. 중세는 고대인들이 상정한 고귀한 인간성 대신에 인간 본성이 표출되는 폭력과 야만의 시대였다. 따라서 타락한 인간을 길들이는 것이 교회의 역할이었다. 중세

4   백종현, 「인문학의 이념과 한국 인문학의 과제」, 『인문논총』 72(2), 2015, 169쪽.

5   Bruce A. Kimball, *Orators and Philosophers: A History of the Idea of Liberal Education*, Teachers College Press, 1987, p. 15.

기사도chivalry는 이 맥락에서 기독교 윤리를 주입할 목적으로 만들어진 인간상이었다. 중세 전성기인 11세기에 발생한 기사도는 12~13세기에 번성해 14~15세기에 형식적인 완성을 이뤘지만, 문학적 상상으로만 남은 허구로 퇴색했다. 16세기 종교개혁을 계기로 발발한 신교와 구교 사이의 종교전쟁은 '인문의 자연화'를 초래했다. 인간성은 교양이나 인류애를 의미하는 세련된 '후마니타스'가 전혀 아니며, 홉스의 말대로 '만인의 만인에 대한 투쟁'을 벌이는 자연 상태의 적나라한 인간 본성으로 표출됐다.

자연 상태의 인간 본성을 매너와 예절이라는 문화적 규율 권력으로 순화하고 통제하려는 일련의 흐름이 중세에서 근대로의 이행과 함께 나타났다. 독일의 사회학자 노르베르트 엘리아스는 이를 일컬어 문명화 과정이라고 했다. 17세기 절대왕정 시기 봉건사회는 국왕을 정점으로 귀족들이 권력의 피라미드를 형성하는 '궁정 사회'로 재편되었다. 궁정 사회에서 귀족들은 왕의 환심을 사기 위해 본능과 충동을 억제하고, 다른 계급과 구별 짓기를 할 수 있게끔 사교적 대화술과 매너를 연마하는 '쿠르투아지courtoisie'(궁정예절)를 발달시켰다.

유교의 인문교육이 내면의 품성을 발현시켜 밖으로 확산하는 것이라면, 유럽의 예절은 내적 충동을 외부 시선과 권력관계 속에서 억압하고 통제하는 것으로 작동했다. 엘리아스는 예절의 권력화를 근대성을 형성하는 문명화

과정의 두 측면으로 설명했다. 먼저 인간 마음의 측면에서는 쿠르투아지-시빌리테-문명화의 과정을 통해 근대 체제의 소프트웨어가 마련됐다. 한편 제도의 측면에서 모든 사적 폭력을 금지하고 공권력을 독점하는 국가가 등장해 근대 체제의 하드웨어를 정립했다.[6]

---

6   노르베르트 엘리아스, 『문명화 과정 1·2』, 박미애 옮김, 한길사, 1999.

5장
계몽운동과 도덕철학

계몽된 사회를 향하여

18세기는 동서양을 막론하고 근대로 향하는 역사의 갈림길이 만들어진 '위대한 100년'[1]이었다. 절대왕정을 매개 삼아 문명화 과정으로 나아간 유럽에서는 이 시기에 이성을 통해 인간 사회와 세계를 이해하고 새로운 변화를 모색하는 계몽운동이 일어났다. 대표적인 계몽주의자 이마누엘 칸트는 자기 안에 있는 이성의 빛을 밝혀서 무지몽매함에서 벗어나겠다는 자각부터 할 필요가 있음을 역설했다. "그대 스스로의 이성을 사용할 용기를 가져라!" 이것이 칸트가 제시한 계몽의 모토였다. 그는 계몽을 "자기 자신에게 책임이 있는 미성숙에서 벗어난 것"이라 정

---

1   한국18세기학회 편, 『위대한 백년 18세기—동서문화 비교 살롱토크』, 태학사, 2007.

의했다. "스스로에게 책임이 있는 미성숙이란 지성이 없기 때문에 발생하는 문제가 아니다. 다른 사람의 지도 없이는 지성을 사용할 결단력과 용기를 내지 못할 때 발생한다."[2] 성숙한 인간이란 자기가 세운 원칙에 따라 스스로를 규제할 줄 아는 자율성autonomy을 지닌 사람이다. 자율적 개인이 곧 근대적 주체인데, 칸트는 자신이 살던 시기에는 근대적 주체가 미완성 상태라고 보았다. 그래서 칸트는 자신의 시대를 '계몽된 시대ein aufgeklärtes Zeitalter'가 아직 되지 못한 '계몽의 시대ein Zeitalter der Aufklärung'라고 불렀다.

칸트는 신앙에 의존해서 사는 사람들은 아직 어둠 속에 사는 몽매한 사람들이며, 이성적으로 사유하고 판단하고 행동하는 사람이 계몽된 주체라고 생각했다. 계몽의 기획은 전자를 중세인, 후자를 근대인으로 구분했다. 그런데 칸트가 꿈꾼, 스스로의 이성을 사용하려는 용기와 결단을 가진 인문적으로 성숙한 인간들의 '계몽된 시대'가 인류 역사상 이룩된 적이 있었는가? 그것은 실제 역사에서는 실현되지 않은 관념일 뿐이다.

현실에서 근대는 개인적 이기심을 기반으로 한 시장경제 사회로 실현되었다. 18세기 독일은 프랑스나 영국과

---

2   Immanuel Kant, "Beantwortung der Frage: Was ist Aufklärung?," *Berlinische Monatsschrift*, Dezember Heft, 1784, p. 481(http://gutenberg.spiegel.de/buch/-3505/1에서 재인용).

달리 시민사회가 성립하지 못하고 통일국가 없이 300여 개의 공국이 신성로마제국이라는 형태로 느슨하게 묶여 있었다. 칸트의 계몽의 기획은 그런 독일 현실의 후진성을 반영해, '계몽된 시대'라는 미래를 관념적으로 투사하려는 취지를 담고 있다. 칸트는 자신의 시대가 '계몽된 시대'에 도달하기까지 아직 갈 길이 먼 '계몽의 시대,' 프리드리히대왕의 시대이기에 계몽의 목표를 시민교육에 두었다. 군주 국가 체제를 부정하는 사회혁명이 아니라 교양Bildung 있는 시민을 육성하고자 한 것이다.

인간 본성을 탐구한 스코틀랜드 계몽주의자

한편 현실을 초월하는 관념이 아니라 실제 현실에 뿌리내려서, 근대사회의 구성 원리에 대해 고뇌한 사상가들이 데이비드 흄, 애덤 스미스, 애덤 퍼거슨으로 대표되는 18세기 스코틀랜드 계몽주의자들이었다. 그들은 이성적인 인간성이 아니라 인간 본성에 바탕을 두고 근대사회를 형성하는 규범에 관한 신념 체계를 탐구했다. 그들이 인간에 대한 관점을 전환한 것은 당시 영국이 상업 사회와 시장경제 체제로 변모한 것과 연관된다. 근대사회의 요체는 이기적 개인들에 의해 작동되는 시장과 상업이다. 상업은 인간을 봉건사회의 예속에서 해방시키고 개인을 시장경제의 주체로 부상시켰지만, 사적 이익을 추구하고 욕망을 극대화시키는 부작용을 낳았다. 이에 스코틀랜드 계몽주의자들은 상업 사회에서 인간의 바람직한 삶은 무엇인가를 도덕철학moral philosophy의 관점에서 고찰했다.

그들은 인간 삶의 방식이 이윤을 추구하는 상업 사회의 논리에 따라 변해간 반면, 윤리 체계는 아직까지 전통 시대에 머물러 있는 데 따른 모순을 극복할 수 있는 도덕철학을 탐구했다. 도덕철학이 전제로 하는 인간은 인문 또는 인간성을 가진 보편적 인류가 아니라 상업 사회에서 경제생활을 영위하는 개인들이다. "상업 사회에서 원자화된 개인은 어떻게 서로 함께 어울려 살아갈 수 있는가, 경제적 개인주의가 지배하는 사회가 산산조각 나지 않도록 하는 방안은 무엇인가, 개인보다 공동체의 공공선을 우선시하는 시민적 덕목civic virtue을 개인주의적 사회질서 속에서 존속시킬 수 있는가? 이런 질문이 바로 스코틀랜드 문필가들이 고민한 문제였다."[3]

그들은 이성에 초점을 맞추어 사변적 철학으로 사유했던 칸트와 같은 독일 관념론자들과는 다르게, 위 문제들에 대한 해결책을 찾기 위해 뉴턴의 자연 관찰과 베이컨의 경험적 탐구 방법을 적용했다. 독일 관념론은 자연과 인간 사이에 문화라는 경계선을 구획한 후 인간을 인식주

---

3 이영석, 『지식인과 사회—스코틀랜드 계몽운동의 역사』, 아카넷, 2014, 236쪽.

체로 해서 자연을 대상화하는, 인식론적인 '코페르니쿠스적 전환'이라 불리는 새로운 길을 열었다. 이에 반해 영국 경험론은 인간과 자연을 분리하지 않고 둘 모두를 객관적으로 관찰하는 방법을 적용해 '인간 본성,' 곧 하나의 "자연으로서 인간 존재"를 고찰했다.[4] 독일 관념론이 자연을 인간화하는 능력에 초점을 맞추어 인간성을 규정했다면, 영국 경험론은 인간을 다시 자연화하는 방식으로 인간 본성에 대해 탐구했다. 둘은 계몽운동의 추진력을 이성과 감성 가운데 어디에 둘 것인가로 갈라진다. 칸트는 이성에 의거해서 계몽의 기획을 완수할 것을 주창했다면, 스코틀랜드 계몽주의자들은 감정의 동물로서 인간 본성을 토대로 근대사회의 질서를 세울 수 있는 길을 모색했다.

스코틀랜드 계몽주의자들은 일차적으로 인간 본성이란 무엇인가를 경험론에 입각해 관찰했다. 그들이 발견한 인간 본성의 특징은 자기를 보존하려는 자애심self-love과 다른 사람을 동정하는 자비심benevolence의 양면성에 있었다. 양면성을 기초로 근대 경제의 작동 방식과 근대사회의 존립 토대를 연구한 도덕철학자가 경제학의 아버지로도 불리는 애덤 스미스다. 그는 먼저 개인적 이기심으로 작동하는 상업 사회의 원리를 다음과 같이 말했다.

우리가 매일 식사를 마련할 수 있는 것은 푸줏간 주인과 양조장 주인, 그리고 빵집 주인의 자비심 때문이 아니라, 그들 자신의 이익을 위한 그들의 고려 때문이다. 우리는 그들의 자비심에 호소하지 않고 그들의 자애심에 호소하며, 그들에게 우리 자신의 필요를 말하지 않고 그들 자신에게 유리함을 말한다.[5]

애덤 스미스는 이기적 인간이 타인에게 그가 원하는 것을 주는 이유는, 타인도 답례로 내가 원하는 것을 주리라 기대하는 데 있다고 보았다. 이렇게 해서 성립하는 것이 교환이다. 교환은 각자 갖고 있는 것을 바꿔서 원하는 것을 얻는, 상업의 근간이 되는 행위다. 교환이 성립할 수 있는 전제 조건은 차이와 불균형이다. 교환에서 유리한 조건은 다른 사람들이 원하지만 갖지 못한 것을 소유하거나 그런 것을 생산해서 만들어내는 것이다. 교환은 시장에서 이루어진다. 근대는 시장이 경제생활의 중심지로 부상함으로써 열렸다.

농업에서 공업으로 생산력이 이동한 것은 시장경제로의 이행을 촉발시킨 동인이다. 생산의 중심지가 기계를 중심으로 여러 사람이 모여 일하는 공장이 되자, 작업 방식 또한 전문화와 체계화가 일어났다. 그 대표적인 방식이

---

5   애덤 스미스, 『국부론(상)』, 김수행 옮김, 비봉출판사, 2007, 19쪽.

분업이다. 분업은 생산과정에서 발생하는 차이와 불균형을, 갈등을 유발하는 부정적 요인이 아니라 협력 체계를 형성하는 긍정적 요인으로 전환시켜주었다. 각자 잘하는 일을 독점적으로 맡아서 하는 분업은 생산성을 향상시켰다. 예컨대 핀을 만드는 작업을 혼자서 하면 아무리 숙련된 기능공이라 해도 하루에 20개 이상 만들지 못한다. 하지만 철사를 늘이고 끊고 뾰족하게 하고 머리 붙이는 과정을 18단계로 쪼개면 1인당 하루에 4,800개까지 만들수 있어서 생산성이 240배나 향상되었다.

교환과 분업으로 작동하는 사회에서는 모든 사람이 장사꾼이 되는 상업 사회로 변모한다는 통찰을 스미스는 보여주었다. "사람은 자기 자신의 노동 생산물 중 자기 자신의 소비를 초과하는 잉여분을 타인의 노동 생산물 중 자기가 필요로 하는 부분과 교환함으로써 자기 욕망의 대부분을 만족시킨다. 이리하여 모든 사람은 교환에 의해 생활하며 또는 어느 정도 상인이 되며, 사회는 이른바 상업 사회가 된다."[6] 스미스는 상업 사회에 대해 낙관적으로 전망했다. 상업 사회는 동물의 세계보다 훨씬 덜 불평등하고 덜 불행하다고 보았기 때문이다. 그는 철학자와 거리 짐꾼의 선천적인 재능·성향 차이는 맹견과 사냥개, 사냥개와 애완견, 애완견과 목양견의 차이에 비하면

---

6   애덤 스미스, 『국부론(상)』, 29쪽.

반도 되지 않는다고 말했다.[7] 더구나 인간에게는 오직 한 종류의 개만이 필요한 것은 아니기 때문에 여러 종의 개가 공존할 수 있는 충분한 이유가 된다고 보았다.

보이지 않는 손과 가상의 공정한 관찰자

스미스의 낙관적 전망을 대변하는 유명한 용어가 '보이지 않는 손invisible hand'이다. 각 개인이 자신만의 이익을 추구하며 경쟁해도 사회 구성원 모두에게 저절로 유익한 결과(공익)를 가져오게 만드는 '보이지 않는 손'의 작동이, 시장경제가 성립할 수 있는 선험적 조건이다. '보이지 않는 손'은 신의 섭리가 아니라 서로에게 유익한 교환을 성사시키고자 하는 경쟁이 수요와 공급의 균형을 맞추는 가격의 형태로 구현된다. 하지만 모든 사람이 저마다 다른 능력을 지닌 채 불평등하게 태어났다면, 상업 사회에서 가격에 의한 조정으로 공동체의 질서가 유지되고 평화가 보장될 수 있는가? 사적 이익을 추구하는 경쟁 자체가 공정하지 않고 가격이 결정되는 시장이 이미 '기울어진 운동장'이라면, 상업 사회의 논리에 따라 시민사회가 성립할 수 없다. 따라서 스미스는 '보이지 않는 손'

7   같은 책, 24쪽.

은 개인적 이기심뿐 아니라 또 다른 인간 본성인 자비심이 개입한다는 것을 밝힐 목적으로『도덕감정론』을 집필했다.

스미스는 '보이지 않는 손'이 차갑지 않고 자비로울 수 있다는 것을, 인간은 천성적으로 남의 고통이나 불행에 대해 연민pity을 갖고 동정compassion하는 동감 능력sympathy으로 설명했다. 그는 인간 본성에 내재한 동감 능력을 다음 사례를 통해 논증했다. 어느 날 나는 잠들기 직전 외국에서 큰 지진이 일어나 갑자기 수많은 사람들이 희생을 당했다는 뉴스를 들었다. 순식간에 재앙이 일어날 수 있다는 무서움에 몸서리를 치면서 희생당한 사람들에 대해 애도하는 마음을 갖는다. 그러면서 우리에게는 일어나지 않은 것을 천만다행으로 생각한다. 외국에서 일어난 재앙이 당장 내 일상을 변화시키지는 않을 것이다. 하지만 내일 내가 수술을 받다가 상황이 안 좋아져서 새끼손가락 하나를 잘라낼 수도 있다면, 그 불안으로 잠을 잘 이루지 못한다. 내가 모르는 수많은 사람들의 목숨보다는 내 새끼손가락을 잃는 것이 내게 더 큰 걱정으로 다가오는 것이 인간의 마음이다. 그런데 만약 내 새끼손가락을 희생해서 전혀 모르는 몇백 명의 사람을 살릴 수 있다면, 나는 기꺼이 손가락을 내놓을 것인가? 이성적으로는 당연히 그래야 한다고 생각한다. 하지만 감정적으로는 망설이는 게 인간이다.

스미스는 이 둘 사이의 갈등을 극복할 수 있는 도덕적 기준이 인간에게 천성적으로 있다고 했다. 이처럼 인간에게 고유한 인문의 실체를 일컬어 그는 '가상의 공정한 관찰자supposed impartial spectator'라고 했다. 우리 행위의 이 위대한 재판관이자 중재인에 대해 그는 다음과 같이 기술했다.

> 우리가 다른 사람들의 행복에 영향을 미치는 일을 하려고 할 때마다 그는 우리의 열정 가운데 가장 뻔뻔스러운 열정을 깜짝 놀라게 하는 목소리로 우리에게 다음처럼 환기시킨다. 우리는 어떠한 점에서도 다른 사람들보다 탁월할 것이 없는 다수 대중 가운데 한 사람에 불과하며, 우리가 그토록 수치스럽고 맹목적으로 우리 자신을 다른 사람들보다 우선시한다면 우리는 분개심, 혐오와 저주의 적절한 대상이 될 것이다. […] 이러한 공정한 관찰자의 시각을 통해서만 자기애가 야기하는 자연적인 왜곡이 교정될 수 있다.[8]

흔히 우리는 남의 불행이 나의 행복이라고 말한다. 하지만 그런 '마음의 습관habit of mind'이 우리 사회를 지배할 때 한국은 그야말로 '헬조선'이 된다. 남의 불행이

---

8 애덤 스미스, 『도덕감정론』, 김광수 옮김, 한길사, 2016, 327~28쪽.

결코 나의 행복일 수 없다는 것을 우리는 코로나19 팬데믹으로 경험했다.

감염병이나 교통사고, 천재지변은 남의 일이 아니라 내게도 일어날 수 있는 불행이다. 인간은 내 운명의 주인이 아니라 우연contingency에 맡겨진 존재다. 이런 인간의 실존적 조건을 토대로 공정함으로서의 정의란 무엇인가를 '원초적 입장original position'이라는 사고실험으로 고찰한 미국의 윤리학자이자 정치철학자가 존 롤스다. '원초적 입장'에 놓인 개인들은 자기가 '흙수저'로 태어날지 '금수저'로 태어날지, 어떤 소질이나 능력, 지능, 체력 등을 천부적으로 타고날지를 알지 못한다. 이 '무지의 베일veil of ignorance' 상황을 가정하고 합리적 당사자들이 모여 원초적으로 평등한 위치에서 원칙을 합의해나간다면 어떤 결과가 나올 것인가? 아마 대부분의 사람들은 최악의 상황이 내게도 벌어질 수 있다고 가정하며, 사회적 약자를 배려하는 방식으로 사회정의를 실현할 수 있는 원칙을 마련할 것이다. '원초적 입장'과 '무지의 베일' 속에서는 그런 합의가 개인적 이기심을 가장 현명하게 충족시킬 수 있는 방안이라고 여겨진다.

이처럼 인간에게는 인문적 품성이 있고, 그렇기 때문에 내가 모르는 사람들이 당하는 뜻밖의 재난과 불행에 동정하고 공감한다. 동정이 이심전심으로 마음을 나누는 것이라면, 공감은 역지사지로 고통의 연대를 하는 것이다. 이기심을 넘어 동정과 공감을 할 수 있다는 것이 '보이지 않는 손'을 작동시키는 힘이다.

자혜와 정의

'보이지 않는 손'이 크고 많을수록 행복하고 건강한 사회다. 팬데믹과 같은 재난 상황에서 본인의 위기를 무릅쓰고 의료 봉사를 하거나 자발적인 구조 활동을 벌이는 의인들이 있다. 인간이 동정을 넘어, 공감을 통해 적극적으로 행동할 수 있는 근거를 스미스는 '공정한 관찰자'로 설명했다. '공정한 관찰자'라는 가상의 존재를 만들어내는 인간의 상상력이, 다른 존재와의 연결 속에서 나는 누구이며 존재 의미는 무엇인지를 찾는 삶을 영위하게 만들었다. 한국인이든, 중국인이든, 미국인이든 특정 사회와 국가의 구성원으로 살아가는 우리는 '보이지 않는 손'의 통제하에, 보이지 않는 감옥 안에 갇혀 있는 존재다. 우리 모두는 한데 갇혀 있는 수인囚人인 동시에 서로를 감시하는 교도관의 역할을 한다. 하지만 우리는 안다. 타자가 내게 불편한 존재만은 아니다. 빵 가게 주인이 빵을 만들지 않으면 내가 편히 빵을 먹을 수 없다는 점에서 그는 내 삶의 은인이다. 이런 양면성이 타자에게 '공정한 관찰자' 역할을 수행하게 만든다. 우리는 남의 눈을 의식하고 인정받기 위해 착한 일을 하며, 비난받지 않기 위해 나쁜 일을 자제한다. 이에 대해 스미스는 전자를 자혜beneficence, 후자를 정의justice라 지칭하며, 이 두 가지 규칙을 지키며 살아야 한다는 자각을 일컬어 '도덕감각moral sense'이라고 했다. 스미스는 자혜와 정의 가운데 후자가 인간 사회의 질서유지에 더 중요하다고 보았다.

> 자혜는 건물을 지탱하는 기초가 아니라 아름답게 꾸미는 장식이므로 그 실행을 권고하는 것으로 충분하며 강제할 필요가 없다. 반면에 정의는 건물 전체를 지탱하는 주요 기둥이다. 만일 그것이 제거되면, 위대하고 거대한 인간 사회라는 구조물, 말하자면 자연의 진기하고 참신한 배려로 건축되고 유지되는 것처럼 보이는 이 현세에서의 구조물은 한순간에 산산이 분해되고 말 것이다.[9]

스미스의 도덕철학은 상업 사회와 자유주의국가에 맞게 인문을 재구성하려는 목적을 가진다. 스미스는 인간 본성을 자애심과 자비심이라는 이중 코드로 파악한 후 그에 따라 인문을 자혜와 정의라는 두 가지 규칙으로 재구성하여, 이들을 준수할 수 있는 도덕감각을 고취하는

---

9   애덤 스미스, 『도덕감정론』, 238쪽.

데 도덕철학의 목표를 설정했다. 여기서 스미스가 강조한 자혜와 정의는 공자가 인과 예로 주관적 요인과 객관적 요건을 구분한 것과 상당히 유사하다. 다른 점이라면, 공자의 유교가 인을 중심으로 한 심성 교육에 무게를 둔 데 비해, 스미스의 도덕철학은 정의의 중요성을 더 강조했다는 것이다. 이런 차이는 근대 상업 사회의 탄생과 함께 공동체 사회가 이익사회로 전환된 것과 관련이 있다. 공자의 예가 윤리적 질서를 축으로 하여 인간관계의 구성 문법을 규정한다면, 스미스의 정의는 사회질서를 유지하고 지키는 법률로 구현된다.

인문을 지닌 자본주의

문제는, 근대사회의 계급 갈등과 불공정 문제를 도덕철학으로 해소할 수 있느냐다. 개인들의 마음속에 양심이라 불리는 '공정한 관찰자'가 인간 본성으로 있다고 하더라도 그것이 개인의 이기심을 통제하고, 자혜롭고 정의로운 행동을 선도하는 기능을 하는가? 마르크스는 자본주의사회에서 자본가가 아무리 착한 심성을 가졌다고 해도 선한 행동을 할 수 없다고 했다. 불평등 문제는 사회구조적 모순으로부터 비롯하기에, 개인의 노력으로는 극복 불가능하다는 것이다. 마르크스에 따르면 사회구조를 바꾸는 혁명이 일어나지 않는 한 계급 간의 불평등 문제를 해결할 수 없다. 따라서 그는 『공산당 선언』에서 사적 소유에 근거한 자본주의를 철폐하고, 계급 없는 공산주의 사회의 건설을 목표로 만국의 노동자가 단결하여 혁명을 일으킬 것을 촉구했다.

마르크스는 스미스의 '공정한 관찰자'를 현실 속의 역사적 주체인 프롤레타리아트로 등장시켜서, 그들의 독재를 통해 계급이 없는 평등 사회로 가는 길이 열릴 수 있다고 믿었다. 실제로 러시아에서 역사상 최초의 공산주의 혁명을 주도한 레닌은 프롤레타리아트 독재 단계에서는 시장경제 대신 계획경제에 입각하여 국가가 생산과 분배를 통제하는 사회주의 체제가 과도기적으로 필요하다고 주장했다. 그러다 보니 시장이라는 '보이지 않는 손'이 작동할 수 없었고, 국가권력만 비대해지면서 사회주의가 아니라 국가자본주의로 변질되고 말았다. 결국 20세기 후반 현실 사회주의국가들이 몰락하면서 마르크스주의는 실패한 근대의 기획으로 판명됐다.

역사적으로 자유주의 시장경제가 승리한 것은 부인할 수 없는 사실이다. 하지만 도덕철학 없는 자본주의사회에서 불평등은 심화되고 경쟁에 내몰린 개인은 점점 더 불행한 상태로 내몰려서, 스미스가 사회를 지탱하는 기둥으로 생각했던 정의에 대한 의무감은 점점 약화될 수밖에 없었다.

현실 사회주의국가들이 붕괴하면서 인간의 얼굴을 한 자본주의가 화두로 떠올랐다. '제3의 길'[10]이나 '자본주의 4.0' 등은 사회주의적 시장경제, 사회민주주의 등 자본주의와 사회주의를 결합하려는 시도였다. 『자본주의 4.0』의 저자 아나톨 칼레츠키는 경제학을 인문학 전통으로 복귀시킬 것을 주창했다.

> 다른 사회과학과 역사학의 통찰들을 받아들이고 경제학의 뿌리로 돌아가야 한다. 애덤 스미스, 케인스, 하이에크, 슘페터 그리고 위대한 경제학자들은 경제 현실에 관심이 있었다. [······] 이들의 통찰력은 역사에 대한 이해·심리적 직감·정치에 대한 이해 등에 기반을 둔 것이며, 사회와 인간 행위를 더 단순하고 더 비현실적으로 제한하는 추상적인 가정이 아니라 사회적 관계에 대한 더 복잡한 설명으로 발전시켰다. 이들의 중요한 분석 도구는 수학이 아니라 글이었다.[11]

---

10   앤서니 기든스, 『좌파와 우파를 넘어서』, 김현욱 옮김, 한울, 1997.
11   아나톨 칼레츠키, 『자본주의 4.0 — 신자유주의를 대체할 새로운 경제 패러다임』, 위선주 옮김, 컬처앤스토리, 2011, 241쪽.

6장
세계의 탈주술화와 베버의 문화과학

신이 죽은 시대, 인간성을 구하기 위하여

현재의 대학 체제에서 『국부론』이나 『도덕감정론』이 경제학과, 철학과 박사 학위논문으로 통과될 수 있을까? 칼레츠키는 아마 조롱이나 당하고 퇴짜를 맞을 것이라 했다.[1] 그런 종류의 저서를 쓴 학자는 대학 교수가 되지 못하는 것이 오늘날 여러 분과 학문으로 나뉜 대학의 학문적 현실이다.

18세기 스코틀랜드 계몽주의자들에 의해 학문적 절정에 이른 도덕철학은 이후 경제학, 사회학, 심리학 등 여러 학문 분야로 쪼개져 해체되었다. 도덕철학은 근대사회의 형성기인 18세기에는 인문학과 사회과학을 포괄하는 종

---

1   아나톨 칼레츠키, 『자본주의 4.0』, 242쪽.

합 학문으로 전성기를 맞이했지만, 오늘날에는 철학의 한 분야인 윤리학으로 축소되어 명맥을 유지할 뿐이다.

오늘날 도덕철학의 문제의식을 갖고 인문학적 고뇌를 하는 학자는 어느 분야에 있는가? 실증주의 과학이 지배하는 세상에서 인문학은 점점 뒷방 학문의 신세로 전락했다. 이 현상이 총체적 문제로 부각된 것이 바로 인문학 위기다. 인문학 위기는 이중으로 나타났다. 먼저 도덕철학의 퇴조와 함께 인문과 인간성 자체를 연구하는 종합 학문으로서 인문학은 퇴색했다. 오늘날 대학에 인문학자는 없고 국문학자, 영문학자, 사학자, 철학자 등 개별 학문 분야 전공자들만 있다. 하지만 그런 개별 인문학 분과 학문조차 대학 내에서 점점 설 땅을 잃어가고 있다. 그 심각성을 반영해 '문송합니다' '인구론' 같은 신조어가 생겨났다.

인문학이 중요하다는 데는 많은 사람이 동의한다. 그런데 왜 직업으로서 인문학은 희망이 없는가? 이 모순에는 심각한 구조적 요인이 있다. 인문학이 침몰 위기에 놓이게 된 것은 일시적으로 밀려오는 파도 때문이 아니라 파도를 일으키는 바람 때문이다. 두 방향에서 불어오며 근대 학문의 대세를 이끈 거센 바람이 인문학의 침체를 낳았다. 하나는 베버가 '세계의 탈주술화Entzauberung der Welt'라고 부른 세계관의 변동이고, 다른 하나는 과학이 인문학을 능가하며 새로운 지식 패러다임을 창출한 과학혁명이다.

베버는 전통 시대의 모든 숭고하고 궁극적인 가치들
이 공공 영역에서 추방된 근대의 지적 상황을 '세계의 탈
주술화'라고 일컬었다. 스미스가 근대사회 형성과 존립
의 토대로 상정한 두 규칙—자혜와 정의—은, 사람들
이 당위로서 '공정한 관찰자'에 대해 믿고 있을 때는 힘
을 발휘할 수 있었다. 하지만 "신은 죽었다"라고 생각하
는 탈주술화된 근대인에게 그런 형이상학적 가정은 허구
일 뿐이다. 그렇다면 세계와 인간 존재의 의미를 해석하
고 정당화할 수 있는 모든 초월적·절대적 기준이 사라진
근대인에게 어떤 근거로 개인적 이기심을 자제하고, 남에
게 자혜로운 행동을 하며 사회정의를 실천하라는 가르침
을 말할 수 있는가?

베버는 탈주술화 이후 "옛날의 많은 신들이 그 주술
적 힘을 상실하고 비인격적 힘의 모습으로 무덤에서 기
어 나와 우리 삶을 지배하려는 폭력을 행사하고 서로 간
에 다시 영원한 투쟁을 벌이기 시작하는"[2] '가치의 다신
교Polytheismus der Werte' 시대가 도래했다고 보았다. 가
치의 다신교 시대에 근대인은 기회와 위기의 양면적 위
치에 놓인다. 탈주술화로 선악을 판단하는 절대적 기준
이 사라지면서 근대인에게는 가치로부터 해방될 기회가
찾아왔다. 하지만 근대인은 니체의 말대로 '망치를 들고'

---

2   Max Weber, "Wissenschaft als Beruf," *Gesammelte Aufsätze
zur Wissenschaftslehre*, Mohr, 1988, p. 605.

전통 시대의 모든 우상을 파괴하여 자기 운명의 주인이 될 수 있는가? 니체는 신의 노예 상태로부터 해방된 근대인에게 세계의 무의미함을 직시하면서, 자기 삶으로 닥쳐오는 고난과 어려움에 절망하는 대신 부정적인 것들을 긍정적인 가치로 전환할 수 있도록 '운명애amor fati'를 역설했다. 하지만 베버는 초인Übermensch처럼 행동할 수 있는 용기와 힘이 근대인에게 결여돼 있다는 것을 알고 고뇌했다. 신화를 상실한 근대인이 계산적 합리성, 전문화 그리고 관료제로 짜인 자본주의의 울타리를 벗어나 그리스 영웅처럼 행동하기란 거의 불가능했다. 이미 죽었던 고대 '가치의 다신교'는 초월적 가치가 세속화된 근대에 부활했지만, 그것은 신화의 인격신들로서가 아니라 비인격적 가치들, 곧 다양한 문화적 의미라는 세속화된 형태로 나타났다. 따라서 베버는 문화라는 인간 고유의 의미 코드를 기반으로 근대 세계관의 위기를 극복할 수 있는 학문의 새로운 길을 모색했다.

베버는 인간성을 구할 수 있는 마지막 보루로 문화를 설정한 학문론Wissenschaftslehre을 추구했고, 그 점에서 그는 우리 시대 최후의 인문학자라고 할 수 있다. 베버는 가치의 다신교 시대라는 조건에 입각해 문화를 "세계에 일어난 무의미하고 무한한 일들 가운데 인간의 관점으로 의미와 의의를 부여한 유한한 단면"[3]이라고 정의했다. 인간의 모든 인식과 판단은 문화의 가치 이념에 의거해 이뤄진다. 인간은 자신이 짠 문화라는 거미줄에 매달려 사는 거미와 같은 존재다. 베버는 인간이 문화적 의미 세계에 사는 것을 실존적 운명이라 보고 문화과학Kultur-wissenschaft이라는 새로운 유형의 인문학을 제안했다. 그는 "모든 문화과학의 선험적 전제는, 특정 문화 또는 문화 일반에서 가치를 발견하는 것이 아니라 깨어 있는 의식으로 세계에 대한 입장을 정하고 세계에 의미를 부여하는 능력과 의지를 가진 문화인Kulturmenschen"[4]이라고 말했다. 스코틀랜드 계몽주의자의 도덕철학이 근대사회의 형성과 존립을 위한 인문학 프로그램이었다면, 베버의 문화과학은 위기에 빠진 근대를 구원할 목적으로 '문화인'이란 이상형을 초인처럼 불러내는 마지막 인문학 프로그램이었다.

직업으로서 인문학의 위기

문제는, 베버의 문화과학과 문화인으로 근대성의 위기와 자본주의사회의 모순을 해결할 수 있는가다. 베버의 이론 중 가장 유명한 것은 자본주의의 기원을 문화적으

3 Max Weber, "Die 'Objektivität' sozialwissenschaftlicher und sozialpolitischer Erkentniss," *Gesammelte Aufsätze zur Wissenschaftslehre*, Mohr, 1973, p. 180.

4 같은 곳.

로 해명한 '개신교 윤리와 자본주의 정신의 선택적 친화성'이다. 베버는 개신교 윤리의 소명 의식이 자본주의라는 근대사회로 방향을 이끄는 전철수Weichensteller 역할을 했다고 보았다.[5] 이는 문화과학의 관점에서 일종의 기발한 역발상을 시도한 것이다. 베버의 주장은 마르크스의 '원시적 축적'에 근거한 자본주의 발생론을 부정하는 안티테제로서 문화의 의미를 다시 부각시켰다.

베버의 자본주의 기원론을 둘러싸고는 수많은 논쟁이 있다. 다만 여기서 중요하게 생각해보고 싶은 것은, 개신교 윤리와 자본주의 정신이라는 상반된 가치 체계를 연결시키고자 했던 베버의 문제의식과 의도다. 그는 애덤 스미스 이후 상업 사회에서 인간의 재도덕화를 시도한 마지막 도덕철학자의 면모를 보였다. 탈주술화로 세속화된 사회에 맞게 도덕철학은 문화과학으로 변형될 수 있다. 하지만 베버는 문화과학을 통해 자본주의사회에 등장한 마지막 단계의 인간형으로 그가 제시한 '정신 없는 전문인, 마음 없는 향락인Fachmenschen ohne Geist, Genussmenschen ohne Herzen'이 구원받을 수 있는가에 대해서는 회의적이었다. 그의 아내 마리안네 베버가 쓴 베버 평전의 한국어판[6] 표지 문구대로 그는 "시대의 비극성과 정

5　Max Weber, *Gesammelte Aufsätze zur Religionssoziologie*, Bd. I, 7. Aufl., Mohr, 1978, p. 252.
6　마리안네 베버, 『막스 베버―세기의 전환기를 이끈 위대한 사상가』, 조기준 옮김, 소이연, 2010.

면으로 맞섰던 정신계의 거봉"이었지만, 자본주의사회에서 개신교 윤리를 다시 찾는 것이 근대라는 새로운 시대에 과거의 '희미한 옛사랑의 그림자'를 추억하는 것임을 그 역시 모르지 않았다. 그 고뇌에 대한 가장 진지한 토로가 『직업으로서의 학문』에 잘 기록돼 있다. 이 책은 제1차 세계대전이 막바지이던 1917년 말 베버가 대학 신입생을 대상으로 한 연속 강연 '직업으로서의 정신노동'에서 유래했다. 그가 죽기 1년 전인 1919년 출간되어 그의 '학문적 유언장'이라고도 불린다.

베버는 직업으로서 학문의 길을 가려는 학생들에게 그 길이 얼마나 험난한지를 두 측면에서 말했다. 첫째는 학자의 길을 갈 때 감수해야 하는 어려움이고, 둘째는 근대 학문 자체가 처한 위기였다. 그는 근대 학문이 전문화되면서 고독을 감수하고 열정과 소명 의식을 가져야만 학문을 직업으로 하는 학자가 될 수 있다고 했다. 하지만 그런 사람들이 학자가 된다고 해도 근대 학문, 정확히는 인문학의 위기는 극복될 수 없다고 진단했다.

위기의 근원은, 모든 것을 측정 가능하게 만듦으로써 도덕적 가치나 삶의 주관적 의미에 대한 성찰을 학문의 영역에서 추방한 실증과학 패러다임에서 비롯했다. 측정은 인류가 발명한 가장 정교하고 오래된 가치의 언어다.[7] 인류는 문명이 시작되기 전부터 '많다, 적다, 크다, 작다'와 같은 측정을 해왔다. 측정은 인간이 자연을 이해하고 변화의 패턴을 파악할 수 있는 길을 열어주었다. '인간은 만물의 척도다'라고 말할 수 있는 것도 측정 덕분이다. 측정의 기준은 인간이 정하지만, 일단 정한 후에는 인간이 그 기준에 맞춰 자신은 물론 세상을 파악해야 한다. 이야기와 측정은 인간이 자신과 세상을 탐구할 수 있도록 이끈 두 요인이다. 이에 따라 학문은 인문학과 과학으로 분화됐다.

측정은 인간이 하지만, 측정에 인간의 주관적 관점이 개입해서는 안 된다는 인식의 객관성에 입각해 과학은 작동한다. 과학은 측정할 수 있는 것만을 탐구 대상으로 인정한다. 측정은 숫자로 나타내서 계산할 수 있을 때 가능하다. 결국 과학이란 인간이 아니라 숫자를 만물의 척도로 하면서 성립한다. 인문학은 인간이 주관적으로 구성한 이야기로 이뤄지기에 인간중심주의로부터 벗어나기 어렵다는 한계를 가진다. 따라서 오늘날 인문학이 처한 딜레마는 인간이 더 이상 만물의 척도가 될 수 없는 시대에 인문학의 역할과 가치를 어떻게 재규정할 수 있느냐다.

7   크리스토퍼 조지프, 『측정의 과학―펨토미터에서 허블 길이까지, 인류가 발명한 가치의 언어』, 고현석 옮김, 21세기북스, 2022.

7장
갈릴레오 과학혁명과 인문학의 위기

믿음에서 관측으로, 지식 패러다임의 전환

호모 나랜스는 이야기를 통해 세계와 인간을 이해하고, 의미를 해석해 자신의 정체성을 규정하는 한편 존재 의미를 만들어낸다. 그런 목적으로 고안해낸 학문이 인문학이다. 하지만 세계의 탈주술화로 일어난 합리화는 인문학을 학문의 최전선에서 후방으로 밀어내고, 빈자리를 과학이 대신 채우는 것으로 인식의 나무를 재구축했다. 이런 패러다임 전환의 기폭제가 17세기 과학혁명이다.

과학혁명의 선구자 갈릴레오 갈릴레이는 "그래도 지구는 돈다"라는 상징적인 말을 남긴 것으로 유명하다. 1633년 6월 22일 종교재판소에서 이단 판정을 받자 자신의 주장을 철회하고 재판정을 나온 그가 혼잣말로 했다고 전해지는 이 말은, 사실 갈릴레오가 하지 않았을 가능성이 높다. 하지만 그 말보다 갈릴레오의 진실을 더 잘 대변하는 말도 없을 것이다. 오늘날 우리는 그를 과학자의 표상으로 보지만, 그는 추기경이 믿음을 보증하고 교황에게 신임받은 신앙인이었다. 그에게 과학과 신앙은 양립 가능한 것이었다. 그에 앞서 조르다노 브루노는 천동설을 배척하고 코페르니쿠스 세계관을 지지하다가 이단 재판을 받아 화형 당했다. 둘의 결정적 차이는, 브루노는 연금술의 신인 헤르메스와 이집트의 신 토트의 영향을 받아 태양이 우주의 중심이라고 주장했던 반면 갈릴레오는 망원경을 통한 관측 결과를 근거로 천동설의 오류를 지적했다는 점이었다.

갈릴레오는 순전히 자신의 신념과 선택을 따라서가 아니라, 관측과 실험을 통해 얻은 자료를 토대로 신의 창조 행위와 우주의 법칙을 설명하려는 태도를 취했다. 따라서 신앙인이 아니라고 말할 수 없었다. 실제로 그가 부정한 것은 성경이 아니라 아리스토텔레스 철학, 곧 오늘날의 인문학에 해당하는 것이었다. 그가 쓴 『두 우주 체계에 관한 대화』와 『새로운 두 과학』의 제목이 그의 의도를 잘 대변한다. 여기서 대립되는 두 우주 체계란 천동설과 지동설을 가리킨다. 갈릴레오는 이 둘의 대립을 종교와 과학 사이의 모순이나 불일치가 아니라 학문의 두 방법론, 곧 사변적 논리로 이야기하는 것과 관측 결과를 수학과 기하학의 원리로 푸는 것의 차이로 이해했다.

천동설은 프톨레마이오스의 우주론이고, 그 이론적 근거는 아리스토텔레스 철학이다. 아리스토텔레스 철학은 중세 스콜라철학자 토마스 아퀴나스에 의해 수용되면서 신학의 토대가 되었다. 아리스토텔레스에 따르면 자연 세계는 운동을 위한 장소다. 그의 운동 개념은 생성과 변화를 포함한다. 모든 운동에는 원인이 있다. 그 원인을 추적해 올라가면 스스로는 움직이지 않으면서 다른 것을 움직이게 하는 '부동不動의 원동자原動子'가 있는데, 토마스 아퀴나스에 따르면 그것이 바로 제1원인으로서 신이다. 지구는 신이 자신의 뜻을 이루기 위해 독생자인 예수를 보낸 곳이기 때문에 지구가 우주의 중심이라는 것이, 가톨릭교회가 천동설을 주장한 근거였다.

하지만 1610년 갈릴레오는 자신이 만든 망원경으로 목성을 관측하던 중 천동설로는 설명할 수 없는 현상을 발견했다. 관측 첫날에는 목성 주위로 세 개의 작은 별이 보였다(나중에 그는 그 별의 수를 넷으로 정정했다). 그런데 3일 후에는 그 별 중 하나가 사라졌고, 계속된 관측을 통해서 그것이 목성 뒤에 숨어 있었던 것으로 밝혀졌다. 목성도 지구와 마찬가지로 그 주위를 도는 위성을 갖고 있었다. 목성 위성의 발견은 우주의 모든 별이 지구를 중심으로 돈다는 천동설을 반증하는 것이었다. 갈릴레오는 이 사실을 공개 발표했다. 갈릴레오 자신은, 천동설의 오류를 지적하는 것은 기독교 신앙을 부정하는 것이 아

니라 아리스토텔레스 철학이 틀렸음을 말하는 것이라고
여겨졌다. 하지만 가톨릭교회의 신부들은 그렇게 생각하지
않았다.

갈릴레오는 과학의 순교자인가

결국 쟁점은 갈릴레오의 주장이 성경과 배치되느냐의
여부였다. 1613년 그의 후견인인 토스카나 대공국의 대
공 코시모 2세가 베푼 만찬에서 한 플라톤주의 철학자
가 대공의 어머니인 크리스티나 공작 부인에게 갈릴레오
가 성경을 부정하는 주장을 한다고 비판했다. 이에 공작
부인은 갈릴레오의 친구를 통해, 여호수아의 기도에 응
한 신이 해를 잠시 멈추게 함으로써 여호수아의 전투를
도운 성경 일화에 대해 그의 입장을 물었다. 공작 부인의
말을 전해 들은 갈릴레오는 자신의 견해를 정리하여 편
지를 썼다.

이 편지에서 갈릴레오는 성경과 자연 모두 신이 쓴 위
대한 책이며, 둘은 단지 사용하는 언어가 다를 뿐이라고
말했다. 성경의 언어는 보통 사람들이 이해하기 쉽도록
해가 움직인다고 표현한 반면, 자연은 그런 식의 조정이
필요하지 않기 때문에 지구가 움직이는 현상 그대로 나
타난다는 것이다. 갈릴레오는 언어의 표현 방식이 다른

것을 도외시하고 실제 관측되는 자연현상을 부정하는 것은 옳지 않다고 썼다. 한발 더 나아가 그는 천동설에 입각해 성경을 해석할 때 생기는 모순 또한 지적했다. 천동설에 따르면 태양 하나만 따로 움직일 수 없기 때문에, 여호수아는 태양 하나만이 아니라 모든 천체를 잠시 멈추게 해달라고 기도했어야 한다는 것이다. 그런데도 성경에 그렇게 적혀 있지 않은 것은, 성경이 천문학 지식이 없는 사람들도 이해할 수 있는 언어로 쓰여서라고 갈릴레오는 말했다. 그는 천동설보다는 오히려 지동설로 신의 기적을 더 잘 설명할 수 있다고 보았다. 예컨대 우주의 중심에 있는 태양이 회전을 멈추면, 지구도 멈춰서 낮이 길어진다고 설명하는 편이 훨씬 이해하기 쉽다고 했다.[1]

위 편지의 내용에 비추어볼 때, 갈릴레오는 전지전능한 신을 믿지 않는 무신론자가 결코 아니다. 하지만 그는 과학적 연구와 신앙을 분리해, 성경은 신앙에 관한 것이지 과학적 진리를 규정할 수는 없다고 주장했다. 1616년 종교재판소는 지동설을 이단으로 판결했다. 이에 따라 교회는 갈릴레오에게 코페르니쿠스 세계관을 버리라고 지시했다. 교회의 결정 사항을 전달한 벨라르미노 추기경은 나중에 그를 따로 만나 종교재판소가 지나친 결정을 내렸다는 자신의 의견을 피력하면서, 지시 사항만 잘 지키

---

1   편지의 내용에 대해서는 주경철, 『주경철의 유럽인 이야기 2 — 근대의 빛과 그림자』, 휴머니스트, 2017, 118쪽.

면 더 이상 문제가 되지 않을 거라 위로했다. 하지만 자신이 처벌을 받았다는 소문이 피사와 베네치아에 돌면서 갈릴레오는 자기 고용주들을 안심시킬 필요가 있었다. 이에 그는 다시 추기경을 만나 그 문제를 상의했다. 추기경은 지동설이 성경에 어긋나기 때문에 그것을 설파하지 말라는 교회의 지시 사항만을 그에게 전했을 뿐, 갈릴레오는 교회로부터 어떤 처벌도 받지 않았다는 것을 확인하는 내용의 진술서를 써주었다.[2]

추기경의 태도에서 보듯 당시 가톨릭교회는 갈릴레오에게 관용을 베풀었다. 갈릴레오를 교회의 탄압으로 불우하게 생을 마감한 과학의 순교자로 추앙하는 것은 후세인들이 만든 신화다. 갈릴레오 사건의 진실은 실재론을 지지한 갈릴레오와 반실재론의 입장에 있었던 교회의 과학적 입장 차에서 비롯된 것이었다. 이 과학사적 진실을 새로 조명한 과학철학자가 파울 파이어아벤트다. 그는 당시 가톨릭교회가 지동설을 하나의 가설로 용인했지만, 갈릴레오는 지동설만이 진리라고 고집스럽게 주장한 것이 갈등을 야기하고 사건을 일으킨 발단이라고 했다.[3]

가톨릭교회의 포용력은 당시 유럽 바깥의 상황에 비추어보면 매우 선진적이었다. 1636년 조선에서는 병자호란

2   주경철, 『주경철의 유럽인 이야기 2』, 120~21쪽.
3   김도현, 「갈릴레오 사건―교회와 과학자 집단 간 갈등의 시발점」, 『신학전망』 201, 2018, 119~56쪽.

이 일어났다. 인조는 남한산성으로 피신했지만 결국 삼전도에서 굴욕적으로 항복했다. 그 후 조선왕조는 중화 질서가 명에서 청으로 바뀌는 시대 흐름에 순응하기보다는 오히려 중화주의를 강화하는 반동으로 나아갔다. 지배층은 군사적 패배를 정신적 승리로 보상해 왕조의 정통성을 지키고, 백성을 통제하고자 주자 성리학을 이데올로기로 삼았다.[4] 그렇게 역사의 수레바퀴를 되돌림으로써 조선의 인문학인 성리학은 전성시대를 맞이했고, 그 정점이 조선의 르네상스라 불리는 18세기 정조 시대. 청나라 연행을 통해 서양 문물을 접한 홍대용은 갈릴레오보다 100년 뒤에야 지동설을 알았다. 그렇다면 서양과 동양의 시차를 어떻게 설명할 수 있는가? 갈림길은 인문학에서 과학으로 학문의 패러다임 전환이 일어나면서 생겨났다.

우주라는 책은 수학의 언어로 쓰여 있다

오늘날 종교로서 가톨릭은 건재하다. 갈릴레오가 일으킨 바람은 종교보다는 학문을 바꿨기에 과학혁명이라 불린다. 인문학이 지식을 축적하는 방식은 경험과 성찰에 근거한다. 갈릴레오의 위대함은 지식 생산의 패러다임을

---

4   이경구, 『17세기 조선 지식인 지도』, 푸른역사, 2009.

실험으로 대체하며, 인간의 주관성에 근거하지 않은 채 보편적 진리에 이르는 과학의 길을 제시했다는 점에 있다. 경험은 자연이 보여주는 대로 배울 뿐인 데 비해, 실험은 알고 싶은 것을 자연에 직접 물어서 답을 얻어내는 탐구의 새 경지를 열어주었다. 갈릴레오가 새롭게 정립한 탐구 방식의 등장과 함께, 이야기를 통해 지식을 생산하고 그 의미를 부여해온 인문학은 토마스 쿤이 말한 '정상과학normal science'의 위치에서 밀려나기 시작했다. 갈릴레오가 편지에서 언급한 성경의 언어란 이야기로 사태를 이해하는 인문학 패러다임이다. 갈릴레오의 업적은 세상에 대한 탐구 방식, 곧 학문의 패러다임을 인문학에서 과학으로 전환하는 데 기여했다는 점이다.

그는 성경이 신의 언어를 당대 인식 수준에 맞는 이야기로 번역해서 쓴 것이지만, 자연은 수학이라는 언어를 해독할 수만 있다면 신의 창조 행위를 직접 읽어낼 수 있는 책이라 했다. 그는 자신의 믿음을 다음과 같이 피력했다.

우주라는 이 장대한 책 안에는 철학이 쓰여 있습니다. 그 책은 언제나 우리 눈앞에 펼쳐져 있습니다. 그렇지만 곧바로 우리가 그걸 읽고 이해할 수는 없지요. 먼저, 책에 쓰인 언어를 배우고 문자를 해독하는 법을 알아야 합니다. 그렇지 못하면 책을 이해할 길은 없을 겁니다. 이 우주라는 책은 수학의 언어로 쓰여 있으며 삼각형, 원 그리고 다른 기하학 형상들이 바로 그 언어의 철자입니다. 수학의 언어가 없다면? 우주라는 책에 쓰인 단 한 구절도 이해할 수 없을 겁니다. 그 도움이 없다면 우리는 어두운 심연에서 헛되이 헤매기만 할 겁니다.[5]

갈릴레오에게 신은 수학적 원리로 만물을 만든 전지전능한 기하학자였다. 위의 인용문에서 그가 말한 "철학"이란 인문학의 한 분야가 아니라 오늘날의 과학이다. 인문학이 이야기를 통해 '존재하는 것'을 '말할 수 있는 것'으로 바꿈으로써 성립한다면, 과학은 수학을 통해 '존재하는 것'을 '측정할 수 있는 것'으로 변환시킴으로써 성립한다. 후자의 아버지인 갈릴레오는 자연계를 지배하는 법칙을 숫자로 표현되는 변수 간의 함수관계로 정식화할 수 있는 길을 열었다. 그는 자연계를 구성하는 실재의 성질을 모양·개수·운동·대소·시공간상의 위치 등으로 파악되는 1차 성질과 색·소리·맛·냄새 등으로 지각되는 2차 성질로 구분했다. 1차 성질은 감각기관과 상관없이 존재하는 객관적 실재인 반면, 2차 성질은 감각기관을 통해

5   Edwin Arthur Burtt, *The Metaphysical Foundations of Modern Physical Science*, Doubleday, 1954(오철우, 『갈릴레오의 두 우주 체계에 관한 대화─태양계의 그림을 새로 그리다』, 사계절, 2009, 228쪽에서 재인용).

서만 인지되는 주관적 현상이다. 이 구분에서 갈릴레오
는 객관적 수치로 측정할 수 없는 정성적인 2차 성질을
자연계의 실재로부터 제외했다.[6] 이렇게 수학화할 수 있
는 것만을 과학적 인식 대상으로 보는 태도는 목적론적
세계관에서 벗어나게 해주었다. 하지만 '자연의 수학화'
로부터 얻은 것 못지않게 잃은 것 또한 중대하다는 점이,
인문학적 성찰이 요청되는 지점이다.

갈릴레오의 과학혁명을 기점으로 학문을 하는 인간
은 이야기를 통해 세상을 이해하는 호모 나랜스와, 만물
의 이치를 수학 공식으로 푸는 '호모 마테마티쿠스*Homo
mathematicus*'로 나뉘었다. 두 유형의 인간은 C. P. 스노가
'두 문화'라고 지칭했듯 서로 말이 통하지 않는 외국인들
처럼 소통과 교류가 점점 어려워지는 방향으로 분화됐다.
그런데 문제는, 과학은 눈부시게 발전한 데 비해 인문학
은 학문의 전당에서 점점 뒷전으로 밀려났다는 점이다.

후설의 현상학, 유럽 정신의 위기에 맞서다

문화과학을 주창한 베버 이후, 문제의 심각성을 유럽
학문과 정신의 위기로 파악하고 인문학의 새로운 길을

6   노에 게이치, 『과학 인문학으로의 초대』, 이인호 옮김, 오아시스, 2017,
72쪽.

모색한 철학자가 에드문트 후설이다. 후설은 주체와 독립적으로 존재하는 인식 대상이란 없으며 모든 대상은 주체의 의식 속으로 밀고 들어오는 '현상phenomene'이란 점에 착안하여, 세계와 인간의 상호 연관성에 근거해 철학을 재구성하는 현상학을 창시했다. 후설 현상학은 과학의 객관주의와 실증주의에 맞서, 의식의 지향성과 모든 학문적 인식 이전에 선험적으로 주어져 있는 생활 세계Lebenswelt에 기초해 새로운 학문론을 정초하고자 시도했다. 후설에게 생활 세계란 "학문적 연구자 또는 연구 공동체에게 토대로 미리 주어져"[7] 있는 환경 세계를 지칭했다. 과학적 연구 이전에 이미 주어진 인식의 의미 세계를 결정하는 역사적 아프리오리a priori로 작용하는 것이 생활 세계다.

일상생활에서 우리는 여전히 해가 동쪽에서 뜨고 서쪽으로 지는 천동설의 세계를 경험한다. 천문학자도 동일한 생활 세계에 살면서 과학 활동을 한다. 이때 생활 세계는 천문학의 과학과 일상생활을 모순이 아니라 공존시키는 삶의 태도를 형성한다. 이 새로운 학문론을 정립하려는 기획으로 집필된 대작이 『유럽 학문의 위기와 선험적 현상학』이다. 현상학은 이후 하이데거의 존재론과 사르트르의 실존철학에 직접적인 영향을 줌으로써 비트겐슈타

---

7 에드문트 후설, 『유럽 학문의 위기와 선험적 현상학』, 이종훈 옮김, 한길사, 2016, 255쪽.

인의 분석철학과 함께 20세기 철학의 양대 산맥을 형성했다.

후설은, 호모 마테마티쿠스만이 과학적 탐구를 할 수 있다고 주장한 갈릴레오가 유럽 정신과 학문의 위기를 불러일으킨 장본인이라고 지적했다. 후설은 인간의 모든 학문 활동이 생활 세계로부터 시작해 그것을 토대로 이뤄진다는 점에 착안하여, 갈릴레오가 분류한 1차와 2차 성질의 우선순위를 역전시켰다. 갈릴레오의 과학적 탐구 또한 가톨릭이라는 의미의 그물망 속에서 이뤄진 것이다. 갈릴레오는 가톨릭이라는 생활 세계에 발을 딛고 있으면서, 수학이란 기호로 자연을 읽어내고자 했다. 문제는 과학혁명을 통해 생활 세계를 도외시한 갈릴레오가 '1차적 성질'만을 과학적 연구 대상으로 삼으면서 과학과 삶을 분리시킨 점이다.

인간이 일상생활을 영위하는 세계는 갈릴레오가 '2차 성질'이라 분류한 기쁨과 슬픔, 아픔, 사랑, 질투 등의 심적 술어를 근간으로 엮어내는 이야기의 세계다. 후설은, 진자의 등시성과 낙하 법칙 등의 객관적 세계는 발견했지만 생활 세계를 수학이라는 '이념의 옷'으로 은폐하여 과학의 영역에서 추방한 갈릴레오를 "발견의 천재인 동시에 은폐의 천재"[8]라고 말했다.

---

8   같은 책, 137쪽.

갈릴레오 과학 패러다임에 따르면 이야기하는 인문학은 과학이 될 수 없으며, 오직 수학만이 자연을 이해할 수 있는 언어다. 하지만 후설은 수학이 정말로 객관적 실재인지를 물었다. 0, 1, 2, 3 등의 정수와 소수 그리고 분수, 무리수, 허수 등은 관념이자 기호다. '삼각형 내각의 합은 180도'라는 명제도 유클리드기하학 체계에서만 성립한다. 가톨릭 신부의 천동설에 대한 믿음이나 갈릴레오의 지동설은 각기 나름대로의 생활 세계를 근간으로 자연에 대해 말한 것이다.

마지막 마술사 뉴턴과 열린사회

파이어아벤트는 과학사를 통틀어 모든 상황에 다 적용되는 과학적 방법이란 존재하지 않는다고 했다. 모든 시대의 과학자들은 동시대의 상호주관적인 생활 세계가 규정하는 일반적 조건에 입각해 연구한다. 갈릴레오가 사망한 이듬해인 1643년에 태어나 과학혁명의 완성자로 불리는 아이작 뉴턴도 그런 과학자의 전형이었다. 그는 과학으로 종교를 변화시켰다기보다 오히려 종교의 세례를 받으며 과학을 연구했다. 그의 대표적 업적인 『자연철학의 수학적 원리』(『프린키피아』로 잘 알려져 있다)도 자연 신학natural theology을 고취하는 데 역점을 두고 집필되었다. 자연 신학은 갈릴레오처럼 과학적 발견으로 성경의 오류를 지적하는 것이 아니라, 신의 능력과 신성을 찾아내고 확인하려는 목적을 띤다. 그런 맥락에서 뉴턴은 기독교 신앙이라는 자신의 생활 세계를 토대로 만유인력 법칙을 설명했다. 심지어 그는 『프린키피아』의 마지막 부분에서 전지전능한 신 덕분에 과학의 법칙이 성립한다고 했다.

> 이렇게 해, 행성들, 혜성들이 멋지게 조화를 이루는 체계는, 아주 현명하고 강한 존재가 심사숙려하고 지배하는 것에 의해서만 나올 수 있다. 만약 항성들이 우리 태양계처럼 또 다른 체계의 중점이라면, [……] 한 통치자의 영향력에 놓여 있음이 확실하다.[9]

그는 스스로를 "나 자신에게 나는 아무것도 발견되지 않은 채 내 앞에 놓여 있는 진리의 바닷가에서 놀며, 때때로 보통보다 매끈한 조약돌이나 더 예쁜 조개를 찾고 있는 어린애에 지나지 않는 것 같다"라고 비유하기도 했다. 뉴턴의 문서들을 발굴하고 그에 관해 연구한 경제학자 케인스는, 연금술이나 마법과 같은 비학occult sciences에 집착했던 뉴턴의 이면을 드러내면서 "뉴턴은 이성 시대의 최초의 인물이 아니라 마지막 마술사였다"[10]라고 평했다.

---

9   아이작 뉴턴, 『프린키피아 제3권 — 태양계의 구조』, 이무현 옮김, 교우사, 1999, 194~95쪽.

파이어아벤트에 따르면 과학사에서 갈릴레오가 성공한 과학자가 될 수 있었던 것은 오늘날 과학적 원칙의 준거로 통용되는 논리실증주의의 검증verification 원리나 칼 포퍼가 주장한 반증falsification 원칙에 따르지 않았기 때문이다. 즉 그가 과학적으로 엄밀한 연구 성과를 제출했기 때문은 아니라는 것이다. 실제로 당시에는 갈릴레오가 실험과 관측으로 발견한 원리보다는, 이미 세계관으로 확립되어 있던 아리스토텔레스 철학이 훨씬 더 많은 것을 설명하는 듯 보였다. 갈릴레오의 성공은 역설적이게도 오늘날 과학적 원칙의 준거로 통용되는 논리실증주의의 검증 원리나 칼 포퍼의 반증 원칙에 따르지 않음으로써 획득한 것이었다. 갈릴레오 또한 많은 시행착오를 겪었고, 그의 연구가 틀렸다는 것을 보여주는 반증의 사례도 적지 않다.[11] 그러나 과학사적으로 중요한 것은, 그가 새로운 과학적 사실들을 발견한 것보다는 그의 문제 제기로부터 세상을 보는 방식이 중세 기독교적 믿음에서 과학적 사고로 바뀌었다는 데 있었다.

새로운 이론의 도전은 기득권을 가진 기성 이론보다 불리한 위치에서 이루어질 수밖에 없다. 그런데도 갈릴레오가 난관을 극복하고 과학사를 빛낸 영웅으로 부각될

10 주경철, 『주경철의 유럽인 이야기 2』, 103쪽 재인용.

11 이상욱, 「하나의 과학 방법론 고집 말라 그때그때 적합한 방법 찾아야」, 『한겨레』, 2005. 7. 22.

수 있었던 것은 교권과 세속권이 묘하게 갈등을 빚으며 상호작용을 하던 당시의 시대 상황 덕분이었다. 만약 갈릴레오가 망원경을 이용해 관측하고 피사의 사탑에서 실험하면서 대중 지지자들을 모으는 퍼포먼스를 벌이지 않았거나, 메디치 가문을 후견인으로 삼아 활동하지 않았다면, 그의 새로운 주장은 과학사의 한 페이지를 장식하지 못했을 것이다.

이 맥락에서 파이어아벤트는 "모든 것은 괜찮다Any-thing goes"를 모토로 하는 지식의 아나키즘이 시대를 초월하여 유일하게 유용한 과학적 원칙이 될 수 있다고 주장했다. 그래야 학문의 자유가 보장되고 지식 생태계에서 자연선택에 따라 가장 적합한 이론이 살아남을 수 있다는 것이다. 새로운 지식이 성립하고 세계관이 바뀌는 과정에서 혼돈은 발생할 수밖에 없다. 푸코가 '광기의 역사'[12]로 주장했듯, 이성의 빛은 광기의 그림자를 동반한다. 정상과 비정상을 나누는 규범과 지식은 역사적으로 형성된 것이기에, 이성의 빈번한 추방 없이 진보는 일어나지 않는다.

오늘날 과학의 기초를 이루는 관념은 편견, 자만심, 열정을 지닌 인간이 기존 사물의 질서에 반하는 활동을 하더라도 이를 허용하는 관용에 기반해 성립할 수 있었다.

---

12 미셸 푸코, 『광기의 역사』, 이규현 옮김, 나남출판, 2003.

따라서 파이어아벤트는 모든 상황에서 타당한 유일한 규칙, 또는 오직 그것을 준거로 해서만 올바르게 기능할 수 있는 체계란 존재하지 않는다는 의미로 "모든 것은 괜찮다"라고 주장한 것이다.[13] 자유로운 학문 세계를 실질적으로 위협하는 가장 큰 적은 오로지 과학 지식에 근거해 세상의 질서를 세우고 인간을 이해하려는 과학주의의 결핍이 아니라, 어느 한 세계관이 다른 세계관을 이단으로 처벌하고 금지하거나 비과학적이라 비난하고 배제하는 지식의 독재다.

과학자들의 연구가 생활 세계를 기반으로 이뤄지는 이상, 과학도 인간이 집단 학습을 통해 진화시켜온 문화의 한 형태다. 그런 점에서 과학사도 문화사 안에 포섭된다. 문화는 다른 문화와 상호작용하는 것으로 변화한다. 문화의 다양성은 생물학적 종의 다양성이 그러하듯 다른 문화와 관계를 맺고 접합하는 것으로 발현된다. 서로 다른 문화가 교류하고 충돌하는 과정에서 발생하는 불확정성은 그들 각각의 세계에 반영되며, 그것이 상호 문화적인 이해와 과학적 변화를 가능하게 하는 요인으로 작용한다. 그런 맥락에서 파이어아벤트는 개별 문화를 잠재적으로 모든 문화라고 보았다.[14] '모든 것은 괜찮다'라고 생각하는 열린 마음의 자세를 가질 때, 개별 문화가 잠재적으로

13 파울 파이어아벤트, 『방법에 반대한다』, 정병훈 옮김, 그린비, 2019, 294쪽.
14 같은 책, 490쪽.

모든 문화가 될 가능성을 용인하는 열린사회로 나아갈
수 있다.

생활 세계의 토대 위에서

인류가 오늘날과 같은 눈부신 문명을 이룩할 수 있었
던 것은 무엇보다 과학 덕택이다. 하지만 인간은 과학만
으로 살 수 없다. 생활 세계에서 인간 삶을 지배하고 의미
를 부여하는 것은 이야기다. 미국의 어느 초등학교 과학
시간에 선생님이 아이들에게 "첫 글자가 M으로 시작하
는 단어 중에서 상대방을 끌어들이는 성질과 힘을 가진
단어를 쓰시오"라는 시험문제를 냈다. 정답은 자석mag-
net이었다. 그런데 85퍼센트 이상의 학생들이 답을 엄마
mother라고 썼다. 선생님은 고민 끝에 mother를 정답으
로 처리했다. 자석이 과학의 정답이라면, 엄마는 인문학
의 대답이다. 과학의 정답만을 옳은 것으로, 인문학의 대
답을 틀린 것으로 가르쳐서는 안 되는 것이 인간 세상이
고 인간이 학문하는 의미다.

과학자도 사람이다. '컴퓨터 과학의 아버지' 앨런 매시
선 튜링은 제2차 세계대전 당시 영국 정보국의 암호 해
독반에 근무하며 독일군 암호를 해독하는 기계를 만들
어 독일 잠수함 공격으로부터 영국을 구해냈다. 하지만

1952년 당시 범죄로 취급되던 동성애 혐의로 영국 경찰에 체포돼 유죄 판결을 받았다. 그는 형벌로 감옥에 가는 대신 화학적 거세를 택했으나, 그 괴로움을 이기지 못해 2년 뒤 사이안화칼륨이 든 사과를 먹고 자살했다. 스티브 잡스가 만든 '애플'은 뉴턴의 사과인 동시에 튜링의 사과였다.

오늘날 튜링의 가장 큰 공적으로 언급되는 것은 인간의 뇌와 비슷한 기능을 하는 인공지능의 선구적 연구다. 그가 제안한 유명한 실험이 '튜링 테스트'다. 사람 두 명과 컴퓨터 한 대가 서로 나머지 둘을 볼 수 없는 방 세 곳에 하나씩 들어간다. 그중 한 사람이 실험 팀장을 맡아서, 텔렉스로 다른 두 방에 질문을 보낸 후 답변을 받는다. 그러면 팀장은 어느 답변이 인간의 것이고 컴퓨터의 것인지를 가려낸다. 만약 가려내지 못하거나, 컴퓨터의 답변을 인간의 것으로 오해하는 상황이 벌어지면 바로 '생각하는 컴퓨터'가 탄생했다고 간주하는 것이다.

튜링은 왜 이 실험을 생각해냈을까? 튜링이 1950년 「계산 기계와 지능Computing Machinery and Intelligence」에서 제안한 '모방 게임imitation game'의 본래 아이디어는 인간과 컴퓨터가 아니라 성별을 맞히는 데서 나왔다. 한 남자와 한 여자, 그리고 이들에게서 쪽지로 답을 받아 성별을 맞힐 여성 심판관으로 구성된 모방 게임에서, 튜링은 남자를 컴퓨터로 대체했다. 심판관의 질문에 대해

여자는 솔직하게 답하는 반면, 컴퓨터는 여자를 모방해 답변하는 경우를 상정했다. 그렇게 5분여 동안 진행한 문답을 토대로 심판관은 어느 쪽이 진짜 인간인지를 가려낸다.

튜링의 논문을 읽은 많은 사람들이 성 역할 게임으로 기계의 지능을 테스트하는 방식에 대해 이의를 제기했다. 또한 타인을 속이는 능력으로 기계의 지능을 판단하는 것에 대해서도 많은 비판이 가해졌다. 튜링은 논문에서 튜링 테스트에 통과하는 인공지능이 50년 내로 만들어질 것이라고 주장했다. 한편 페미니즘 철학자인 주디스 제노바는 "튜링이 성 역할 놀이를 테스트에 도입한 이유에 대해 그가 인간-기계의 경계가 임의적이라는 것 외에 남녀의 사회적 성별의 경계 또한(심지어 더 나아가 생물학적 성의 경계까지도) 임의적이라는 것을 말하고 싶어서였다고 해석했다."[15] 제노바에 따르면 튜링 테스트는 그의 생활 세계, 곧 성 소수자였던 자신의 삶에 대한 고뇌로부터 나온 것이다. 이처럼 과학과 삶은 둘이 아니다.

진리는 발견되는 만큼 발명된다. 자연의 법칙은 자연에 내재해 있는 것이 아닌 인간이 구성한 것이다. 그 구성 방식을 결정하는 것이 이론이라면, 그 이론의 출발점이자 토대는 생활 세계다. 갈릴레오보다 한 세대 후에 태

15　홍성욱, 『포스트휴먼 오디세이 ─ 휴머니즘에서 포스트휴머니즘까지, 인류의 미래를 향한 지적 모험들』, 휴머니스트, 2019, 119~20쪽.

어나 거의 동시대를 살면서 수량화될 수 있는 물리적 대상을 탐구하는 학문만이 과학이 될 수 있다고 주장한 근대 철학의 창시자가 데카르트다. 데카르트는 수학, 기하학, 물리학만이 과학이 될 수 있으며 문자 기록에 근거한 역사, 신학, 수사학과 시, 심지어 철학조차 진리를 탐구하는 학문이 될 수 없다고 했다. 반면 이탈리아의 철학자이자 역사가 조반니 바티스타 비코는 과학혁명에 대항해, 역사를 비롯한 인문학의 가치와 독자성을 구해낼 새로운 과학론을 제시했다. 그는 인간이 확실히 알 수 있는 것은 결국 인간 자신이 만든 것이라는 전제로 '진리 그 자체는 만들어진 것이다Verum esse ipsum factum'라는 명제를 세웠다.[16]

진리란 인간과 관계없이 존재하는 객관적 실체가 아니라, 자기가 살고 있는 생활 세계의 토대 위에서 의미를 추구하는 가운데 만들어진 것이다. 우리는 각자 다른 삶을 살면서 각자의 의미를 만들고 자아를 실현하려 노력한다. 인간이 현실과 꿈의 두 세계를 살고 있다는 것이 인간을 주어진 본질이 아닌 추구하는 실존적 삶을 살게 만든 요인이다. 인간은 현실에 살면서 꿈꾸는 미래의 목표를 향해 나아가는 집단적 노력을 계속 이어왔기에 문명을 건설했다.

16 조한욱, 「비코와 역사적 재구성」, 『청람사학』 23, 2014, 153~73쪽; 최성철, 「비코와 부르크하르트」, 『한국사학사학보』 11, 2005, 219~52쪽.

3부
인문학과 역사학

인문학의 존재 이유

사람은 무엇으로 사는가

사람은 무엇으로 사는가? 톨스토이의 대표적 단편소설 제목이기도 한 이 질문은 인생의 방향을 설정하는 이정표가 되는 말이다. 삶에서 중요한 것은 빠르기가 아닌 방향이다. 삶의 방향을 정하려면 먼저 내가 진정으로 원하는 것이 무엇인지 자아 성찰부터 할 필요가 있다.

자기 삶의 의미를 생각하며 인간다운 삶을 살기 위한 내면적 성찰 능력을 키우는 학문이 인문학이다. '인생의 목적이 무엇인가'에 정답은 없다. 그 답은 각자 찾아서 이루어야 할 과제다. 이렇듯 자기 삶의 주체로 사는 의식을 깨우는 인문학은 공부를 수단이 아닌 목적으로 삼는다.

대학에서 인문교육의 중요성을 강조한 유명한 학자가 하버드 대학교 최초의 여성 총장 드루 길핀 파우스트다.

2007년 취임사에서 그는 미국 흑인 사회의 대표적 지성
이었던 W. E. B. 뒤부아의 "교육은 사람을 목수로 만들기
보다는 목수를 사람으로 만드는 것"이라는 말로 대학이
'인력 양성소'로 전락하는 것에 경종을 울렸다. 디지털 과
학기술이 선도하는 4차 산업혁명 시대, 대학은 학문의 전
당이기를 포기하고 지식 플랫폼으로 변신하려는 경향을
보인다. 이에 따라 목적 학문으로서 인문학의 대학 내 위
상은 계속 추락해, '사람은 무엇으로 사는가'와 같은 문제
는 더 이상 학문의 연구 대상이 아닌 것으로 취급받는 풍
조가 만연하다. 오늘날 학문의 전형은 인문학이 아니라
과학이며, 학자의 표상으로 과학자를 생각하는 것이 일반
화되었다.

학문의 주도권이 과학으로 이행한 계기는 갈릴레오 과
학혁명이다. 그런데 갈릴레오에게 '사람은 무엇으로 사는
가'라는 질문을 던졌다면, 그는 어떤 답을 했을까? 갈릴레
오는 기독교 신앙에 맞는 답을 했을 것이다. 신의 피조물
로서 인간은 신의 섭리에 따라 살아야 한다는 것에 대해
서 그는 추호도 의심하지 않았을 것이다. 단지 신의 섭리
가 무엇인지를 알아내는 방법에서 가톨릭교회의 신부들
과 의견이 달랐을 뿐이다. 가톨릭교회에서는 성경을 그대
로 믿어야 한다고 설교했지만, 갈릴레오는 그 답을 자연
에서 더 잘 찾을 수 있다고 생각했다. 자연은 수학으로 쓰
인 책이기에 만물의 이치는 수학의 언어를 통해 더 정확

하게 읽어낼 수 있다고 믿었다.

갈릴레오는 '사람은 무엇으로 사는가'라는 질문도 수
학으로 푸는 것이 가능하다고 생각했을까? 수학 문제에
는 대부분 정답이 있다. 하지만 '사람은 무엇으로 사는가'
에 정답은 없다. 그렇기에 하나의 정답을 찾기보다는, 인
생의 의미에 대한 다양한 관점의 이야기를 열린 마음으로
듣고 배우려 하는 것이 더 중요하다. 이야기는 언제 어디
서 누가 하느냐에 따라 다르다. 이야기가 내포한 의미는
주관적이기 때문에, 객관적 지식을 다루는 과학의 관점에
서 인문학은 불완전하다.

갈릴레오는 분명 위대한 과학자다. 무엇이 그를 위대
한 과학자로 만들었는가? 관측과 실험에 의거해 세상에
대한 지식을 구성하는 연구 방법론을 선구적으로 제창함
으로써 그는 '과학의 아버지'가 되는 영예를 안았다. 그렇
다면 그가 과학자로서 삶의 목표goal를 설정한 요인은 무
엇이었는가? 이 질문에서 묻는 바는 삶의 목적objective에
해당한다. 갈릴레오에게 과학적 연구가 삶의 목표였다면,
목표를 설정한 이유는 목적이 된다. 인문학은 삶의 목표
보다는 목적을 탐구하는, 곧 과학 하는 사람으로서 존재
방식을 성찰하는 메타-과학이다.

메타-과학으로서 인문학의 중요성을 부정하는 사람은
별로 없다. 하지만 대학에서 인문학은 점차 사라진다. 직
업교육으로서 인문학의 미래가 불투명하기 때문이다. 만

물을 수학화하는 학문적 경향성은 아날로그 구질서가 붕괴하고 디지털 신질서가 수립되는 문명사적 전환과 함께 정점에 도달해 있다. 인터넷이 전 세계를 하나의 네트워크로 연결해 엄청난 양의 데이터가 생성되고 축적되면서 빅데이터가 등장했다. 또한 0과 1의 이진수 언어로 작동하는 디지털 컴퓨터의 연산 능력은 기하급수적으로 향상되면서 생각하는 기계인 인공지능의 탄생이 가시화되고 있다. 알파고의 출현은 계산과 지능이 결국 같다는 것을 상당한 정도로 증명한 셈이다. 이제는 컴퓨터의 계산을 통해 인간의 지능을 넘어서는 '초지능super-intelligence'도 등장할 수 있다는 것을 감안하고 인공지능 시대 문명의 목표를 재설정해야 할 시점이다.

우리가 여기까지 어떻게 왔는지를 알아야, 이제는 어디를 향해 나아가야 할지 방향을 재조정할 수 있다. 갈릴레오 과학 모델이 어떻게 해서 학문의 정석이자 왕도가 될 수 있었는가? 일상의 모든 것이 데이터로 전환 가능해지면서, 인문학 역시 그 기반을 아날로그 데이터가 아니라 디지털 데이터로 변환해야 존속 가능하다는 주장도 나온다. 하지만 수학화를 통해서, 다시 말해 컴퓨터를 이용한 데이터 처리를 통해서 인문학이 고유하게 주제로 삼는 인간 삶의 목적과 인간성 교육 문제를 해결할 수 있는가?

과학은 진리를 목표로 삼아 끊임없이 탐구함으로써 진보한다. 과학적 탐구에서 가장 중요한 도구이자 언어는 수학이다. 수학화를 통해 문제를 해결하는 방식은 '왜'가 아닌 '어떻게'에 근거한다. 물론 뉴턴이 '사과가 사과나무에서 떨어지는 원인은 무엇인가'라고 물은 것처럼, 연구는 모르는 것에 대해 질문을 제기하는 것으로 시작된다. 하지만 관찰과 실험을 통해 얻은 데이터를 수학화하는 과정은 '왜'라는 질문을 제기할 필요 없이 객관적으로 이뤄진다. 데이터만 충분히 확보하면, 계산과 통계로 상관관계를 인식하고 추론을 통한 일반화로 자연 법칙을 정식화해낼 수 있다.

뉴턴은 사과에서 만유인력 법칙을 발견했다. 만유인력 법칙이란 질량이 있는 두 물체 사이에는 두 물체의 질량의 곱에 비례하고 서로 떨어진 거리의 제곱에는 반비례하는, 서로 끌어당기는 힘이 작용한다는 법칙이다. 만유인력 법칙은 수학적 원리로 철학 하는 과학이라는 학문 패러다임을 완성했다. 그는 사과가 떨어지는 원인을 지구 위의 물체가 지구로부터 받는 힘, 즉 중력 때문인 것으로 설명했다. 그렇다면 중력은 왜 작용하는가? 이에 대해 뉴턴은 다루지 않겠다고 했다. 그것은 신의 영역이기 때문이다. "중력이 실제로 존재하고, 우리가 설명한 법칙들에

154 따라서 작용하며, 천체들의 모든 움직임과 바닷물의 움직임을 아주 잘 설명할 수 있으니, 그걸로 충분하다." 그는 "현상을 바탕으로 이끌어내지 않은 것은 가설에 불과하다"라고 봄으로써, "나는 아무런 가설도 세우지 않겠다"라는 유명한 선언을 했다. 모든 것은 신으로부터 유래하며 신의 섭리에 따라 움직인다면, 과학은 '왜'라는 질문을 제기하지 않고 '어떻게'만을 알아내기 위해 "현상들을 바탕으로 어떤 법칙들을 이끌어내고, 그다음에 추론을 통해서 일반화한다"라고 했다.[1]

갈릴레오는 중력에 대해 알지 못했다. 그는 단지 신을 기하학자라 보고 과학적 탐구를 했기에 역학 차원으로는 나아가지 않았다. 반면 뉴턴은 움직이는 물체를 수학 법칙으로 정식화하려면 기하학만으로는 불충분하다고 보았다. "직선과 원을 바탕으로 기하학이 성립되어 있지만, 직선과 원을 그리는 일은 역학에 속한다. 기하학에서는 직선이나 원을 그리는 방법을 가르치지 않으며, 이들을 그릴 수 있다고 받아들인다."[2] 그는 역학을 "임의의 힘에 의해서 생기는 운동과, 임의의 운동을 낳기 위해서 필요한 힘을 정확하게 제시하고 증명하는 과학"[3]이라고 정의

아이작 뉴턴, 『프린키피아 제1권—물체들의 움직임』, 이무현 옮김, 교우사, 1998, 198쪽.

같은 책, x쪽.

같은 책, ix쪽.

했다.

실제로 뉴턴은 역학에 근거해 바닷물의 밀물과 썰물에 대한 갈릴레오의 설명에서 오류를 수정했다. 갈릴레오는 밀물과 썰물이 하루에 두 번씩 일어나는 원인을 지구 자전과 공전의 복합 운동 때문이라고 보았다. 그는 뉴턴이 발견한 만유인력, 곧 지구가 태양과 달 사이에서 받는 다양한 힘의 작용으로 조수가 발생한다는 것을 몰랐다. 지구의 자전과 공전으로 원심력이 생겨난다면, 태양과 달은 지구를 잡아당기는 인력이 있고, 그 둘 사이의 밀고 당기는 작용으로 해수면의 높낮이가 달라지면서 밀물과 썰물이 발생한다.

오늘날 과학사의 역설은, 중력이 작용하는 원리에 대한 갈릴레오의 기하학적 설명을 뉴턴이 역학으로 수정한 후, 이를 다시 아인슈타인이 일반 상대성원리를 통해 기하학적으로 설명했다는 점이다. 아인슈타인은 질량을 지닌 물질이 시공간을 휘게 만들면서, 그 휘어진 시공간을 따라 물체가 움직이며 중력이 작용한다는 것을 밝혀냈다. 그는 물질(에너지)의 분포가 시공간의 휘어짐에 어떻게, 얼마나 영향을 미치는지를 장 방정식field equation으로 정리했다. 아인슈타인의 장 방정식에 따르면 시공간-물질-운동은 서로 연결되어 있다. 이를 존 휠러는 한 문장으로 멋지게 표현했다. "시공간은 물질이 어떻게 움직일지를 알려준다. 그리고 물질은 시공간이 어떻게 휘어질지를 알려준다."[4] 여기서 중요한 것은 갈릴레오, 뉴턴, 아인슈타인 가운데 누가 옳고 그른지를 가려내는 것이 아니라, 수학 원리로 자연현상을 증명하고 설명하는 과학이 학문의 주도권을 잡았다는 점이다.

인문학과 과학, 두 문화의 날개

수학이란 언어로 자연을 읽어낼 때 제기하는 질문은 '왜'가 아니라 '어떻게'다. 갈릴레오와 뉴턴 둘 다 '왜'는 신의 영역에 둔 채 단지 신이 창조한 자연을 수학 원리로 추론하고자 했다. 이는 기독교라는 생활 세계를 살던 이들에게는 당연한 일이었다. '왜'라는 존재 의미에 관한 문제는 신앙에 의지해서 풀고, 과학은 자연현상이 '어떻게' 일어나는지만을 탐구하면 된다고 생각했다. 『프린키피아』 제2판을 교정하고 머리말을 쓴 로저 코츠는 이 책이 신의 영광을 찬미하고 무신론자를 공격할 수 있는 최상의 무기라고 자부했다. 그는 자연과학의 역할에 대해 다음과 같이 썼다.

진정한 자연과학이 해야 할 일은, 실제로 존재하는 원

---

4   박인규, 「중력, 만유인력인가 기하학인가」, 『사이언스올』에서 재인용.

인으로부터 사물의 본성을 이끌어내는 것이며, 신이 이 멋진 우주를 창조하기 위해서 실제로 채택한 법칙들을 연구해내는 것이지, 신이 어쩌면 택했을지도 모르는(그러나 실제로는 채택하지 않은) 법칙들을 구하는 게 아니다.[5]

근대 과학은 때로는 종교와 갈등을 빚기도 했지만, '왜'의 문제는 종교가 전담하고 '어떻게'의 문제만을 탐구 주제로 삼으며 학문의 독자성을 정립했다. 하지만 문제는, 세계의 탈주술화가 진행되면 될수록 과학에 의한 '생활 세계의 식민화'가 강화되는 현상이 나타난다는 점이다. 종교와 도덕이 영향력을 행사하는 생활 세계로부터 독립해서 탐구해야 객관적 지식을 얻어낼 수 있다고 믿는 근대 과학의 에토스는 인간의 지식을 확장하고 인간에게 자연을 정복할 수 있다는 자신감을 고취했다. 하지만 과학이 진보하고 영향력이 증대하면 할수록, 과학적 연구가 갖는 삶의 의미에 대한 성찰은 생략하고 사실만을 추구하는 방향으로 발전했다. 그러다 보니 무엇이 사실인지 알려주는 여러 데이터의 상관성을 수학적으로 계산하는 방법만이 과학적인 것으로 여겨졌다. 그런 과학적 태도는 컴퓨터와 인터넷의 발명과 함께 빅데이터가 출현하면서

---

5   아이작 뉴턴, 『프린키피아 제1권』, xxvii쪽.

정점에 도달했다. '왜'라는 물음을 전혀 제기하지 않고, 단지 거대하게 축적된 데이터들의 통계 자체가 보여주는 패턴으로 미래를 예측하고 문제를 해결할 수 있다고 믿는 데이터주의가 디지털 시대의 신흥종교로 부상했다.

그런데 데이터가 아무리 많아도 내가 왜 사는지, 내 삶의 목적이 무엇인지에 대한 답을 그것들로부터 얻을 수 있는가? 물론 빅데이터는 내가 모르는 나에 대한 정보를 알려준다. 하지만 인간은 '나는 누구인가'의 정체성을 지금 '실재하는 나'를 넘어 '꿈꾸는 나'로 만들 수 있는 존재다. 내 과거 데이터로 미래의 내가 어떤 행동을 할지 예측할 수 있다 해도, 그런 식이라면 영화 「마이너리티 리포트」에서처럼 인간의 자유의지를 부정하는 세상이 도래할 것이다.

데이터를 인식하는 것은 지능이다. 인공지능은 지능이 결국 계산임을 점점 입증해내고 있다. 하지만 그러면서 우리가 새삼 깨닫게 된 사실은, 지능과 의식이 다르다는 점이다. 인간보다 바둑을 더 잘 두는 알파고는 지능을 가졌다고 말할 수 있지만, 아직 의식은 없다. 과학의 문제는 지능으로 해결할 수 있다. 그렇다면 의식의 문제는 어떠한가? 지능이 '어떻게'의 물음을 갖고 문제를 풀 수 있는 알고리즘을 만드는 과정이라면, 의식은 '왜'라는 물음으로부터 각성되는 생각이다. 인문학과 과학, 인간과 인공지능의 관계에서 후자에 의해 전자가 해소될 수 있느냐

없느냐는 결국 '어떻게'를 통해 '왜'의 문제까지도 해결할 수 있느냐의 여부로 판가름 날 것이다.

과연 그런 일이 일어날 것인가? 과학의 목표는 지식을 확장하는 것이다. 이에 비해 인문학의 제일 목표는 의식의 각성이다. 과학이 밖으로 향하는 인식이라면, 인문학은 내면을 성찰하려는 목적을 가진다. 인간이 자의식을 갖고 자기 인식을 추구하는 속성으로부터 인문학이란 학문이 생겨났다. 이런 인문학은 기본적으로 '왜'라는 물음을 토대로 '어떻게'의 문제를 푸는 방식을 지향한다. 예컨대 과학은 물이 어떻게 해서 끓는지를 탐구한다. 그래서 알아낸 지식이 섭씨 100도까지 열을 가하면 액체가 기체로 변한다는 사실이다. 왜 끓는점이 섭씨 100도인지에 대해서는 물을 필요가 없다. 그게 자연의 성질임을 데이터를 기반으로 증명하면 그만이다. 하지만 인간의 경우는 '왜'라는 질문이 '어떻게'보다 더 중요하다. '왜 사는가'라는 자아 성찰 없이 '어떻게 살아야 하는가'에 대한 좋은 답을 구할 수 없다.

인간이 왜라는 질문을 던지는 계기는 모른다는 것을 깨달을 때다. 무지의 앎이 새로운 것을 추구하는 인간 창의성의 원천이다. 결국 창의성은 자기 이해에서 비롯하는 이상, 메타-과학으로서 인문학이 과학의 나침판이 되어야 한다. 인간이란 무엇인가? 나는 왜 사는가? 이 문제들을 화두로 삼아 독창성을 향해 내면적 추구를 하면서 우주에 대한 과학적 탐구를 했기에, 인간은 끊임없이 자기 한계를 극복할 수 있었다. 인류 문명을 날아오르게 한 창의성의 두 날개가 학문의 '두 문화'인 과학과 인문학이다. 과학과 인문학은 좌우의 두 날개로 작동하지만 한 몸을 이룰 때 제대로 기능할 수 있다. 윌슨은 "과학의 세계는 우주에서 가능한 모든 것"이라면, "인문학의 세계는 인간의 마음이 상상할 수 있는 모든 것"[6]이라 했다.

과학의 사실 세계는 유한하지만, 인문학의 상상 세계는 무한하다. 이 두 세계의 새로운 관계 문법을 창조한 근대 과학의 아버지가 갈릴레오다. 그는 과학도들에게 '큰 바위 얼굴'이다. 당시 그는 어떻게 해서 가톨릭교회라는 바위를 향해 과학이라는 계란을 던지는 영웅적 삶을 살 수 있었는가? 이 물음에 대한 답은 갈릴레오 삶의 수학화를 통해서가 아니라, 베르톨트 브레히트의 희곡 『갈릴레이의 생애』를 통해 더 잘 이해될 수 있다. 모든 인간은 각자 나름의 삶을 연출하며 산다. 동물은 외부 감각에 대한 반응으로 행동하지만, 인간은 자기 마음의 세계 속에서 만들어낸 의미를 좇아 행동한다. 그렇기에 무엇을 위해 유한한 인생을 살 것인가와 같은 실존적 문제는 과학적 사실 세계로 설명되는 것이 아니라 주관적 의미 세계의 연관성으로 이야기될 수 있다.

---

6 에드워드 윌슨, 『창의성의 기원』, 16쪽.

우리 인생은 탄생으로 시작해서 죽음으로 끝나는 이야기다. 과거에 살았던 사람들은 없고, 그들에 관한 이야기들만이 존재한다. 결국 이 세상에서 살다가 사라지는 인간이 남기는 것은 이야기이고, 그것이 삶의 의미로 기억된다. 그런 인간의 존재 방식을 기록한 집단 기억이면서 그것을 토대로 '우리는 어디서 왔고, 무엇이며, 어디로 가는가'에 대해 묻고 답을 구하는 집단 학습이 역사다.

9장
집단 학습으로서 역사와 역사학의 역사

삶의 교사로서의 역사

부여에는 낙화암이 있다. 부여를 여행하거나 답사하면 꼭 들르는 곳이다. 그런데 부소산을 한참 올라 기암절벽 위에 세워진 백화정에서 낙화암을 내려다보면, 눈앞에 펼쳐진 경치는 좋지만 막상 보이는 게 별로 없어서 실망하고 만다. 아쉬움을 달래려고 금강 유람선을 탄다. 낙화암 부근을 지날 때 절벽에 새겨진 낙화암落花巖이란 붉은 글씨가 눈에 들어온다. 하지만 절벽은 그렇게 크지도 않은 나지막한 언덕 정도다. 유명한 독일 라인강의 로렐라이 언덕도 마찬가지다. 유람선에서 계속 흘러나오는 로렐라이 노래가 약간 지겨워질 참에 배가 회항하는데, 그때 보이는 큰 바위가 로렐라이 언덕이라고 누가 가르쳐주지 않으면 비슷한 것들 중에 어느 게 그 유명한 바위인지 모르고 지나칠 수 있다.

낙화암이든 로렐라이 언덕이든 그 자체로는 별로 감흥을 주지 못한다. 그럼에도 우리는 왜 그곳에 가는가? 거기에 이야기가 있기 때문이다. 낙화암에는 백제의 멸망과 삼천궁녀의 슬픈 전설이 전해 내려온다. 만약 이야기가 없었다면 1,300년도 넘은 과거의 일에 대해 모를 것이며 낙화암이란 이름도 생겨나지 않았을 것이다. 로렐라이 언덕도 마찬가지다.

역사 관광은 실제 풍경을 보러 가기보다는 이야기를 소비하러 가는 경우가 많다. 흔히 '아는 만큼 보인다'라고 한다. 여기서 안다는 것은 그에 관한 정보가 있다는 것이고, 정보란 대개 이야기로 전달된다. 그래서 역사 관광을 가서 그곳에 얽힌 이야기를 들을 때 역사 지식은 물론 재미도 얻는 것이다.

인간의 모든 것이 그 자신과 함께 사라진다 해도, 인간이 남길 수 있고 남는 것은 이야기다. 움베르토 에코의 『장미의 이름』은 그런 이야기의 속성을 담고 있다. 마지막에 이 소설은 '장미의 이름'이란 제목의 의미를 설명한다. "지난날의 장미는 이제 그 이름뿐, 우리에게 남은 것은 그 덧없는 이름뿐." 그 덧없는 이름을 남기는 방식이 바로 이야기다. 죽음과 함께 사라질 운명인 인간은 이야기를 남길 수 있다. 이야기를 통해 과거를 바탕으로 만들어진 서사가 역사다. 역사는 자신이 당면한 문제들의 열쇠를 지닌 과거 인물들과 사건들에 관한 기록이 보관되어 있는 스토리 뱅크다.

존재하는 모든 것에는 과거가 있다. 과거는 지나가고 없는 것이지만, 인간은 그로부터 현재에 이르렀음을 생각하며 과거를 탐구한다. 과거사에 대한 이해는 현재 왜 그런 일이 일어났는지에 대한 원인을 파악할 수 있게 해줄 뿐만 아니라, 현안을 해결할 수 있는 아이디어를 과거의 사례로부터 배우게 한다. 이 배움을 체계화할 목적으로 정립한 학문이 역사학이다. 기억할 줄 아는 동물들은 배우는 행위를 하지만, 인간만이 그것을 학문적 활동으로 한다. 왜인가? 학문學問의 한자 뜻이 함축하듯 인간만이 배우기 위해 묻기 때문이다. 학문의 본질은 배움이 아니라 질문이다. 인간만이 '왜'라고 묻는다. 묻는 것은 모른다는 것을 아는 것이다. 그래서 '너 자신을 알라'라고 자신의 무지부터 깨달을 것을 끊임없이 되물은 소크라테스가 가장 지혜로운 사람이 될 수 있었다.

이 세상에는 인간이 모르는 것과 아는 것 두 가지가 있다. 학문은 모르는 것을 아는 것으로 전환함으로써 성립한다. 인간이 다른 동물과 구별되는 배움의 특이성은, 한 개체가 아니라 현재까지 존재한 온 인류의 집단 기억을 토대로 집단 학습을 할 수 있는, '교육'이라는 체계를 형성했다는 점이다. 뇌를 가진 동물들은 환경에 적응하는 법을 배우고 경험을 기억으로 저장하지만, 그것은 대부분

개체 범위와 수준에서만 이뤄진다. 동물은 살아서 축적했던 모든 기억을 죽음과 함께 상실한다. 반면 언어와 문자를 쓰는 인간은 개체의 기억을 집단 기억으로 모아 집단 학습의 자료로 활용하며 후손에게 전수한다. 그 덕분에 인간은 진화가 아니라 문화로 세상을 변화시키는 힘을 획득했다. 인간의 집단 기억과 집단 학습은 문화 유전자를 생성하여, 자연선택을 넘어 지적 설계를 할 수 있는 문명의 길을 열었다.

인간 특유의 문화 유전자를 형성하는 가장 중요한 코드 가운데 하나가 역사다. 인간이 스스로 학습을 잘할 수 있게 된 것은 무엇보다 집단 학습의 교사 역할을 하는 역사가 있기 때문이다. "역사는 삶의 교사Historia Magistra Vitae"라는 명언을 남긴 키케로는 "우리가 태어나기 전 일어난 것에 대해 무지하다면 언제나 어린아이 상태로 머물 것이다. 역사 기록에 의해 우리 조상들의 삶 속으로 엮이지 않는다면, 인간 삶의 가치는 무엇을 위한 것인가"[1]라고 한 바 있다. 키케로가 강조한 역사의 의미는 두 가지다. 하나는 인류가 집단 기억과 집단 학습을 통해 과거의 유산을 물려받는 존재가 될 수 있었다는 것이고, 다른 하나는 과거의 유산을 대물림해나가는 삶의 방식을 영위하

---

1   David Tabachnick & Toivo Koivukoski, *On Oligarchy: Ancient Lessons for Global Politics*, University of Toronto Press, 2011, p. 166 에서 재인용.

는 가운데 자기 존재 의미에 대해 성찰하는 인간성을 갖
게 됐다는 것이다. 인간에게 역사는 자기 삶을 비추는 거
울이자, 삶의 의미와 방향성을 가리켜주는 나침판이다.

역사의 아버지들

서구에서 역사는 '일어난 사건'을 지칭하는 독일어
'Geschichte'와 그에 관한 기록을 의미하는 영어 'history'
로 대변되는 이중의 어원을 갖는다. 이 세상에 존재하는
모든 것에는 과거가 있다. 과거는 지나간 실재다. 역사란
기본적으로 과거에 대한 기억이며, 뇌는 기억을 담당하는
기관이다. 우리가 사유할 수 있는 것은 뇌가 있기 때문이
다. 진화의 측면에서 뇌는 몸을 움직여 밖으로부터 에너
지를 섭취해야 하는 동물들에 의해 선택된 기관이다. 식
물들은 광합성을 통해 자체적으로 에너지를 만들어내며,
움직이지 않고도 생존할 수 있기에 뇌의 진화가 필요하
지 않았다.

뇌과학에서 사고란 "내면화된 운동"[2]이다. 기억은 뇌의
내면화된 운동 가운데 하나다. 과거라는 외부 실재가 사라
졌을 때 머릿속의 내면화된 운동으로 그것을 이미지로 재

2   로돌포 R. 이나스, 『꿈꾸는 기계의 진화』, 김미선 옮김, 북센스, 2007.

현해낸 현상이 기억이다. 이처럼 인간을 비롯한 동물들의 뇌는 기억을 관장하는데, 그 가운데 오직 인간만이 개인의 기억을 넘어 집단 기억으로서 역사를 만들어냈다는 점이 중요하다. 역사가 탄생한 결정적인 계기는 문자의 발명이다. 문자를 통해 시간의 흐름 속에서 결국 사라질 수밖에 없는 기억을 방부 처리할 수 있다는 것이 과거 실재를 역사 이야기로 재생시킬 수 있는 일차적 조건이다.

과거에 일어난 일들은 시간 속에서 망각된다. 세대교체와 함께 개체의 기억이 사라지는 것은 자연스러운 현상이다. 역사란 이런 자연을 극복하기 위해 인간이 만든 문화적 행위의 산물이자, 과거를 현재의 필요에 맞게 재사용할 목적으로 발명한 서사다. 그래서 괴테는 "지난 3천 년의 역사를 활용하지 못하는 사람은 하루살이와 같은 인생을 살 뿐이다"[3]라고 말했다.

인간은 과거의 경험과 지식을 공동의 지적 자산으로 활용함으로써 자연의 순환에서 벗어나 역사의 진보를 이룩했다. 인간에게 역사는 현재가 과거의 결과임을 이해하고, 새로운 미래의 씨앗을 현재에 뿌리는 집단 학습의 전형이다. 이처럼 인간은 하나의 개체로서가 아니라 집단으로 학습하고 세대를 넘어 정보를 축적하는 역사적 존재, 곧 호모 히스토리쿠스*Homo historicus*라는 자각이, 하루

3   로먼 크르즈나릭, 『역사가 당신에게 들려주고 싶은 이야기』, 강혜정 옮김, 원더박스, 2018, 12쪽에서 재인용.

살이와 같은 삶을 살지 않을 수 있는 힘의 원천이다. 그것이 앞에서 괴테가 강조한 역사의 중요성이다.

서구와 동아시아에는 각기 역사를 발명한 것으로 알려진 인물이 있다. 서구에서는 페르시아전쟁이 일어난 원인을 탐구하여 『역사』를 쓴 헤로도토스가 역사의 아버지로 일컬어진다. 헤로도토스는 『역사』의 저술 의도를 첫 문장에서 명시했다.

> 할리카르네소스의 헤로도토스는 그의 탐구 결과를 다음과 같이 밝힌다. 이는 인간들이 이룬 일들이 시간이 흐르면서 잊히지 않도록 하고, 또 헬라스인들과 이방인들이 보여준 위대하고 놀라운 행적들과 특히 그들이 서로 전쟁을 벌인 원인이 세상에 널리 알려지도록 하려는 것이다.[4]

그는 그리스인들의 집단 기억을 만들 목적으로 페르시아전쟁의 원인과 경과를 탐구하고 조사한 기록을 남겼다. 『역사』 이전에도 고대 그리스에는 구술로 전하는 과거 이야기가 있었다. BCE 8세기 호메로스는 트로이전쟁이 일어난 원인과 전개를 서사시의 형태로 창작했다. 그런데 호메로스의 서사시를 역사가 아닌 신화로 분류하는

---

4   헤로도토스, 『역사』, 김봉철 옮김, 길, 2016, 59쪽.

이유는, 전쟁의 인과관계를 헤로도토스는 인간들의 행위 중심으로 서술한 반면 호메로스는 신들의 개입이 결정적인 작용을 한 것으로 구술했다는 데 있다.

인간 삶의 중요한 유산으로서 집단 기억을 역사로 기록·계승하는 전통은 서구에서보다는 동아시아에서 더 유구하고 중요하게 이어졌다. 동아시아에서 역사라는 형식의 기록 문화가 2천 년 이상 면면히 이어온 것은 역사가 왕조 국가의 정통성을 정당화하고 심판하는 일종의 정치 종교로 작동했기 때문이다. 동아시아에서 그런 역사 정신을 고취한 역사의 아버지는 사마천이다. 그는 역사를 쓰는 행위를, 과거의 일을 기억하기 위한 기록을 넘어 인간이 하늘과 소통하기 위한 일종의 종교 의례로 이해했다. "하늘과 인간의 관계를 탐구하고, 고금의 변화에 통달하여, 일가의 말을 이루고자 한다欲以究天人之際 通古今之變 成一家之言"라는 문장은 그의 역사 정신을 한마디로 요약한다.

사마천이 궁형의 치욕을 무릅쓰고 『사기』를 BCE 91년에 완성한 가장 큰 문제의식은 '천도'라 일컬어지는 보편 진리에 대한 회의였다. 일찍이 춘추시대의 성인 공자는 하늘과 인간사를 관통하는 보편 원리인 천도에 따르는 것이 인간다운 삶이라고 가르쳤다. 하지만 문제는 '당위로서 천도가 실제 역사로 구현되는가'다. 사마천은 물었다. '천도는 사사로움이 없어 착한 사람과 언제나 함께한다天

道無親, 常與善人'라는 옛 성인의 말은 과연 맞는가? 실제로 과거에는 정의가 패배한 수많은 사례가 있으며 비도덕적인 일들이 더 자주 일어났다면, "천도는 도대체 옳은 것인지 그른 것인지天道是耶非耶"를 묻지 않을 수 없다.

사마천의 역사 탐구의 백미는 『사기열전』 첫 편인 「백이 열전」이다. 여기서 그는 공자가 말한 천도에 입각해 역사적 사실을 기술하는 하나의 전형을 세웠다.

> 공자는 이렇게 말했다. '도가 같지 않으면 함께 일을 도모하지 않는다.' 이는 각기 자신의 뜻을 좇아서 행해야 함을 이른 것이다. 그래서 공자는 또 이렇게 말했다. '만약 부귀를 뜻대로 얻을 수 있다면 비록 마부가 될지라도 나 역시 그 짓을 하겠으나, 얻을 수 없다면 내가 좋아하는 것을 따르겠다.' '추운 겨울이 되어서야 소나무와 잣나무의 잎이 변하지 않음을 안다.'[5]

과거는 생전에 누린 부귀영화가 천도와는 상관없음을 보여준다. 인간에게는 천도를 따르지 않을 자유의지가 있다. 그런데도 왜 공자는 굳이 천도를 따르는 삶을 살겠다고 했을까? 종이가 발명되기 이전의 중국에는 대나무의 청피靑皮에 사실史實을 기록한 데서 유래한 청사靑史

---

5   사마천, 『사기 열전』, 옌볜인민출판사 고적연구소 엮고 옮김, 서해문집, 2006, 18쪽.

의 전통이 있었다. 청사는 과거 사건이나 인물에 대하여 옳고 그름이나 선악을 판단하는 포폄褒貶의 기능을 했다. 특히 공자의 『춘추』가 포폄의 전범으로 여겨지면서 '춘추필법春秋筆法'은 동아시아 역사 서술의 원칙이 되었다. 사마천은 이 춘추필법의 계승자를 자처하며 『사기』를 집필했다. 통치자들이 가장 두려워한 것은 춘추필법에 의한 역사의 심판이었고, 이에 따라 사후 기록될 역사는 그들에게 '숨은 신Verborgener Gott'에 대한 경외심을 갖게 하는 효과를 발휘했다. 이 역사 종교에 입각해서 사마천은 실재로서 과거와 당위로서 천도가 일치하지 않는 모순을 춘추필법으로 교정하는 사명을 띤 역사가의 표상이 되었다.

동아시아 역사 종교를 가장 모범적으로 구현한 왕조 국가가 조선이다. 조선왕조가 5백 년 넘게 존속한 생명력은 임진왜란과 같은 국난 속에서도 『조선왕조실록』을 지켜내고 실록 편찬을 멈추지 않았던 투철한 역사 정신에서 유래한 것이다. 『조선왕조실록』은 조정의 일을 기록하는 단순한 연대기를 넘어 왕과 신하 그리고 백성으로서 현존재의 존재 방식을 규정하는 '숨은 신'으로 작동했다. 사관을 제외하고는 왕은 물론 어느 누구도 볼 수 없다는 것이 신격화의 효과를 낳았다. 후대에 남는 것은 자신에 관한 『조선왕조실록』의 기록이라는 점에서 조선의 왕들은 역사에 대한 경외심을 가졌다. 역사는 볼 수는 없지만 엄연히 존재해서 자신의 삶을 규제하는 종교의 역할을 했다. 따라서 연산군이 실록을 보는 신성모독을 범하고 사화史禍를 일으키자 반정反正이 일어난 것이다.

전환과 전환의 사학사

전통 시대 역사는 삶과 정치에 교훈을 주는 도덕으로 기능했다. 그런데 근대에 이르러 역사가 과학의 한 분과로 정립되기 위해서는 도덕 담론에서 탈피해 과거에 대한 객관적 지식을 연구하는 학문으로 변모할 필요가 있었다.

역사의 탈도덕화를 위한 근대 역사학은 독일의 역사가 레오폴트 폰 랑케의 명언 "역사가의 임무는 그것이 본래 어떠했는가를 단지 보여주는 것이다"[6]를 모토로 정립되었다. 랑케에 따르면 역사학에서 진리란 과거 사실과 일치된 역사 서술을 뜻하며, 이것이 실증 사학의 공리가 되었다. 랑케는 국가의 본질을 과거로부터 해명하는 것이 역사의 과제라 보고,[7] 정치사에 입각해 역사학의 첫번째 과학 모델을 정립했다. 그렇게 생겨난 정치사라는 줄기는 20세기에 접어들면서 사회사라는 곁가지로 분화, 성장하여 20세기 후반까지 전성기를 구가했다. 정치에서 사회

---

6 Leopold von Ranke, *Sämtliche Werke*, Bd. 33/34, Leipzig, 1885, pp. 1867~1890.

로 역사학의 기본 범주가 바뀌던 20세기에는 사건 대 구조, 곧 정치적 사건 대 경제와 사회구조라는 구도에서 후자가 인간 삶의 토대를 이룬다는 사고의 전환이 있었다.

한편 과거 실재를 재현하는 것이 역사라면 재현의 근거가 객관적 사실인가, 역사가의 주관적 관점인가에 따라 실증 사학과 현재주의로 대변되는 두 이론으로 역사학이 갈라졌다. 따라서 사실과 관점, 객관성과 주관성 사이 간극을 통합하는 새로운 인식 방법론을 모색하는 것이 인문학과 과학을 포괄하는 20세기 학문 일반에서 최대 과제로 여겨졌다. 인간이 관찰하는 것은 사실fact이 아니라 사건event이라는 인식 전환이 현대 물리학을 필두로 자연과학에서 일어났다.

학문의 공진화로 인문학에 새바람을 일으킨 주도적 경향성이 '언어적 전환linguistic turn'이다. 마르틴 하이데거가 "언어는 존재의 집"이라 말했다면, 그 말을 학문의 공리로 확립한 철학자는 비트겐슈타인이었다. 비트겐슈타인은 생전에 아주 짧은 명제들만으로 구성된 『논리철학논고』만을 출간했다. 그 책의 첫 문장은 "1. 세계는 일어나는 모든 것이다"라는 명제다. 세계는 일어난 사건들의

7   Leopold von Ranke, "Über die Verwandtschaft und den Unterschied der Historie und der Politik. Eine Rede zum Antritt der ordentlichen Professor an der Universität zu Berlin im Jahre 1836," *Über das Studium der Geschichte*, W. Hartdtwig(ed.), München, 1990, pp. 55~56.

174

집합으로 이뤄져 있기에, 그다음으로 "세계는 사실들의 총합이지, 사물들의 총합이 아니다"[8]라는 명제가 도출되었다. 사실이란 결국 일어난 사건들의 집합이라면, 우리는 사건들을 오직 언어를 매개로 해서만 사실로 인식할 수 있다. 따라서 우리 인식의 한계는 곧 언어의 한계라는 비트겐슈타인의 명제가 언어적 전환이라는, 20세기 인문학을 지배한 학문 경향성이었다.

역사학은 본래 과거 실재가 어떠했는지를 재현하는 학문이었다. 그런데 언어적 전환은 역사학의 근본 문제를 '그것이 본래 어떠했는가?'가 아니라 '그것을 어떻게 재현할 수 있는가?'로 삼는 인식론적 전환을 가져왔고, 그 영향으로 신문화사라는 새로운 역사 서술이 등장했다. 이 인식론적 전환은 근대 역사학 모델을 해체하는 '이야기체 역사'의 부활을 넘어 왜, 무엇을 위해 역사를 연구하고 서술하는가에 대한 메타-역사meta-history 문제를 제기했다.

언어적 전환의 세례를 받은 신문화사는 역사의 탐구 중심을 사실에서 의미로 바꾸었다. 이제는 신문화사의 고전이 된 단턴의 『고양이 대학살』은 집필 목적이 프랑스혁명의 기원에 관하여 무언가를 말하는 데 있지 않았다. 그것은 "역사의 더 광범위한 영역에서 고양이 대학살이 상징하는 것이 무엇인가를 설명하는 것이 아니라 당시

8 Ludwig Wittgenstein, *Tractatus Logico-Philosophicus*, C. K. Ogden(trans.), Harcourt Brace & Company, 1922, p. 25.

고양이 대학살을 자행했던 사람들에게 그것의 의미가 무엇인가를 설명하는 것"[9]에 초점이 맞춰졌다.

사실에서 의미로의 중심 이동은 혁명을 기획하던 거대 담론이 종말을 고한 포스트모던 시대정신을 반영한 것이다. 거대 담론에 내재한 역사의 정답이 폐기되면서, '역사란 무엇인가?'에 대한 답을 '아래로부터' '작은 것으로부터' 찾아보려는 시도로 일상사와 미시사가 등장했다. 인간이 결국 문화로 총칭되는, 자기 자신이 짠 의미의 거미줄에 매달려 있는 존재라면 변화의 가능성은 의미의 거미줄을 해체해 재구성하는 데 있다고 본 것이다. 이 믿음은 일상사, 미시사뿐만 아니라 페미니즘 역사학, 포스트식민주의 역사학 등을 낳았다. 사실로부터 의미로의 전환은 '누구의 역사인가?' '어디의 역사인가?' '무엇의 역사인가?' 같은 역사학의 근본 문제들을 제기했고, 그와 함께 객관성이란 '고귀한 꿈'은 깨졌다.

인간 위치 재설정을 위한 새로운 문명사

근대 역사학 모델이 깨져나가는 과정 속에서 비판의 최종 대상은 유럽 중심주의로 수렴했다. 하지만 "유럽 중

9   사라 마자, 『역사에 대해 생각하기—오늘날 역사학에 던지는 질문들』, 박원용 옮김, 책과함께, 2019, 260쪽.

심주의 이후에 역사학은 있는가?"[10] 역사학이 이렇게 자기모순적 딜레마에 빠져 있는 사이 세상은 디지털 과학기술을 통해 초가속으로 변했다. 역사학은 좀더 미세해지고 세분화해간 데 반해, 인류의 삶은 그야말로 지구촌사회에 사는 것처럼 좁아지고 긴밀해졌다. 전 세계가 하나의 네트워크로 연결되고 삶의 방식이 통합되면서 죽은 줄 알았던 거대 담론이 '세계화'란 주문과 함께 부활했다. 중국의 부상으로 유럽 중심주의 담론은 실효성을 잃고, 글로벌 가치 사슬에 어떤 식으로든 엮여야 살아남고 번영하는 세상이 도래한 듯 보였다. 그런 거대한 사슬을 깬 것은, 계급도 특정 강대국도 아닌 질병이었다.

코로나19 팬데믹으로 인해 2020년부터 지금까지 인류는 전례 없는 일들을 겪었다. 도시화와 세계화라는 문명사의 방향이 일순간에 역전되는 현상이 벌어졌다. 코로나19 팬데믹은 근대 문명 이래 성립된 인간과 자연의 관계 문법을 변형하지 않고는 인류 생존이 위험하다는 경종을 울렸다. 포스트코로나post-corona 시대 지구에서 인간의 위치를 재설정할 필요성이 대두했다. 그렇다면 그같은 문명사적 문제에 답을 줄 수 있는 집단 학습으로서 역사란 무엇인가?

---

10 Arif Dirlik, "Is There History after Eurocentrism?: Globalism, Postcolonialism, and the Disavowal of History," *Cultural Critique* 42, 1999, pp. 1~34.

10장
포스트코로나 시대, 역사란 무엇인가

포스트코로나의 세 가지 의미

2020년 이후 인류는 코로나19 팬데믹이 감옥처럼 드리운 긴 터널에 오랫동안 갇혀 있다. 터널 속이라 보이지 않는다고 해서 기차가 가지 않는 것은 아니듯, 팬데믹이 점령한 세상에서도 문명은 오히려 더 빠른 속도로 달렸다. 맥킨지는 "코로나 사태가 시작되고 8주 만에 비즈니스의 디지털 변환이 5년 앞당겨졌다"라는 보고서를 발표했다.[1] 팬데믹이 현실 공간을 점령하면서, 논란이던 4차 산업혁명의 미래가 성큼 다가와 이전 세계로는 되돌아갈 수 없는 '초가속Hyper-Acceleration' 시대가 열렸다.

[1] McKinsey, "How COVID-19 has pushed companies over the technology tipping point—and transformed business forever." 2020. 10. 5.

초가속 시대에는 과거의 비정상이 새로운 정상, '뉴노멀'로 자리 잡으며 문명의 패러다임 자체가 바뀐다. 바이러스의 공습이 이번 한 번으로 끝나지 않고 계속 이어진다는 것은 분명해졌다. 인류가 문명을 방향 전환하지 않는다면 또 다른 굴속에 빠져서 결국에는 파국을 맞이할 수 있다.

약 20~30만 년 전에 출현한 호모 사피엔스에게는 수많은 시련과 위기가 있었다. 하라리는 이 유약한 유인원이 최상위 포식자로 도약한 것은 약 7만 년 전 허구 서사를 발명하는 인지 혁명 덕분이라고 설명했다. 현실 세계를 초월해 상상의 나래를 펼치는 인간의 특이성은, 아무리 어려운 문제에 직면하더라도 포기하지 않으며 꿈을 현실로 이뤄나가는 것을 자신의 존재 의미로 규정하는 삶을 영위하게 만들었다.

인간은 팬데믹이 점령한 현실의 감옥에 갇혀 있으면서도, 그로부터 해방된 이후의 세상을 미래의 청사진으로 그려내려 했다. 그 기획의 일환으로 새롭게 등장한 용어가 포스트코로나다. 시간상 '후' '다음'을 뜻하는 라틴어 접두사 '포스트post'가 붙어 만들어진 이 용어가 함축하는 의미는 코로나19 팬데믹 이전과 이후의 세상이 다르다는 것이다. 어떻게 다를 것인가? 이 용어가 무엇의 다음을 가리키느냐에 따라 답은 세 가지로 구분된다.

근대 이후의 인류 역사는 전 지구적인 범위로 시간은 압축하고, 공간은 확장하는 세계화를 향해 나아갔다. 코로나19 팬데믹의 급습은 이런 세계화의 역사를 중단시켰다. 헨리 키신저는 코로나19 팬데믹의 결과로, 마치 고대 로마제국의 원거리 무역이 쇠퇴하고 중세 봉건사회의 자급자족 농업경제로 후퇴한 것과 같은 역사의 반동을 낳을 수 있다고 우려했다. 실제로 국경 밖으로 나가는 육지와 바다 그리고 하늘의 길이 봉쇄되면서 자유무역이 급속히 쇠퇴하고, 미국과 유럽에서는 감염병의 진원지로 중국을 지목하여 아시아인들을 혐오하고 희생양으로 삼는, 중세 마녀사냥과 같은 야만적 행동이 나타났다.

하지만 과거와 현재 인간이 시간과 공간을 지배하는 방식은 다르다는 조건에서, 위기를 기회로 전환하는 돌파구 또한 마련됐다. 글로벌 가치 사슬로 연결된 세계화는 팬데믹으로 인해 단절되었지만, 인터넷 연결망을 통한 세계화는 초가속의 변화를 이끌었다. 그러면서 인간 삶의 주요한 활동이 현실이 아닌 가상에서 이뤄지는 경향성이 증대했다. 현실에서보다는 가상공간에서 활동하는 시간이 더 길어지는 특이점을 지나면서, 메타버스metaverse라 일컬어지는 새로운 세상이 창조되는 '디지털 빅뱅'이 일어났다.

코로나19 팬데믹은 우발적인 자연 재앙이 아니라 농업혁명 이래로 오랜 인간 활동이 축적돼 낳은 소산이다. 그렇기에 그것은 인류에게 충격적으로 일어난 사건의 의미를 넘어 사회구조적 변동을 일으키는 계기를 마련함으로써, 시대를 바꾸는 티핑 포인트tipping point로 작용했다. 모턴 그로진스Morton Grodzins가 1957년 '화이트 플라이트' 연구에서 처음 사용한 용어인 티핑 포인트는 어떤 변화가 서서히 진행되다, 작은 요인으로 한순간 폭발하는 현상을 지칭한다. 미국의 칼럼니스트 토머스 프리드먼이 썼듯, 팬데믹은 인류 역사를 B.C.(Before Corona)와 A.C.(After Corona)로 구분할 정도의 변혁을 일으켰다.[2]

이때 코로나19 팬데믹과 비교 대상이 되는 것이 14세기 중반 유럽을 휩쓴 흑사병이다. 중세 유럽을 암흑기로 보는 시대적 표상은 무엇보다 흑사병이 불러온 재앙에 의해 형성됐다.[3] 흑사병으로 당시 유럽 인구의 3분의 1이 목숨을 잃었다. 14세기 죽음의 일상화는 '죽음의 춤danse macabre'을 탄생시켰다.[4] 기독교 신앙으로 해소할 수 없

---

2   Thomas L. Friedman, "Our New Historical Divide: B.C. and A.C.— the World Before Corona and the World After," *New York Times*, 2020. 3. 17.

3   존 켈리, 『흑사병시대의 재구성―인류 역사상 가장 참혹했던 시대의 내밀한 이야기』, 이종인 옮김, 소소, 2006.

4   울리 분덜리히, 『메멘토 모리의 세계―'죽음의 춤'을 통해 본 인간의 삶과 죽음』, 김종수 옮김, 길, 2008.

는 삶의 덧없음, 모두에게 공평하게 찾아오는 죽음의 평등성은 교회와 사제의 권위를 추락시키고 현세주의 세계관을 퍼뜨렸다. 그 시대상을 풍경화처럼 묘사한 문학작품이 보카치오의 『데카메론』이다. 피렌체에 창궐한 흑사병을 피해 시골로 도피한 열 명의 남녀가 각자 펼치는 100편의 이야기에는 교회를 향한 조소와 풍자는 물론, 죽음에 대항해 삶의 쾌락을 추구하는 성애가 적나라하게 표현됐다. 중세의 기독교 질서가 붕괴하는 위기 속에, 역설적으로 르네상스라는 새로운 문명의 꽃이 이탈리아에서 만개할 수 있었다.

인구 감소는 살아남은 농민들에 대해 임금과 더불어 사회적 위치를 높여주었다. 18세기까지 이어진 유럽의 인구 감소는 임금을 지속적으로 높여, 기계화를 추구하는 산업혁명이 영국에서 일어나는 계기를 형성했다. 14세기 유럽에서 흑사병이 창궐했기 때문에 중세 봉건 질서가 붕괴하고 근대 자본주의가 탄생했다고 인과관계로 엮는 것은 무리한 주장일지 모르지만, 감염병이 중세 질서를 붕괴시키는 결정적 계기로 작용한 것만은 분명하다. 그렇다면 중세 문명을 종식시키는 데 기여했던 14세기 흑사병처럼, 21세기 코로나19 팬데믹은 근대 문명의 패러다임을 바꾸는 전환점이 될 것인가?

　포스트코로나 시대 인류는 코로나19 팬데믹에 응전할 수 있는 근대 문명 이후의 전환을 해야 하는 과제에 직면해 있다. 모든 종말은 새로운 시작의 기회다. "죽음은 삶이 발명한 최상의 발명품"이라는 스티브 잡스의 말처럼, 종말이 일어나야 새로운 것이 나올 수 있다. 그래서 탄생한 시대가 르네상스다. 르네상스의 기표는 '고대의 부활'이지만, 기의는 '근대의 여명'이다. 고대를 뒤돌아보면서 근대로 향하는 르네상스의 야누스의 얼굴을 네덜란드의 문화사학자 하위징아는 "중세의 가을"이라고 표현했다. 16세기, 가깝게는 18세기 이후 세계를 지배해온 것은 서구 근대 문명이다. 포스트코로나 시대란 그 서구 근대 문명에 가을이 도래했다는 징조일 수 있다.

　서구 근대 문명에 핵심을 표현하는 말이 칸트가 명명했던 코페르니쿠스적 전환이다. 천동설에서 지동설로의 세계관 변동과 함께 인간은 세상 만물에 대한 지식을 구성하는 주체로 부상했다. 그런 주체의 탄생을 통해 계몽되어, 종교적 신앙이 아니라 합리적 이성에 근거해 자연을 이해하고 사회를 재구성해야 한다고 믿는 근대가 도래했다. 신을 정점으로 한 '존재의 대사슬great chain of being'이 해체되고, 인간의 관점으로 사물의 질서를 구성하는 인본주의가 인간과 세계에 대한 의미를 부여한 시대였다.

　지구에서 환경의 지배를 받고 살던 인류는 인류세에 환경을 바꾸는 행위자의 위치로 부상하며 정점에 도달한 동시에 중대한 위기에 직면했다. 46억 년 지구 역사 속 진화의 대서사시는 대멸종의 연대기로 점철된다. 지금 존재하는 생명체는 이전의 99.99퍼센트가 멸종하고 남은 0.01퍼센트이고, 그 가운데 한 종이 현생인류다. 코로나19 팬데믹은 여섯번째 대멸종이 본격화하고 있다는 징후로 읽힌다. 그 구조적 원인이 지구온난화에 있다는 것은 공인된 사실이다. 따라서 포스트코로나 문명으로의 전환은, 문명의 지속 가능성은 물론 인류 생존의 위기와 연관된다는 점에서 심각한 문제가 아닐 수 없다. 여기서 물어야 한다. 포스트코로나 시대에 역사란 무엇인가?

　인간 삶은 시간과 공간 속에 존재하는 것을 전제로 성립한다. 인간만이 지구에서 유일하게 시간과 공간 속에 존재하는 것은 아니다. 그런데 인간은 시간과 공간의 측정 방법을 고안해 둘을 설계하고 조합하는 삶의 방식을 전개했다. 문명은 이런 인간 특유의 활동으로 건설된 것을 총체적으로 지칭하는 용어다. 르 고프에 따르면 문명은 인간이 "시간과 공간을 어떻게 다스리느냐에 의해 정의된다."[5] 우리는 코로나19 팬데믹에 대처하는 가운데 시

5　자크 르 고프·장-모리스 드 몽트르미, 『중세를 찾아서』, 최애리 옮김, 해나무, 2005, 183쪽.

간과 공간을 다스리는 방식의 급격한 변화를 추진했고, 그로 인한 초가속이 포스트코로나 문명 전환을 야기했다.

역사란 인간이 과거의 사례를 참조해 미래로 나아갈 길을 모색하는 집단 학습으로, 시간의 사용법을 함축한다. 그런데 코로나19 팬데믹이 발생시킨 문제들에 대한 해결책을, 과거 인류가 전염병을 겪으며 얻은 집단 기억에서 구할 수 있는가? 이에 대해 재러드 다이아몬드는 『한겨레』와의 인터뷰에서 다음과 같이 답했다. "제 답은 언제나 '예스, 앤드 노'입니다."[6] 전염병의 역사에 비추어 볼 때, '이 또한 지나간다'라는 것은 의심할 여지가 별로 없어 보인다. 이 터널을 어떻게 견디며 지나갈 것인가를 배우는 집단 학습에 역사학이 기여할 바가 많기 때문에 다이아몬드는 '예스'라고 답한 것이다.

20세기 최악의 팬데믹인 1918년 스페인 독감은 코로나19 팬데믹의 거울로 삼을 만한 과거의 사례로 자주 언급된다. 스페인 독감은 전 세계 인구의 약 3분의 1을 감염시키면서 그 가운데 약 5,000만 명을 사망에 이르게 했다. 그에 비하면 코로나19 팬데믹의 피해는 훨씬 덜 심각하다. 1918년보다 훨씬 늘어난 인구와 세계화로 인해, 중국 우한에서 처음 보고된 지 불과 몇 달 만에 전 세계적 유행병으로 확산되었다. 하지만 2020년부터 현재까지

---

6   「『총, 균, 쇠』 저자 "2050년, 우리 문명은 이제 30년 남았다"」, 『한겨레』, 2021. 7. 22.

발생한 사망자 수는 스페인 독감의 10분의 1 수준에 불과하다. 1918년 스페인 독감에 관한 집단 기억의 유용성은, 무엇보다 인류가 코로나19 팬데믹에서 해방되는 날은 집단면역을 형성할 때에야 온다는 사실을 알려준다는 데 있다. 1918년 이후에도 스페인 독감은 40년간 겨울 독감으로 재유행하면서, 1928년과 1934년에는 1,000만 명 이상의 사망자를 낳았다. 독감 바이러스의 유전자 변이는 여전히 발생해 매년 겨울이 다가오면 많은 사람들이 독감 예방주사를 맞는다. 즉 '위드 독감'이 가능한 것은, 우리에게 집단면역이 생겨나서 독감이 더 이상 치명적인 질병이 아니게 됐기 때문이다.

블랙스완과 경험의 함정

경험은 중요하다. 경험을 통한 배움이 없었다면, 키케로 말대로 인류는 원시시대를 반복해 사는 데서 벗어나지 못했을 것이다. 하지만 경험에는 치명적인 한계가 있다. 이에 대해 행동의사결정학의 창시자이자 인지심리학자 힐렐 아인혼은 다음과 같은 질문을 제기했다. "우리가 경험에서 배울 수 있다고 믿는다면, 경험에서 배울 수 없다는 사실 또한 깨달을 수 있지 않은가?"[7] 전례 없는 일이 자주 발생하는 우리 시대에는 경험의 빛보다는 그림자가 더 많이 부각된다.

그에 대한 통찰로 부상한 용어가 '블랙스완black swan' 이다. 이 말은 나심 니콜라스 탈레브가 서브프라임 모기지 사태 1년 전인 2007년 금융 위기를 예측하며 월가의 허상을 통렬히 비판하는 책 제목으로 사용되면서 학문적 용어로 자리 잡았다.[8] 인식을 지배하는 것은 개념이다. 백조라는 개념이 '검은 백조'의 존재를 무시하게 만든다. 이런 개념의 한계를 반성하게 해주는 개념이 탈레브가 제안하는 '블랙스완'이다.

예측 불가능한 사건일수록 파장과 충격은 크다. 2022년 우크라이나 전쟁이 일어나기 전의 우리는 "전쟁은 일어나지 않는다는 착각"[9] 속에 있었고, 실제로 전쟁이 일어난 후에도 단기간에 끝날 것이라 예상했다. 그러다 우크라이나 전쟁이 세계사의 지각변동을 일으켰다. 그동안 우리는 핵무기가 전쟁을 막는 평화의 인질이라고 생각했다. 핵무기가 역설적으로 강대국 사이에 전쟁을 막아주는 방패 역할을 한다고 믿었다. 하지만 우크라이나 전쟁은 이제 핵전쟁도 일어날 수 있음을 가정하고 국제정치 전략을 수립해야만 한다는 사실을 깨우쳐주었다. 그런 의미에

---

7   로빈 M. 호가스·엠레 소이야르, 『경험의 함정―빠르게 변화하는 시대에 경험은 왜 강점이 아닌 약점이 되는가』, 정수영 옮김, 사이, 2021, 31쪽.

8   나심 니콜라스 탈레브, 『블랙스완―위험 가득한 세상에서 안전하게 살아남기』, 차익종·김현구 옮김, 동녘사이언스, 2018.

9   이진우, 『전쟁은 일어나지 않는다는 착각』, 휴머니스트, 2022.

서 우크라이나 전쟁은 제2차 세계대전 이후 수립된 전쟁 개념을 바꾼 전쟁사의 블랙스완으로 기록될 전망이다.

이제 중요한 문제는 개념 밖의 현실을 어떻게 재인식하느냐다. 모든 일에는 기원이 있다. 시작은 미미하지만 그것이 연쇄반응을 일으켜 나중에는 엄청난 사건으로 발발한다. 그런 사건의 인과관계 구성에서 미미한 시작을 일컫는 용어가 나비효과라면, 블랙스완은 그 결과를 지칭한다. 블랙스완은 어느 날 갑자기 등장하지 않는다. 그것이 발생하기 이전에 수많은 경고와 사인을 보내지만, "과거의 경험으로 확인할 수 없는 기대 영역 바깥쪽의 관측값"[10]으로 나타나기에 감지하지 못한다.

코로나19 팬데믹은 나비효과와 블랙스완이 더는 비정상이거나 예외가 아닌 문명사의 상수임을 인간에게 확실히 각인시켰다. 따라서 포스트코로나 시대 인류가 지구 생활자로 계속 살아가기 위해서는 나비효과와 블랙스완을 연결해서 사고하는 인식의 패러다임 전환이 요청된다.

지도 밖으로 길을 만들며

과거의 경험에서 배울 것이 있음을 전제로 성립하는

---

10 나심 니콜라스 탈레브, 『블랙스완』, 22쪽.

역사학은 전형적으로 블랙스완의 인식론적 오류에 빠지기 쉬운 학문이다. 역사학이 추구하는 배움의 공식은 한마디로 온고지신이다. 이는 과거의 경험을 토대로 작성된 삶의 지도를 따라 현재의 우리가 나아갈 길을 찾는 방법이다. 그런데 이는 변화가 적었던 과거에는 유용했지만, 초가속으로 변하는 오늘날에는 부적합하다. 블랙스완이라는 돌연변이가 자주 출현하면 정상과 비정상 사이의 경계는 계속 흐려진다. 그런 경향성을 반영하여 코로나19 팬데믹과 함께 부상한 신조어가 뉴노멀이다. 과거의 비정상이 새로운 정상으로 자리 잡고, 정상은 비정상으로 전도되는 일들이 인간 삶 전 영역에 걸쳐 발생하면서 뉴노멀은 그야말로 포스트코로나의 시대정신으로 자리 잡았다.

지도 밖으로 길을 만들어가야 하는 시대에는, 과거의 궤적을 그린 지도가 길을 찾아주기는커녕 앞으로 나아가는 것을 막는 걸림돌이 될 수 있다. 인간이 사는 것은 결국 시간과 공간 속에서다. 인간이 그 둘을 의식적으로 구성하는 삶의 방식을 지향한 덕분에 문명을 건설할 수 있었다. 그런데 코로나19 팬데믹과 전쟁을 벌이는 사이, 인간이 시간과 공간을 구성하는 방식에 커다란 변화가 가시화되었다. 무엇보다 가상공간에서의 비대면 활동이 삶의 전반으로 확산됐다. 또 초가속의 변화가 과거와의 단절을 강화하면서 시간의 중심이 미래로 이동했다. 하지만 삶의 방식에서 그런 시공간의 변화는 코로나19 팬데믹이 등장하기 이전에 이미 우리 일상생활에서 일어나고 있었지만, 단지 우리가 의식하지 못했을 뿐이다.

그 변화의 전형이 운전 방식이다. 오늘날 대부분의 사람들은 내비게이션에 의지해 운전한다. 새로운 길을 찾아갈 때는 물론, 심지어 출퇴근길도 출발 전 내비게이션으로 경로를 검색해 도로 사정이 가장 좋은 길을 선택한다. 운전 중에도 내비게이션의 지시에 따라 경로를 바꿀 수 있다. 내비게이션은 지구 밖의 인공위성에서 내려다본 길들의 위치 정보에 관한 빅데이터를 인공지능으로 분석하여, 미래 상황의 시뮬레이션을 통해 우리에게 최적의 길을 알려준다. 빅데이터는 아날로그 데이터인 인간의 집단 기억의 총량을 2002년에 초월했고, 인공지능의 딥 러닝은 2016년 알파고의 바둑 실력으로 인간의 집단 학습을 능가했음을 입증했다. 오늘날 코로나19 감염 지수를 계산하고 방역의 기획은 전적으로 빅데이터와 인공지능에 기반한다. 바로 이런 변화가, 우리가 역사에서 배울 수는 있어도 현안에 대한 해결책을 찾기는 어렵다고 다이아몬드가 말한 이유다.

역사란 과거에 대한 집단 기억을 교과서로 삼는 집단 학습을 의미한다. 인간의 모든 학습은 기억을 토대로 이뤄진다. 자의식도 기억을 근거로 발현된다. 기억은 자기 정체성을 형성할 뿐만 아니라 현재의 문제를 해결하고 미래 행동을 선택하는 학습 자료가 된다는 점에서 중요하다. 과거 삶의 기억 총량과 학습 역량을 개인의 차원을 넘어서 인류 전체로 확대할 수 있게 만들어준 지적 자산을 대표하는 것이 역사다.

역사란 과거 인간이 살아온 집단적 삶의 기억을 이야기로 편집하여 집대성한 아날로그 데이터다. 그것은 오랫동안 삶의 지도로서 유용했다. 하지만 삶의 지도로 역사가 제공하는 데이터가 가진 한계는, 그것이 대부분 인간 기억을 중심으로 모은 주관적 정보라는 점에 있다. 하지만 포스트코로나 시대에 인간 집단 기억의 데이터만으로는 팬데믹과의 싸움에서 살아남을 수 없다. 인간중심적으로 집단 기억을 축적하는 지식 체계로서 역사학의 한계 지점에 봉착한 것이다. 포스트코로나 시대에 역사 인식의 지평을 자연의 거시와 미시 영역으로 확장하지 않는다면, 문명이 더 이상 지속 가능하지 않다는 것은 분명해졌다. 요컨대 집단 기억과 집단 학습을 하는 역사의 인식 범주를 인간 사회 밖과 인간 이외의 다른 존재로 확대할 필요성이 생겨났다. 그 사실을 직접적이며 명확하게 깨우쳐준 것이 질병의 역사다.

역사의 자연사로의 확대

기생 관계, 혹은 운명 공동체

인류 문명사는 질병의 역사다. 인간이 동물과 같은 생활공간에 거주하게 된 농업혁명 이래로 1,400여 종의 인수공통감염병이 발생했고, 이로 인해 지금까지 지구상에 살았을 것으로 추정되는 사람의 총수인 500억 명 가운데 절반 이상이 희생당한 것으로 여겨진다.[1] 실제로 질병이 인류 역사를 바꾼 사례는 여러 번 있었다. 하지만 역사가들은 이를 우연히 발생한 예외적 사건으로 보고, 역사학적 설명을 시도하지 않았다.

'전염병의 역사'라는 새로운 영역을 개척해 이 문제를 극복한 선구자가 윌리엄 맥닐이다. 그는 "다양하게 변화

---

1   박한선·구형찬, 『감염병 인류』, 창비, 2021.

하는 전염병의 유행이 고대에서 오늘에 이르기까지 인간 세계의 각종 사건에 얼마나 영향을 끼쳐왔는지 알아봄으로써 전염병의 역사를 역사학적인 설명의 장으로 끌어들이는 데 있다"[2]라는 문제의식으로 『전염병과 인류의 역사』를 썼다. 맥닐의 책은 전염병을 정식으로 '현재와 과거의 대화'의 장 안에 들여왔다는 의미를 갖는다. 하지만 전염병 자체가 대화의 상대자로 초청된 것은 아니었다. 맥닐은 전염병에 대해 "인간이 삶을 영위해오면서 이 세상에 계속되어온 배경음악과 같은 것"[3]임을 보여주는 데 중점을 뒀기에, 병원체가 어떻게 해서 인간 세계에 개입하게 됐는지에 대해서는 다루지 않았다.

전염병이 역사의 전면에 등장하려면 먼저 그 실체부터 규명되어야 한다. 인간이 발병 원인을 알게 된 것은 과학적 연구 덕분이다. 이 연구 성과를 반영해 전염병contagious disease 대신 감염병infectious disease이란 용어가 공식적으로 사용되기에 이르렀다. 전염병은 사람과 사람 사이에 직간접적으로 전파·확산되는 질병을 뜻한다. 반면 감염병은 곰팡이, 세균, 바이러스 같은 병원체가 사람의 피부나 점막, 체액 등에 침입해 개체 수를 늘려가면서 발생한 질병을 가리킨다. '전염'이 사람과 사람 사이에서 일어나는 현상만을 뜻한다면, '감염'은 사람과 병원체와의

---

2   윌리엄 맥닐, 『전염병과 인류의 역사』, 허정 옮김, 한울, 1998, 18쪽.
3   같은 책, 28쪽.

관계로 인식을 확장시켜준다.

'전염병의 역사'에서는 질병을 일으키는 주인공인 병원체의 모습이 드러나지 않는다. 전염병은 질병을 거시 세계 차원에서 관찰한 것에만 근거한다. 망원경과 현미경의 발명은 거시 세계와 미시 세계에 대한 인간 인식의 혁명적 확장을 이끌며 과학혁명을 일으켰다. 갈릴레오는 망원경으로 목성의 위성들을 관측해 지구가 우주의 중심이 아니라는 것을 증명했고, 현미경은 인간의 눈으로 미시 세계를 볼 수 있게 해줌으로써 생물학과 의학을 발전시킨 일대 혁명이었다.

물질의 기본 단위가 원자라면, 생명의 원자에 해당하는 것은 세포다. 생명의 구조적 기본 단위로서 세포의 발견은 미시 세계에서 작동하는 생명의 원리를 이해할 수 있게 해주었다. 유기체의 생명 활동은 세포를 기본 구조로 성립한다. 독일의 병리학자 루돌프 피르호Rudolf Virchow는 질병을 세포 단위에서 접근함으로써 세포병리학 분야를 열었다. 그는 1858년 다음과 같이 썼다. "모든 동물은 생명 단위의 합처럼 보이며, 그 단위 하나하나는 그 자체로 생명의 특징들을 온전히 다 지니고 있다."[4] 삶은 세포의 활동으로 유지되고, 새로운 세포는 이미 존재하는 세포의 분열을 통해서만 생겨난다. "모든 세포는 세

---

4   폴 너스, 『생명이란 무엇인가 ─ 5단계로 이해하는 생물학』, 이한음 옮김, 까치, 2021, 22쪽에서 재인용.

포에서 나온다"라는 것이 피르호가 정립한 명제다. 모든 생물의 성장과 발달은 세포분열을 토대로 이뤄진다. 암을 포함한 대부분의 질병이 세포 기능에 이상이 생겨서 나타나는 현상임을 알아낸 것은 의학 발달에 획기적 전기를 마련했다.

맥닐은 미시 기생과 거시 기생의 양 측면을 고찰해야 한다고 지적한다. 인체에는 수많은 세균과 바이러스가 있다. 최근 연구에 따르면 인간의 세포는 모두 30조 개 정도이지만, 인체에 기생하는 미생물은 그보다 많은 100조 마리에 이른다. 그 가운데 절대 다수를 차지하는 세균은 인간의 생존과 건강에 필수적인 역할을 한다. 한편 바이러스는 독자적으로는 생존하지 못하고 숙주에 기생해야 유전자를 복제할 수 있는 생명과 물질의 중간 존재로 분류된다. 코로나19도 코로나바이러스가 인간의 세포에 침투해 생겨난 감염병이다. 이 신종 코로나바이러스는 사향고양이, 박쥐, 낙타와 같은 중간 숙주를 거쳐 인간에게 전파된 것으로 알려졌다. 자연 생태계에는 각 생물 종마다 생존에 적합한 서식지가 있는데, 생태계와 인간 세계의 경계가 무너지면서 코로나바이러스가 인간 세계로 들어온 것이다. 이 경로를 파악하려면 맥닐의 지적을 따를 필요가 있다.

우리 몸은 여러 미생물이 모여 사는 장소이지만, 세포에도 이미 미생물이 들어와 있다. 인간 세포 내에는 미토콘드리아라는 세포 소기관이 있다. 미토콘드리아는 원래 우리 조상이 되는 생물의 몸 밖에 있었던 세균이었으나, 세포 안으로 들어와 공생하게 되었다. 우리가 섭취한 음식물이 소화되어 포도당으로 바뀌면, 산소를 이용해 포도당을 연소시켜 에너지로 전환하는 호흡 과정에서 결정적인 역할을 하는 소기관이 미토콘드리아다. 미토콘드리아가 없다면 사람은 살 수 없다. 미토콘드리아 역시 우리 세포 안에서 유지되고 있다. 그렇다면 인간과 미토콘드리아 가운데 누가 누구에게 기생한다고 말할 수 있는가? 둘은 서로 절대적으로 필요한 공생 관계를 맺는 운명 공동체다.

인류 문명사는 감염의 역사

동물은 생존을 위해 외부의 다른 동식물을 음식으로 섭취해야 한다. "어떤 생명체의 입장에서 먹이를 획득하려는 노력은 숙주의 입장에서 보면 좋지 않은 일종의 감염이나 질병을 의미할 수 있다."[5] 에너지원을 확보할 목적으로 숙주를 약탈하는 거시 기생은 미시 기생을 동반한다는 것이 생태계의 질서다. 즉 생태계에 거시 기생한

---

5   폴 너스, 『생명이란 무엇인가』, 19쪽.

다는 것은 보이지 않는 존재가 우리 몸에 침투하는 미시 기생을 필연적으로 동반한다는 점이, 인류가 감염병에서 벗어날 수 없는 구조적 요인이다. 같은 맥락에서 지구 전역으로 이주한 인류의 문명사는 거시 기생자로서 역할을 확대하는 과정이었다고도 볼 수 있다. 인류가 이처럼 문명과 감염병을 동전의 양면으로 삼아 살기 시작한 결정적 계기는 농업혁명에 있었다.

약 1만 2,000년 전 마지막 빙하기가 끝나면서 지구 기온이 상승하자, 해수면 또한 높아지고 식물이 살 수 있는 지역이 확장되었다. 인류에게는 야생식물을 재배하고 야생동물을 길들이는 농경 생활의 조건이 마련된 셈이었다. 인류가 열대우림 지역 밖에서도 영양이 풍부한 식용 식물을 얻을 수 있게 되면서, 온대 지역에서 정착 생활을 하는 문명이 발생했다.[6] 식물을 곡물로 재배하고 동물을 가축으로 길들이는 농업혁명을 통해 인간은 자연을 인간 생존에 유리한 에너지원으로 변환시키는, 문화를 지닌 생명체로 변모했다. 그렇게 해서 인위적으로 창조된 삶의 공간이 '도무스domus'다. "도무스는 경작지, 씨앗과 곡식 저장고, 사람들과 사육되는 동물들이 전례 없이 한곳에 집중화된 독특한 장소였다. 이 모두가 한곳에 모여 공진화하면서 이전에 누구도 예상하지 못했던 결과들을 낳았

---

6   한스외르크 퀴스터, 『곡물의 역사 ― 최초의 경작지에서부터 현대의 슈퍼마켓까지』, 송소민 옮김, 서해문집, 2016.

다."[7]

도무스에서 일어나는 공진화는 자연선택이 아니라 '길들이기domestication'를 통한 인위선택이었다. 이는 동물의 경우 개, 양, 염소, 돼지, 소, 고양이, 말, 낙타, 닭, 오리 등의 순서로 진행됐다. 그와 함께 각 동물에 미시 기생했던 병원체가 인간을 숙주로 서식지를 확장하면서 인수공통감염병이 나타났다. 인수공통감염병의 종류는 대체로 공진화의 기간과 밀도에 비례한다. 병원체의 입장에서 보면 지구상에서 가장 멀리, 빠르게 이동하는 인간보다 그들 유전자를 확장시키기에 더 좋은 숙주는 없다. 처음에는 엔데믹(풍토병) 규모이던 인수공통감염병이 에피데믹(지역 전염병)으로, 다시 팬데믹으로 세력을 확장할 수 있었던 것은, 병원체 자체의 활동력이 강했다기보다는 인류가 거시 기생의 영역을 확장시킨 덕분이었다.

인간과 비인간 관계의 물질적 전환

인간이 지구 생태계의 먹이사슬에서 거시 기생을 하면서 미시 기생의 숙주로 살 수밖에 없다는 것이, 인류 문명사가 감염병의 역사를 동반할 수밖에 없는 구조적 요

---

7   제임스 C. 스콧, 『농경의 배신―길들이기, 정착생활, 국가의 기원에 관한 대항서사』, 전경훈 옮김, 책과함께, 2019, 108쪽.

인이다. 즉 포스트코로나 시대란 인류가 코로나바이러스를 퇴치한 '제로 코로나'가 아니라 '위드 코로나'를 달성할 때에야 가능한 것이다.

코로나19 팬데믹과의 싸움에서 인류 최대의 무기는 과학이다. 창과 방패로 벌이는 팬데믹과 인간 사이 전쟁의 양상도 인류와 바이러스가 벌이는 '집단 학습'의 대결로 전개될 전망이다. 인류가 문명을 포기하지 않는 한 팬데믹은 계속 출현할 것이다. 그렇기 때문에 일차적으로 감염병을 인류 역사의 변수가 아닌 상수로 보는 인식 전환부터 해야 한다. 코로나19 팬데믹에서 인류가 다시금 깨달은 것은 바이러스를 결코 박멸시킬 수 없다는 점이다. 그제야 인류는 '위드 코로나'라는 일종의 평화 협상으로 전략을 수정했다.

의사이자 사회학자 니컬러스 A. 크리스타키스는 『일리아스』에서 트로이전쟁 중 아폴론 신의 화살에 맞아 전염병으로 고통받은 아카이아인처럼 인류가 2020년 초 '신의 화살'을 맞았다고 보았다. 팬데믹이 처음 있는 일은 아니다. 하지만 우리는 전염병이 아니라 병원체에 실시간으로, 구체적으로 직접 대응한 역사상 첫 세대로 기록될 것이라고 크리스타키스는 전망했다.[8] '위드 코로나'를 정착시킬 수 있는 방법은 백신 접종을 통해 집단면역을 형성

---

8   니컬러스 A. 크리스타키스, 『신의 화살―작은 바이러스는 어떻게 우리의 모든 것을 바꿨는가』, 홍한결 옮김, 윌북, 2021, 23쪽.

하는 것이다. 백신은 이전부터 있었지만, 코로나19 팬데믹을 계기로 병원체가 아니라 그 정보를 주입하는 백신을 개발해 새로운 차원을 열었다. 화이자와 모더나 백신은 이전까지 상용화된 적 없는 '메신저 리보핵산mRNA' 방식으로 새롭게 개발되었다. mRNA 백신은 약화된 바이러스가 아니라 바이러스의 유전정보 일부를 사용해 항체 형성을 유도한다. 이 백신주사를 맞으면, 체내 세포로 유입된 유전정보가 코로나바이러스의 스파이크 단백질을 만들어낸다. 이 스파이크 단백질과 우리 몸의 면역 세포들이 서로 반응하면서 코로나바이러스에 대한 면역이 형성된다.

면역의 형성 과정은 인간과 바이러스의 생존경쟁이 아닌 공생의 길을 연다. 이 점에서 인간과 코로나바이러스의 관계는 인간과 농작물의 관계와 비슷하게 작동하는 것인지 모른다. 하라리는 농업혁명을 일컬어 인간이 자연을 길들여 주도권을 잡는 출발점이 아니라, 반대로 인간이 주식으로 삼는 특정 작물에 길들여져 매어 살기 시작했다는 불편한 진실을 은폐한 역사상 최대 사기라고 주장한 바 있다. "우리가 밀을 길들인 것이 아니다. 밀이 우리를 길들였다. '길들이다, 가축화하다'라는 뜻의 단어 'domesticate'는 '집'이라는 뜻의 라틴어 'domus'가 어원이다. 집에서 사는 존재는 누구인가? 밀이 아니다. 호모 사피엔스다."[9] 벼와 밀은 인간을 길들여서 지구상 식물 가운데 우점종이 되었다. 즉 우리가 그들을 길들인 것이 아니라 그들이 우리를 길들여서 소기의 목적을 달성한 셈이다. 또한 뇌는 고사하고 신경계조차 없는 균류인 동충하초는 개미와 같은 숙주의 신경계를 조종해 그들을 꼭두각시나 '좀비'로 만들면서 번식한다. 코로나바이러스도 마찬가지로, 변이를 통해 인간에게 '위드 코로나'로 전략을 수정하도록 유도한 것은 아닐까?

mRNA 정보를 백신으로 주입하는 행위는 인간 세포와 코로나바이러스 사이의 투쟁이 아니라 소통을 의미한다. 이는 인간이 코로나바이러스와 공생하는 힘을 키워주는 효과를 발휘한다. 숙주인 인간이 죽으면 코로나바이러스는 유전자를 퍼뜨릴 수 없다. 코로나바이러스의 입장에서는, 인간이 면역력을 키워서 그들을 받아들일 수 있을 정도로 강한 상태가 되는 것이 그들 유전자를 확산하는 데 훨씬 더 유리하다. 감염력은 높지만 숙주인 인간의 치명률은 낮아지게끔 변이하는 것이 코로나바이러스의 진화 방향이다. 한편 코로나바이러스의 진화에 발맞춰 인간역시 집단면역에 도달해야 둘의 소통이 가능해진다. 그런데 집단면역에 도달하기 위해 자연선택에 의존했다가는 인간에게 오랜 기간 많은 희생이 뒤따른다. 이 난관을 해결해줄 수 있는 것이 바로 바이러스와 인간 사이 정보적

9   유발 하라리, 『사피엔스』, 126쪽.

소통을 가능하게 해주는 mRNA 백신이다.

　포스트코로나 시대 인류는 라투르의 말대로 '지구와 충돌하지 않고 착륙하는 방법'을 찾아야 한다. 이를 위해서는 인간뿐만 아니라 바이러스나 기계 등의 비인간 행위자까지 포함하는 네트워크로 세상이 이뤄져 있다는 인식 전환이 필요하다. 문제는, 역사학이 인간만을 역사의 주체로 상정해 과거 인류 삶의 궤적을 재구성하려는 학문이라는 점이다.

　오늘날 인류의 실존 문제는 인간중심주의를 해체하고 지구와 우주에서 인간의 위치는 어디인지에 대해 재설정할 것을 요구한다. 그렇다면 인간만을 주체로 설정하지 않는 역사학은 어떻게 가능한가? 관건은, 인류 문명의 지속 가능성을 지키고 인류의 실존적 위기를 해소하기 위해 역사학이 변해야 한다는 것이다.

4부
모든 것의 역사, 빅히스토리

12장
역사학 대 빅히스토리

지식을 위한 과학인가, 삶을 위한 과학인가

역사학은 인류의 모든 과거가 아니라 사실로 판명할 수 있는 과거를 연구하는 학문이다. 근대 역사학은 실증할 수 있는 사료에 입각해 과거 사실의 범주를 규정하는 것을 원칙으로 성립했다. 이에 따라 사료 비판이 가능한 과거, 곧 문헌으로 실증할 수 있는 과거만이 역사학의 탐구 대상으로 간주됐다. 이 역사학 패러다임에 따르면 문자가 아직 생겨나지 않았던 과거는 선사시대, 그 이후만이 역사시대로 분류된다.

문자가 없었다면 인간은 역사라는 집단 기억을 만들어내지 못했을 것이다. 그렇기에 문자의 발명이 역사 이전과 이후를 나누는 기준점이 된다. 문자가 약 5천 년 전에 발명됐다면, 현생인류의 탄생 이래로 60분의 1 정도의 시간만이 역사로 탐구되는 셈이다. 그런데 문제는, 문자 이전의 인류 삶에 대한 지식과 정보가 무가치하다고는 결코 말할 수 없다는 것이다.

인류 역사에서 가장 중요한 사건 가운데 하나가 약 1만 2,000년 전으로 추정되는 신석기시대 농업혁명이다. 수렵 채집 생활을 하던 인류가 농업혁명으로 인해 먹고사는 데 필요한 양보다 더 많은 식량을 얻으면서 정착 생활을 시작했고, 살기 좋은 땅에 많은 사람들이 모여들면서 도시가 형성됐다. "신이 자연을 만들었다면, 인간은 도시를 만들었다"라고 영국의 시인 윌리엄 쿠퍼William Cowper가 말할 만큼, 도시는 인간 삶에 결정적인 영향을 주었다. 문명이란 말 자체가 도시를 뜻하는 라틴어 'civitas'에서 나왔다. 인간이 '야만적인' 자연 상태로부터 벗어날 수 있는 인공 공간으로 건설한 것이 도시다.[1] 도시는 이기적 개체들이 모여 도시국가라는 정치 공동체를 형성하는 결정적 계기가 되었다. 그래서 아리스토텔레스가 인간을 '폴리스적 동물'이라고 정의한 것이다.

앨빈 토플러는 인류 문명사의 첫 단추 역할을 했던 농업혁명을 '제1의 물결'이라 지칭했다.[2] 식물을 작물화하고 동물을 가축화했던 농업이 자연을 지배하는 인류 문

---

1   앤드루 리즈, 『도시, 문명의 꽃—도시를 읽는다, 세계를 읽는다』, 허지은 옮김, 다른세상, 2017.

2   앨빈 토플러, 『제3의 물결』, 원창엽 옮김, 홍신문화사, 2006.

명사의 출발점이었던 셈이다. 농업혁명은 '제2의 물결'로
일컬어지는 산업혁명과 더불어 인류 역사에서 가장 획기
적인 사건이다. 그런데도 문자 기록이 없다는 이유로 역
사학의 연구 대상에서 제외되었다. 편견과 가치판단에서
해방된 과학적 역사 연구를 하려는, 철저하게 사료에 입
각해서 과거를 재현해야 한다는 근대 역사학의 에토스는
삶으로서의 역사를 희생시켰다. 그것을 통렬히 비판한 철
학자가 프리드리히 니체다. 그는 "삶이 인식과 과학을 지
배해야 하는가, 아니면 인식이 삶을 지배해야 하는가?"를
물었다.

> 양자 중에서 어느 쪽이 더 결정적인 힘을 갖는가? 이
> 는 의심할 여지가 없다. 삶이 보다 높고 지배적인 힘
> 이다. 왜냐하면 삶을 파기하는 인식은 그 자신을 함께
> 파기하기 때문이다. 인식은 삶을 전제로 하기에, 모든
> 지식은 그것의 계속적 실존, 다시 말해 삶의 유지에
> 관심을 갖는다. 그래서 과학은 더 높은 감독과 감시,
> 곧 삶의 건강론Gesundheitslehre을 요청한다.[3]

결국 중요한 문제는 역사가 과학이 되느냐 못 되느냐

3   Friedrich Nietzsche, "Unzeitgemäße Betrachtungen. Zweites
Stück: Vom Nutzen und Nachtheil der Historie für das Leben,"
Nietzsche Werke: Kristische Gesamtaugabe, Bd.3(1), Giorgio Colli/
Mazzino Montinari(ed.), De Gruyter, 1972, p. 327.

가 아니라, 니체가 강조했듯 역사가 인간 삶을 위해 얼마나 쓸모 있는 이야기를 할 수 있느냐다.

인류가 팬데믹으로부터 살아남고, 에너지 전환에 성공해 지구온난화를 늦출지는 과학의 손에 달려 있다. 학문 패러다임이 인문학에서 과학으로 전환된 이유는 인간 최대 장점인 배움의 방식에서 과학이 인문학을 완전히 추월한 데 있다. 우리는 실재 그대로가 아니라 뇌가 대상으로 삼은 것만을 인식한다. 실제로 우리는 있는 그대로의 세상이 아니라 뇌의 뉴런들이 전기신호로 구축한 매트릭스에 입각해서 생각하고 행동한다. 인문학이 그 매트릭스를 이야기로 구현한다면, 과학은 수학적 계산과 공식으로 구축한다. 인간이 이야기로 추구하는 것이 의미라면, 과학이 수학적 모형으로 알아내려는 것은 객관적 사실과 법칙이다. 근대에 일어난 '세계의 탈주술화'는 종교와 신화가 구축한 의미 세계에서 벗어나 합리적 사고와 관찰로 인간 자신과 세상에 대한 객관적 지식을 추구하려는 태도를 지칭한다. 이에 따라 인문학의 여러 분야도 과학을 모범으로 삼아 분과 학문의 정체성을 확립하려는 경향성이 생겨났다.

근대 역사학 역시 과거 사실에 대한 객관적 지식을 추구하는 과학 모델을 세우려는 노력으로 성립했다. 근대 역사학의 아버지 랑케는 사료 비판을 통해 과거가 어떠했는지를 입증하는 실증사학 모델을 제시하면서도, 의미를 추구하는 이야기체 역사의 전통을 고수하고자 했다.
이러한 후자의 '역사주의' 전통과 단절해 역사학을 인문
학이 아니라 역사적 사회과학으로 변형시키는 역사 서술
로 20세기에 대두한 것이 사회사다. 사건보다는 구조, 이
야기보다는 이론과 유형화를 추구하는 역사적 사회과학
을 통해 얻은 것이 사회를 인식 범주로 해서 구성한 객관
적 실재라면, 잃은 것은 인간의 주관적 삶의 의미다.

한편 그에 대한 반발로, 객관적 실재에 가려진 여러 역
사 주체의 주관적 삶의 의미들을 발굴하려는 문제의식에
서 등장한 것이 신문화사다. 신문화사는 역사학의 정체성
을 사회과학에서 인문학으로 다시 되돌리려 했다. 역사학
의 새바람으로 신문화사를 일으키며, 언어적 전환이라는
시대정신은 인문학의 마지막 르네상스를 이끌었다.

인간은 미래를 산다

오늘날 역사학은 물론 인문학 전반이 도태당할 위기에
직면했다. 빅데이터와 인공지능이 모든 학문 분야의 판도
를 바꿨다. '제2의 수학화' 혁명으로 일어난 디지털 변환
을 통해 학문 분야의 경계가 무너지고 합쳐져 수렴하는
지식의 대통합이 일어난다. 디지털 변환은 컴퓨터가 처리
할 수 있도록 정보를 0과 1 두 기호의 조합으로 코딩 할

수 있다는 전제하에 성립한다.

비트bit라는 정보의 단위를 발명해 정보 이론의 아버지로 일컬어지는 클로드 섀넌은 과거와 미래의 차이를 다음과 같이 구별했다. "우리는 과거를 알 수 있지만, 통제할 수는 없다. 우리는 미래를 통제할 수 있지만, 알 수는 없다."[4] 인간이 사는 시간은 과거가 아닌 미래다. 과거를 기억하는 것 역시 가장 중요한 목적은 과거의 재현이 아니라, 변하는 환경에 적절하게 대응할 수 있는 학습을 통한 미래 예측이다. 디지털 시대에는 아날로그 시대에 불가능했던, 미래를 시뮬레이션 할 수 있는 빅데이터와 이를 처리할 수 있는 인공지능이 있다. 초고속으로 변화하면 할수록 온고지신이 아니라, 마치 내비게이션에 의지해 운전하듯 미래를 시뮬레이션 해서 현재 무엇을 할지 선택한다. 이에 따라 '인공지능과 데이터 기반의 예견적 관리'가 4차 산업혁명 시대 문명 전환을 위한 패러다임으로 자리 잡는다.

코로나19 팬데믹으로 인류는 커다란 고통을 겪었지만, 그 덕분에 비즈니스의 디지털 변환이 8주 만에 5년 앞당겨지는 등 변화가 가속화했다. 비트코인과 같은 가상 화폐는 화폐 역사의 프랑스혁명을 일으킬 잠재력을 가졌으며,[5]

---

4   Claude Shannon, "Coding theorems for a discrete source with a fidelity criterion," *IRE International Convention Record* 7, 1959, p. 350.

디지털 빅뱅은 메타버스와 같은 가상공간을 창조해서 교육과 업무는 물론 삶의 중요한 기능들이 가상의 나인 아바타에 의해 수행되는 세상이 열리고 있다. 코로나19 팬데믹은 우리 삶의 세계를 가상공간으로 확장시켜주었을 뿐만 아니라, 지구에서 인간의 위치는 어디인지에 대한 인문학적 반성과 더불어 과학적 계몽을 이끌어냈다. 우리 삶의 안녕과 행복은 거시 세계는 물론 보이지 않는 미시 세계 존재들과의 거대한 연결 고리를 통해 결정된다는 것을 명확히 깨달았다.

기후 위기와 팬데믹은 거시 세계와 미시 세계가 상호작용을 하면서 벌어진다. 그렇다면 이 두 세계를 포괄적으로 이해할 수 있는 학문의 인식 틀은 무엇인가? 이에 대해 1965년 노벨 물리학상을 받은 물리학자 리처드 파인만은 다음과 같이 유명한 질문을 던졌다. "만약 어떤 커다란 재앙이 일어나 모든 과학적 지식이 사라지고 단 한 문장만을 다음 세대에게 전달할 수 있다면, 가장 적은 낱말로 가장 많은 정보를 담을 수 있는 문장은 무엇일까?" 그는 모든 것이 원자로 이루어져 있다는 것, 곧 양자역학에 관한 지식이라고 답했다.

양자역학이 알아낸 중요한 지식은, 우리가 볼 수 없는 미시 세계가 인과적으로 결정되어 있지 않고 불확정적이

---

5   김기봉, 「화폐에 대한 역사철학적 성찰과 비트코인 화폐혁명」, 『철학과 현실』 130, 2021, 71~98쪽.

라는 사실이다. 양자역학의 미시 세계에서 빛은 파동인 동시에 입자다. 모든 사건은 동시에 일어난다. '슈뢰딩거의 고양이'는 슈뢰딩거가 고안한 사고실험으로, 양자역학의 불확정성 원리를 비판하기 위해 제시되었지만 역설적으로 양자역학을 대중적으로 알리는 데 기여했다. 우리가 상자를 열고 고양이가 죽었는지 살았는지를 실제로 확인하기 전까지 고양이는 살아 있는 동시에 죽어 있다. 그렇다면 모든 선택은 동시에 일어나는 것인데, 단지 우리의 관측이 그 가운데 어느 하나만을 보기 때문에 그것을 실재라고 인식하는 셈이다. 즉 고양이가 살았는지, 죽었는지를 실제 현실로 만드는 것은 인간의 인식이다.

양자역학은 이렇게 거시 세계의 우리가 미시 세계에 개입하는 행위를 관측이라고 정의한다. 미국의 물리학자 브루스 로젠블룸과 프레드 커트너는 살았는지 죽었는지에 관한 고양이의 역사를 창조하는 것은 결국 현재 역사가의 인식이라 말했다. "고양이가 죽어 있음을 발견하면, 사후 경직에까지 이른 고양이의 역사가 창조된다. 반대로 고양이가 살아 있음을 발견하면, 굶주림에 허덕이며 버텨온 고양이의 역사가 창조된다. 현재의 발견이 시간을 거슬러 과거를 창조하는 것이다."[6]

6   브루스 로젠블룸·프레드 커트너, 『양자 불가사의 — 물리학과 의식의 만남』, 전대호 옮김, 지양사, 2012, 15쪽.

인간이 사는 시간은 과거가 아니라 미래다. 따라서 우리는 결국 미래를 대비하기 위해 학문을 한다. 섀넌이 말했듯 인간은 미래를 알 수는 없지만 만들 수는 있다. 결국 미래를 만들기 위해 과거를 배우고 묻는 학문으로서 역사학을 하는 것이다. 역사학에서 중요한 것은 어떻게 미래를 만들 것인가다. 단지 우리는 플랜 A와 플랜 B 등과 같은 여러 스토리텔링으로 미래 시나리오 플래닝을 할 수 있을 뿐이다. '미래의 역사'[7]라는 부제로 책을 쓰기도 한 하라리는 역사 연구의 목적이 미래를 아는 것이 아니라, 우리의 지평을 확장하는 데 있다고 말한다.[8] 우리의 현재는 자연스럽거나 필연적인 것이 아니며, 과거에는 현재와는 다르게 전개될 수많은 가능성이 잠재해 있었다. 역사 연구를 통해 우리가 그것을 재인식해내는 것은, 우리가 상상하는 미래를 그려내는 데 쓸 물감이 된다.

역사학은 변해야 한다. 그래야 역사학의 미래가 있다. 역사학은 미래의 내비게이션 역할을 요구받고 있다. 인류의 미래는 불확실하다. 불확실한 미래에서 인류가 생존하고 문명을 지속하려면, 인간중심주의에서 벗어나 거시와 미시 세계를 연결하는 새로운 역사 서술 모델이 필요하다.

---

7   유발 하라리, 『호모 데우스—미래의 역사』, 김명주 옮김, 김영사, 2017.

8   유발 하라리, 『사피엔스』, 342쪽.

역사학은 과거에 대한 지식을 문자 기록에 의존해 구성한다. 선사시대에 대한 지식은 고고학과 인류학, 물리학, 화학, 생물학 등을 통해 얻을 수 있다. 과학 덕분에 인간이 탐구할 수 있는 대상이 확장되고 새롭게 알아낸 지식이 많아지면서, 역사로 이야기할 수 있는 과거의 시간과 공간의 범위가 획기적으로 확장했다. 역사학은 과학이 되기 위해 연구 영역을 축소했던 반면, 과학은 오히려 역사의 범위를 유·무형의 모든 것으로 확대했다. 예컨대 천문학과 물리학은 우주의 기원을 밝히고 시간의 역사를 해명한다. 지구과학은 지구 역사를 탐구하고, 생물학은 생명체의 탄생과 진화 과정을 설명한다. 그 결과 과학 지식은 모든 것의 역사에 관한 탐구를 가능하게 만들었다.

역사란 '우리는 어디서 왔고, 무엇이며, 어디로 가는가'라는 3문의 답을, 과거의 일을 탐구·조사하여 이야기로 구성한 것이다.[9] 역사의 스토리텔링을 구성하는 데는 일정한 공식이 있다. 인간·시간·공간이라는 3간間을 조합하여 이야기의 주제를 변주하는 방식이다. 어떤 역사 이야기를 할 것인가는 역사 3간의 매트릭스를 어떻게 짜는가의 문제이며, 매트릭스 구성 방식에 따라 인문학 3문에 대한 답도 달라진다. 그런데 문제는, 인간이 생겨나기 이전에 지구에서 일어난 일도 역사로서 기술할 수 있는가

9   김기봉, 『히스토리아, 쿠오바디스─탈근대, 역사학은 어디로 가는가』, 서해문집, 2016, 97~121쪽.

다. 인간 이전의 과거를 역사로 기술하는 것은 기존 역사학 패러다임에서는 불가능하다. 하지만 인류 문명의 기원과 지속 가능성을 탐구하기 위해서는 탐구 대상으로서 과거의 범위를 최대한 넓혀야 하고, 그러려면 역사 3간을 재설정·재조합하는 새로운 역사 서술 모델이 필요하다. 인간 이전의 시간과 공간으로 역사 인식 지평을 확대하면 당연히 인간중심주의에서 벗어난 역사 서술로 나아갈 수밖에 없다. 그렇게 해서 등장한 새로운 역사 연구 모델이 역사학 밖의 역사, 빅히스토리다.

빅히스토리를 창시한 역사가는 데이비드 크리스천이다. 그는 1989년 우주와 지구, 생명 그리고 인류의 역사를 연결하는 '빅히스토리'란 이름의 교과목을 처음 개설했다. 기존 역사학은 인간이 남긴 기록을 중심으로 과거를 연구하고 이야기를 구성한다는 점에서 인문학에 속한다. 하지만 빅히스토리는 인문학보다는 과학 지식을 토대로 한다는 점에서 역사학의 경계를 벗어난 역사로 여겨진다. 역사학의 역사 범주보다는 과학의 역사 개념에 입각해 인문학을 과학에 포섭하는 융합 학문을 지향하는 것이다.

크리스천은 본래 19세기 러시아사를 전공한 역사가였다. 그런데 러시아사를 이해하려면 중앙아시아사와 유럽사, 더 나아가 미국사로 관심 영역을 확대하는 것은 물론, 결국 인류 전체의 역사를 알아야 한다는 것을 깨달았다.

더욱이 민족이나 국가 단위가 아니라 인류 전체의 역사를 연구하려면 인간의 등장과 진화 그리고 포유류의 진화에 대한 생물학적 설명 또한 알아야 했다. 인류의 존재 기반인 지구 역사에 대해서도 알 필요가 있었다. 이렇게 인식 지평이 확대되어 마침내 탐구 영역이 우주의 시공간까지 팽창하는 역사 지식의 빅뱅과 함께 빅히스토리가 탄생했다.

빅히스토리의 목적은 우주 차원에서 인간 삶에 관해 이야기하는 것이다. 크리스천은 역사학의 역사 개념을 확장했다. 특이한 점은 현생인류의 과거를 비롯해서 탐구할 수 있는 모든 것을 역사학으로 포섭하는 상향식이 아니라, 오히려 과학 지식을 토대로 서술한 '모든 것의 역사' 아래에 인간 역사를 위치시키는 하향식 플롯의 빅히스토리를 제안했다는 점이다. "우주 전체에도 역사가 있으며 우리의 지구와 생명 영역 또한 역사를 가지고 있다는 사실을 이해한다면, 우리 모두가 속해 있는 호모 사피엔스에게도 마찬가지로 하나의 역사가 있다는 사실을 좀 더 쉽게 이해할 수 있을 것이다."[10]

---

10 데이비드 크리스천, 『거대사—세계사의 새로운 대안』, 김서형·김용우 옮김, 서해문집, 2009, 11쪽.

13장
빅히스토리의 빛과 그림자

빅히스토리 플롯의 예
── 데이비드 크리스천의 경우

존재하는 모든 것에는 과거가 있기에 역사로 탐구될
수 있다는 빅히스토리의 주장에 대해, 역사학계의 반응은
대체로 냉담하다. 기존 역사학자들은 빅히스토리를 역사
로 인정할 수 없다. 우주 역사라는 큰 그림의 퍼즐 맞추
기를 하며 그 일부로 인류 역사를 위치시킨다는 것은, 역
사학자로서는 불가능한 기획이다. 역사가들은 과거로부
터 현재에 이르기까지 인간 삶의 시간의 지도를 그린다.
그런데 크리스천은 우주 차원에서 실재에 관한 '시간의
지도'를 그리고, 그것을 과학 지식에 근거한 현대판 창조
신화라고 일컬었다. 과학은 우주와 생명의 기원을 신화적
이야기가 아닌 물질적 증거와 합리적 추론으로 설명한다.

빅히스토리는 역사와 과학을 통합해, 인간과 세상의 문제에 대한 지식을 통섭적으로 탐구할 수 있다는 장점을 갖는다. 빅히스토리가 가진 교육적 잠재성과 의미를 부정하는 사람은 거의 없다. 하지만 빅히스토리가 추구하는 거대한 목표에 비해 학문 분야로서 빅히스토리의 입지는 역사학 안에서는 물론 과학 안에서도 너무나 좁다. 역사학에서 빅히스토리는 정치사, 경제사, 사회사, 문화사 등의 분류사로 인정받지 못하고 아마추어 역사로 취급되는 경향이 있다. 빅히스토리가 역사학계에서 저평가되는 이유는, 하나의 분류사로서 고유한 역사학적 지식을 생산하지 못하고 과학사 지식을 병렬적으로 연결하는 스토리텔링에 머물러 있다고 여겨지는 데 있다.

빅히스토리는 나름의 서사 공식이 있다. 구성 요소in-gredients, 골디락스 조건, 복잡성의 증가가 빅히스토리의 플롯을 구성하는 3요소다. 빅뱅 이후에 생겨나 물질의 기원을 이루는 첫번째 원소는 수소다. 자연 상태에서 원소는 가장 가볍고 많은 수소로부터 가장 무거운 우라늄까지 92종이 있다. 우주에 존재하는 모든 물질은 이들의 결합으로 이뤄져 있다. 우주의 모든 것은 변화한다. 우주의 변화를 설명하는 보편 법칙은 열역학 제2법칙으로서, 이는 점점 더 무질서한 상태가 된다는, 즉 엔트로피가 증가한다는 의미를 갖는다. 그런데 우주의 일부에서 슈뢰딩거가 말했듯 '음의 엔트로피negative entropy'[1]로 복잡성이 증가하는 현상이 일어난다. 빅뱅 이후 수소와 헬륨만이 존재하던 우주에서 별이 탄생하고 새로운 원소들이 생겨 난 것은, 특정 지점의 밀도가 높아서 더 많은 구성 요소 가 포섭되는 복잡성의 증가가 일어났기 때문이다. 구성 요소들이 특정 방식으로 배열되고, 조건이 맞아 더 많은 에너지가 통과하면 구성 요소들의 합 이상의 새로운 것 이 나타나는데, 과학자들은 이를 일컬어 창발emergence 이라 한다. 우리가 아는 한 지구는 수소, 탄소, 질소, 산 소, 인, 황의 여섯 가지 원소를 근간으로 생명이라는 복잡 한 유기체를 탄생시킨 유일한 행성이다.

창발이 일어날 수 있는 상태를 비유적으로 표현하는 용어가 골디락스 조건이다. 골디락스라는 소녀와 세 마리 곰의 이야기에서 유래한 이 말은 너무 뜨겁거나 차갑지 않고, 너무 크거나 작지 않아 딱 알맞은 상태를 지칭한다. 데이비드 크리스천은 우주에서 복잡성이 증가해 완전히 새로운 것이 생겨나는 결정적 계기를 임계 국면threshold 이라 지칭하고, 빅뱅-별의 생성-새로운 원소의 출현-태 양계와 지구의 탄생-생명의 탄생-인류 집단 학습-농경 의 시작-근대 혁명의 임계 국면으로 빅히스토리의 플롯 을 구성했다.

---

1   에르빈 슈뢰딩거, 『생명이란 무엇인가, 정신과 물질』, 전대호 옮김, 궁리, 2007.

크리스천이 그린 우주 시간의 지도는 과학 이론이라기보다는 하나의 주장이다. 하지만 주장이라고 해서 틀린 것은 아니다. 우리는 일상이든 학문이든 어디에서나 주장들과 마주친다. 데이비드 크리스천과 빅히스토리에 관한 책을 공동 집필한 밥 베인은 "주장이란 우리 모두가 어떤 정보를 신뢰할 만하다고 판단할 때 활용하는 결론, 단언 혹은 대답이다"[2]라고 옹호했다.

우리가 주장의 신뢰성을 판단하는 기준에는 직관, 권위, 논리, 증거가 있는데, 베인은 이 네 가지 가운데 무엇이 과학적 주장의 근거가 되는지에 대해 고찰했다. 첫째, 직관은 검증 불가능하다. 둘째, 권위는 우리가 신뢰할 만한 출처에서 얻은 정보라는 것을 보증하지만, 권위 그 자체가 진리인 것은 아니다. 권위와 권위가 충돌했을 때 모순을 지양할 방법이 자체적으로는 없다. 셋째, 논리는 사고를 통해 주장의 진위를 테스트하는 방식이다. 하지만 과학에서는 실제 실험으로 아직 검증되지 않고 단지 사고실험을 통해서만 알아낸 지식은 완전한 진리로 인정받지 못한다. 마지막으로 증거는 수많은 서로 다른 정보를 수집했을 때 무엇이 진실인지를 객관적으로 증명할 수

---

2   데이비드 크리스천·밥 베인, 『빅히스토리』, 조지형 옮김, 해나무, 2013, 33쪽.

있는 근거가 된다.

과학 지식은 무엇보다 증거로 검증된 것이다. 빅히스토리는 가장 믿을 만한 경험적 증거와 학문적 방법을 통해 우주와 지구, 생명 그리고 인류를 포괄하는 일관된 이야기를 구성한다. 그렇다면 빅히스토리에 대해 과학적 역사가 아니라는 역사학자들의 주장은 설득력이 떨어진다.

빅히스토리의 또 다른 장점은 우리 시대가 요청하는 교육의 새로운 길을 열어준다는 점이다. 도미니컨 대학교의 신시아 브라운에 따르면 빅히스토리는 인류가 "경험적 지식을 토대로 임계 국면을 넘어 새로운 것이 발생하는 임계 국면을 넘는"[3] 과정을 어떤 개별 학문 분과보다 더 잘 설명할 수 있다. 한마디로 빅히스토리는 융합이 학문적 화두가 된 우리 시대에 학문 분야 간의 경계를 넘어, 지식의 대통합을 이룰 수 있는 '통섭'의 표상으로 떠오른 것이다.

융합과 통섭의 시대에는 학문적 적자嫡子보다 학문적 이종교배로 태어난 새로운 분야가 세상을 바꿀 수 있다. 이런 가능성을 감안하면, 변화의 대상은 빅히스토리가 아니라 오히려 기존 역사학이라는 반론이 오히려 더 설득력을 가진다. 빅히스토리의 이런 미래 가치를 가장 크게 인정한 유명인이 빌 게이츠다.[4] 그는 빅히스토리를 "여러

---

3   Cynthia Brown, *Big History, Small World: From the Big Bang to You*, Berkshire, 2016, p. 4.

학문 분야의 수많은 지식을 다룰 수 있는 틀"로 보고, "빅
히스토리는 제 삶을 통틀어 가장 좋아하는 학문 분야"[5]
라며 열광적인 지지를 보냈다. 빅히스토리에 대한 빌 게
이츠의 사랑은 데이비드 크리스천과 공동으로 '빅히스토
리 프로젝트'를 시작하며 구현됐다. 2011년 빌 게이츠가
1,000만 달러를 투자해 출범시킨 '빅히스토리 프로젝트'
는 인문학과 과학의 '두 문화'를 통합할 수 있는 연구와
교육 모델로서 큰 의미를 가진다.

인간의 무늬가 있는 빅히스토리를 위하여

과학과 인문학의 지식 대통합을 이룩할 수 있는 빅히
스토리의 학문적 잠재력은 거대하고, 인류의 지속 가능한
미래를 추구하는 이상은 고귀하다. 하지만 문제는, 빅히
스토리가 실제로 성취한 학문적 성과가 아직 독창적이지
않고 선언적인 수준에 머물러 있다는 점이다.

무엇보다 빅히스토리가 다루는 시공간의 범위가 너무
크다 보니, 우주의 역사라는 큰 그림 속에서 인류의 발
자취가 너무나 작은 탓에 '인간 없는 역사'로 이야기되는
경향이 있다. 빅히스토리는 "하나의 거대한 이야기로, 이

---

4   "What Bill Gates is learning online," *eSchool News*, 2010. 1. 24

5   데이비드 크리스천·밥 베인,『빅히스토리』, 7쪽.

세상 모든 것이 어떻게 해서 오늘날과 같이 되었으며, 그 이야기 속에서 우리는 어디에 위치해 있고, 그 모든 것들이 어떻게 될 것인지를 설명하는 데 도움이 되는 이야기"[6]임에는 틀림없다. 하지만 이 거대한 이야기에서 인간의 위치는 무엇인가? 역사를 만드는 주체로서 인간의 역할은 거의 드러나지 않으며, '복잡성의 노예'라는 것만이 부각될 뿐이다. 현재의 내가 하나의 개체로서 이 세상을 어떻게 살아야 하는지, 삶을 개괄할 수 있는 내비게이션이라기에 빅히스토리는 너무나 거대하다.

우리는 빅히스토리를 통해, 가장 크게는 우리 몸이 우주의 별에서 생긴 원소들의 결합으로 이뤄져 있으며 죽음과 함께 다시 우주의 먼지로 돌아간다는, 불교의 공수래공수거와 유사한 지혜를 얻는다. 모든 문제의 기원이 연결되어 있기에 해결책 또한 전체와의 연결을 통해 모색해야 한다는 빅히스토리의 메시지는 옳다. 하지만 모든 것의 역사를 쓰려는 기획은 역사로서의 정체성과 문제의식을 흐리게 한다. 문화사학자 부르크하르트가 말했듯, 역사가가 영원히 탐구해야 할 주제는 "고뇌하고 인내하며 노력하는 인간"[7]이다.

또한 빅히스토리에는 지식이 넘쳐나지만, 인간의 삶과

---

6   같은 책, 15쪽.

7   Jacob Burkhardt, *Weltgeschichtliche Betrachtungen: Über geschichtliches Studium*, BookRix, 1978, p. 2.

피를 느끼게 해주는 스토리텔링은 결핍돼 있다. 지식은 실재에 관한 정보이지만, 이야기는 인간이 꿈꾸는 것을 표현하는 허구다. 지식은 맞고 틀리고가 확실하며 그것을 가려내는 것이 중요하다. 하지만 상상력의 산물인 허구는 지식으로는 알 수 없는 차원의 것들을 추구한다. 과거는 사실이지만, 미래는 상상이다. 4차 산업혁명 시대 인간이 현대 세계의 임계 국면을 넘는 새로운 미래를 창조하기 위해 필요한 것이 상상력이다. 과학 지식 덕분에 도달한 지금의 여덟번째 임계 국면을 인류는 과연 넘을 수 있을 것인가?

기억과 상상은 인간 사고에서 동전의 양면과도 같다. 인간은 현실 그대로가 아니라 뉴런의 전기신호로 만들어지는 여러 이미지의 조합으로서 세상을 인식한다. 그래서 우리가 경험하는 현실은 영화 「매트릭스」가 보여주듯 '통 속의 뇌'가 시뮬레이션으로 만들어낸 가상 세계일지 모른다는 주장이 나온다. 여기서 '통 속의 뇌'란, 어느 사악한 과학자가 한 피험자의 뇌를 머리에서 분리한 후 뇌가 기능할 수 있는 통에 넣고 뉴런을 전선에 연결해, 뇌가 받아들이는 것과 동일한 전기신호를 보내는 슈퍼컴퓨터에 접속시키면, 그 피험자는 자신이 사람인지 통 속의 뇌인지 분간하지 못한다는 사고실험이다. 데카르트의 '속임수를 잘 쓰는 악마 이론'과도 일맥상통하는 이 가정에 대해 힐러리 퍼트넘은 우리가 이미 '통 속의 뇌'라는 개념을 의식하는 한, '우리 스스로 통 속의 뇌일지도 모른다'라는 가정을 정합적으로 생각하거나 표현할 수 없다고 논박했다.[8]

뇌는 동물이 생존에 필요한 운동과 몸의 항상성 유지를 위한 정보처리를 잘하는 방향으로 진화된 기관이다. 인간의 지능이 특별한 이유는 뇌의 생물학적 진화와 더불어 언어를 매개로 한 문화적 진화를 해왔다는 데 있다. 뇌에서 생성되는 이미지에 언어가 결합하여 현실에는 없는 거의 무한대의 새로운 이미지를 생성하는 것이 가능해지면서 '뇌 의식의 우주'가 창조됐다.[9] 우리는 실제 현실이 아니라 '뇌 의식의 우주'가 만들어낸 문화 세계에 살고 있다.

빅뱅이 실재하는 우주를 탄생시켰다면, 인간은 이야기로 허구 세계를 상상해냈다. 비록 몸은 현실 세계의 '잠수종'에 갇혀 있을지라도, 의식은 나비처럼 허구 세계를 자유롭게 날아다닐 수 있는 존재가 인간이다. 그 사실을 증명하는 유명한 사례가 있다. 세계적인 패션 잡지『엘르』 편집장이었던 장-도미니크 보비는 어느 날 운전 중 갑자기 의식을 잃고 교통사고를 당했다. 3주 후 혼수상태에서 기적적으로 깨어났지만, 의식만 정상으로 되돌아오고 전신은 마비되어 영원히 유폐되는 '감금 증후군locked-in

8   신상규, 「우리가 매트릭스 속에 살고 있다면」, 『헤겔연구』 20, 2006, 281쪽.

9   제럴드 M. 에델만·줄리오 토노니, 『뇌의식의 우주—물질은 어떻게 상상이 되었나』, 장현우 옮김, 한언출판사, 2020.

syndrome'에 걸렸다. 유일한 소통은 왼쪽 눈꺼풀의 깜빡임으로만 가능했다. 그는 15개월을 생존하면서 약 6개월 동안 자신이 '글자들의 빌보드 차트'라고 명명한 글자 배열 판을 보며 한 번 깜빡임은 예스, 두 번은 노라는 규칙에 따라 철자를 선택하는 방식으로 원고를 써 내려갔다. 그는 20만 번 이상의 눈 깜빡임 끝에 『잠수종과 나비』라는 자서전을 출간했다. 그가 상상의 나래를 펼 수 있었던 것은 기억 덕분이었다. 그는 "다만 감각적 즐거움을 위해서라면 머릿속에 아직도 선명하게 남아 있는 맛과 냄새에 대한 기억에 의존하는 수밖에 없다. 기억이야말로 감각의 무궁무진한 보고"[10]라고 썼다.

우주에서 일어난 사실을 기억으로 만들어내는 것이 빅 히스토리다. 우주에서 인간은 잠수종에 갇혀 있지만, 빅 히스토리가 구성한 기억을 통해 나비처럼 자유로운 상상력으로 의미를 만들어낼 수 있다. 우주가 인간의 의미를 규정하는 것이 아니라, 인간의 의식이 우주에 의미를 부여한다.

우주와 인간의 관계를 총체적으로 연결하는 스토리 라인의 키워드는 복잡성을 증가시키는 진화다. 진화론은 인간이 우주의 먼지라는 걸 깨우쳐주었지만, 자신이 그런 존재임을 아는 인간은 자연에 개입해 우주 역사에서 새로

---

10   장-도미니크 보비, 『잠수종과 나비』, 양영란 옮김, 동문선, 2015, 56쪽.

운 임계 국면을 만들어내는 단계로 나아간다. 유전자 복제와 인공지능이 마침내 생명의 '판도라 상자'를 연다면 인류의 미래는 어떻게 될 것인가? 빅히스토리는 불확실한 미래의 열쇠를 인간 스스로 찾을 수 있도록 길을 제시해야 한다. 그러려면 인간이 진화의 행위자로 등장하는 플롯 구성을 어떻게 할 수 있을지를 고뇌해야 한다.

미래 문명의 내비게이션

빅히스토리는 우리의 시야를 인간중심주의 역사에서 우주로 확장하면서, 인간 없는 역사가 되고 말았다는 딜레마를 벗어날 수 있는 길을 모색해야 한다. 인류세에서 인류를 구원해주는 것은 과학기술이지만, 그것을 개발하고 사용하는 것은 인간이다. 크리스천의 빅히스토리는 인간이 어떻게 여기까지 왔는가를 과학사 지식으로 잘 설명해준다. 하지만 인류가 더 이상 지구의 관리자 역할을 할 수 없는 인류세에, 또한 빅데이터와 인공지능이 출현하는 포스트휴먼 시대에 인간은 무엇을 해야 하는가? 과학은 지식을 찾아내지만 의미를 만들지는 못한다. 과학 지식으로 충만한 빅히스토리는 좀더 많은 인간의 무늬가 새겨진 역사로 보완될 필요가 있다. 근대 역사학 모델이 삶으로서의 역사를 배제해 '무엇을 위한 역사인가'라는 비판을 받은 것처럼, 인간 정체성과 존재 의미에 대한 인문학적 성찰을 담보하지 않는 빅히스토리는 과학 지식을 전달하는 교양 교육의 유용성과 가치만을 가질 뿐 진정한 의미에서 역사가 되지 못하는 것이다.

빅히스토리 문명사와 물질적 전환

인류 문명은 어디로 향하는가

오늘날 과학은 인류가 직면한 생존 문제를 푸는 열쇠를 제공하는 동시에 인류를 자멸에 이르게 하는 시한폭탄을 만들어낸다. 과학은 브레이크 없는 자동차처럼 계속 앞으로 질주한다. 이 자동차 운전대를 아직 인간이 잡고 있다는 것이 그나마 다행이다. 이때 가장 필요한 것은 자동차를 어느 방향으로 운전할지 알려주는 내비게이션이다.

이 내비게이션으로 과학이 발명한 최대 성과물이 인공지능이다. 오늘날 인공지능은 인간이 스마트폰을 통해 '포노 사피엔스'라는 신인류로 진화했다고 말할 만큼 자동차 운전은 물론 감염병 방역과 국가의 예견적 정책 수립, 기업 경영 등 거의 모든 부문에 활용된다. 그런데 그 기능이 향상되면서, 자율 주행 자동차가 인간을 대신해 운전하는 식의 변화가 인간 삶의 전 부문에서 일어날 수 있다. 그때 인류 문명은 어디를 향해 나아가는 것일까?

인간이 시간과 공간을 다스리는 방식이 문명이다. 그런데 인간이 더 이상 시간과 공간을 관리하는 주체가 되지 못하는 상황이 도래하면, 문명은 어떻게 되며 인간은 어떤 운명을 맞이할 것인가? 『사피엔스』는 문명의 완성이 역사의 종말이며, 인류의 실존적 위기를 낳을 수 있다는 문제의식에서 쓰였다. 모든 플롯은 시작과 끝을 어떻게 연결하느냐로 구성된다. 데이비드 크리스천의 빅히스토리가 현재 우리가 살고 있는 세계의 기원을 빅뱅까지 소급해서 탐구하는 기원론에 중심을 두고 있다면, 유발 하라리의 빅히스토리는 유약한 유인원으로 탄생한 호모 사피엔스가 어떻게 '지구의 정복자'로 등극했다가 자멸할 수 있는지 종말론적 문제의식에 중심을 둔 문명사 모델을 제시한다.

과학적 탐구를 기반으로 하는 집단 학습의 힘을 믿는 전자의 빅히스토리는 '지속 가능한 미래'를 전망하는 희극의 플롯을 지향했다. 이에 반해 후자의 빅히스토리는 인류 종과 역사가 종말에 이를 수 있다는 비극의 플롯이다. 그는 인문학적 문제의식에서 다음과 같은 종말론적 화두를 던지는 것으로 책을 마무리한다. "스스로 무엇을 원하는지도 모르는 채 불만족스러워하며 무책임한 신들, 이보다 더 위험한 존재가 또 있을까?"[1]

인간은 어쩌다 의식 수준이 아직 원시시대에 머물러 있으면서도 인류세를 열어젖히게 되었을까? 의식에 비해 지능은 비약적으로 성장한 것이 비동시적인 것의 동시성이라는 모순을 낳은 원인으로 작용했다. 도킨스가 말했듯 이기적 유전자의 전제에 대항해 자신을 반성하는 능력이 의식이다. 의식 작용을 통해 인간은 나(자아)와 남(타자)을 구분할 뿐 아니라 상호 공감하는 존재로 거듭났다. 조지프 르두에 따르면 자기 주지적 의식은 40억 년 생명 진화의 깊은 역사에서 인간 뇌의 전전두피질 회로가 변화함으로써 창발되었다.[2]

한편 의식과 구분되는 지능에 대해 하워드 가드너는 "하나의 혹은 여러 문화적 환경 안에서 가치 있는 문제를 해결하거나 무엇인가를 생산해내는 능력"[3]이라 정의한다. 인류 문명사는 의식이 아닌 지능을 토대로 도약했다. 의식이 인문학에 관한 것이라면, 지능은 과학이 선도한다. 인문학의 근본 지식은 야스퍼스가 지적했듯 차축시대 이래로 크게 변하지 않았다.[4] 이에 비해 과학은 지난 4백 년 동안 빅뱅을 비롯해 거의 모든 것의 기원을 밝히는 지식

1　유발 하라리, 『사피엔스』, 588쪽.
2　조지프 르두, 『우리 인간의 아주 깊은 역사』, 482~85쪽.
3　하워드 가드너, 『지능이란 무엇인가?』, 김동일 옮김, 사회평론, 2016, 19쪽.

232   의 '판도라 상자'를 열고 있다.

르두에 따르면 30억 년에 걸쳐 단세포생물이 지구 역사를 지배했다. 그 후 다세포생물이 등장한 10억 년 동안에도 생물학적 모델은 잘 작동했다. 문제는, 인간의 뇌에 자기 주지적 의식이 생기면서 생물학적 모델의 유기적 통일성이 깨지기 시작했다는 것이다. "자기 주지적이고 의식적인 인간의 두뇌는 자신의 존재를 끝장내거나 심지어 스릴을 위해 다른 유기체의 생존을 위험에 빠뜨리는 것을 마음대로 선택할 수 있는, 생명의 역사에서 유일한 실체다."[5] 자기 주지적 의식을 가진 인간이 하는 가장 부조리한 행동이 자살이다. 인간 이외의 동물이 자살하는 경우도 없지는 않지만, 의도적인 것은 아니라고 알려져 있다. 에밀 뒤르켐의 연구에서도 알 수 있듯 인간만이 사회적 조건 속에서 자살을 선택한다.[6]

안토니우 구테흐스António Guterres 유엔 사무총장은 2022년 7월 독일 베를린에서 열린 페터스베르크 기후대화에서 "인류는 집단행동이냐 집단 자살이냐 갈림길에 있다"라고 경고했다. 지구 역사에서 인류세란 인류 종이 집단 자살을 했던 지질시대로 기록될 것인지 아닌지는

4   칼 야스퍼스, 『역사의 기원과 목표』, 백승균 옮김, 이화여자대학교출판부, 1986.

5   조지프 르두, 『우리 인간의 아주 깊은 역사』, 483쪽.

6   에밀 뒤르켐, 『에밀 뒤르켐의 자살론』, 황보종우 옮김, 청아출판사, 2019.

지금 우리의 선택에 달려 있다. 이 시점에서 인간은 자연에서 벗어나 문화의 길로만 치달아가면서 종말론적 비극을 자초한 데 대한 반성이 필요하다. 문화를 통해 인간은 자연으로부터 해방된 것이 아니라 만물의 어머니인 가이아에 대해 반역을 저지른 것이라는 발상의 전환을 하지 않으면, 아마겟돈의 환경적 재앙은 피할 수 없다.

에드워드 윌슨은 그 징후를 '잠수함의 토끼'처럼 예측한 과학자다. 그는 인류가 처한 딜레마를 『생명의 편지』에서 다음과 같이 썼다.

> 이 시점에서 어느 현명한 지적 존재가 우리에 대해 정녕 이렇게 말할지 모른다. 돌연변이가 나타났다. 새롭고 아주 이상한 종이 우리 세계 속으로 꾸물거리며 들어온다. 그 종은 석기시대의 감성과 중세의 자아상과 신적인 기술의 뒤범벅이다. 그런 혼성 때문에 그 종은 장기 생존에 필수적인 원동력, 즉 대자연 자체에는 관심이 없어졌다.[7]

7   에드워드 윌슨, 『생명의 편지』, 권기호 옮김, 사이언스북스, 2007, 18쪽.

대자연에 대한 인간의 반역으로 징벌을 받기 시작한 시대가 인류세라면, 인간이 신과 같은 초월적 힘을 발휘하는 기술을 획득한 시대는 인공지능 시대다. 하라리는 인류가 어쩌다 그 같은 이중적 운명에 처하게 되었는지를 성찰하는 종말론적 빅히스토리 문명사로서, '도대체 무엇을 위한 문명의 진보인가'라는 물음을 '오컴의 면도날'처럼 명쾌하게 던졌다.

분명 산업혁명 이후 인류의 평균 수명은 늘고, 욕망을 채울 수 있는 것들은 많아졌다. 그렇지만 현재 우리는 대부분의 시간을 일하기보다는 노는 데 쓴 석기시대의 인류보다 더 행복한 삶을 영위하는가? 물질적 부와 정신적 행복은 정비례하지 않음을 우리는 깨닫는다. 환경을 이해하고 지배하는 인간의 지적 능력은 엄청난 진보를 이뤘지만, 의식 수준에서 현대인들이 수렵 채집인이나 중세 농노보다 더 뛰어나다고 말할 수 없다. 이런 문제의식에서 하라리는 현재와 과거의 대화를 진보가 아닌 행복의 관점으로 보자고 제안했다.

역사책은 대개 '위로부터의 역사'를 지향하므로, 위대한 사상가의 생각이나 전사의 용맹, 성자의 자선, 예술가의 창의성에 초점을 맞춰 이야기를 전개한다. 하지만 그들의 위대한 사상과 업적이 보통 사람들의 삶을 얼마나 행복하게 만들었는가에 대해서는 관심이 없었다. 알렉산더대왕 혼자서 동방 원정을 한 것이 아니라, 수많은 병사들이 함께하며 희생과 고통을 겪었다. 하라리는 그런 역사의 공백을 채워나가는 역사 인식의 전환을 요청한 것이다.[8]

데이비드 크리스천이 빅뱅부터 현재까지 과학 지식들의 퍼즐을 맞춰 과학사적 빅히스토리 모델을 창안했다면, 유발 하라리는 특정 국가와 민족이 아닌 인류 종 전체의 운명을 인문학적 상상력을 발휘하여 파노라마처럼 그려내는 빅히스토리 문명사 모델을 제시했다. 일반 역사학자들은 그 둘 모두를 역사학으로 인정하지 않는다. 전자는 과학사로 취급되고, 후자는 역사 교양서로 분류된다. 역사학자들은 실제 일어난 과거의 재현을 역사라고 지칭한다. 이에 반해 하라리는 역사를 쓰는 목적을 미래 전망으로 설정했다. 그는 현재의 우리가 만들어낼 수 있는 미래의 가능성이 무엇인지에 대한 인식 지평을 확대할 목적으로 과거에 대한 그림을 그린다고 했다. 역사학자들은 과거의 사실로부터 역사 지식을 생산하기 위해 역사를 연구하는 데 반해, 하라리는 인류 종말로 귀착될 수 있는 문명사의 궤도를 바꿀 수 있는 미래 역사를 빅히스토리로 상상해보고자 했다.

기억의 반대말은 망각이 아니라 상상이다. 기억은 직

---

8 유발 하라리, 『사피엔스』, 560쪽.

간접적 경험으로 얻은 정보를 다시 인출해내는 사고 작용이다. 역사는 과거 인류가 경험한 사건들 가운데 기억할 만한 것들을 기록하여 만들어내는 집단 기억이다. 실제로 일어난 일이 아니라서 경험되지 않은 것은 기억의 대상이 아니니, 역사로 기록되지 않는다. 역사적 교훈의 한계는 실제 일어난 사건에 대한 경험을 근거로 해서만 배울 수 있다는 점이다. 하지만 그때 그곳에서 일어난 것과 똑같은 일은 역사에서 벌어지지 않는다. 인간이 직면하는 삶의 현실이 계속 변한다면, 문제는 그런 미래의 불확실성을 어떻게 해결할 수 있느냐다. 특히 지구 역사에서 인간의 역사가 각주로 전락할 수 있는 인류세 대멸종의 위기에 직면해서, 역사가들이 인류 생존에 필요한 집단 학습의 교사 역할을 제대로 수행하고 있는가?

인간은 지구 생활자로 살고 있다. '둥근 땅'을 뜻하는 지구에 발을 딛고 사는 인간의 시야는 하늘과 땅에 맞닿아 있는 범위 내로 한정된다. 인간은 이성의 확대를 통해 집단 학습을 할 수 있는 역사의 인식 범주를 계속 확장해왔다. 그 과정을 통해 역사는 진보해왔다는 주장을 펼친 E. H. 카는 『역사란 무엇인가』의 마지막 장을 「지평선의 확대」로 장식했다. 카는 인류가 20세기 들어 비로소 역사의 지평선을 서유럽 바깥의 전 세계로 확장할 수 있었다고 보았다. 하지만 그는 세계사란 "모든 나라의 역사를 합쳐놓은 것과는 다른 것"[9]이라며 인식 지평을 확장한 주

역이 유럽인이라고 보았다는 점에서, 유럽중심주의자라
는 비판을 면하기 힘들다.

이런 인식의 한계를 극복할 수 있는 역사 서술이, 역사
의 무대를 세계에서 지구로 확대한 글로벌 히스토리glob-
al history다. 글로벌 히스토리는 유럽과 비유럽 문명이 교
류하고 소통하면서 하나의 휴먼 웹으로 연결되는 세계화
과정으로서 인류 역사를 재구성했다.[10] 이로써 한때 하나
의 큰 대륙이었다가 여러 조각으로 쪼개지면서 바다를
사이에 두고 갈라져 있던 지역 단위의 문명사가 하나의
지구사로 통합 서술될 수 있었다.

'세계화의 역사'가 지구 역사 자체를 변화시킨 기점이
인류세다. 인류세는 세계화의 역사를 넘어 행성 역사의
차원에서 규정된 시대구분이다. 즉 인류세에 인류 생존과
미래 문명의 지속 가능성을 모색하기 위해서는 행성 차
원의 빅히스토리로 인식 전환이 필요하다. 인류 문명이
더는 성장을 지속할 수 없는 전대미문의 막다른 골목에
서, 역사 인식의 범주를 행성 차원으로 확장하여 새로운
길을 여는 내비게이션이 빅히스토리다. 하지만 빅히스토
리가 내비게이션으로서 작동하려면, 과거에 대한 역사 지
식만으로는 불충분하다. 새로운 미래를 만들 수 있는 역

9   E. H. 카, 『역사란 무엇인가』, 김택현 옮김, 까치, 221쪽.

10   존 맥닐·윌리엄 맥닐, 『휴먼 웹―세계화의 세계사』, 유정희·김우영 옮
김, 이산, 2007.

사적 상상력을 발휘해야 한다.

과학적 사실과 인문학적 의미를 연결하는 다리

인류가 새로운 미래를 창조하는 힘은 결국 과학에 있다. 하지만 오늘날 인류는 과학이라는 호랑이 등에 올라타 계속 질주할 수밖에 없는 딜레마에 처해 있다. 과학은 정량적으로 측정되고 수학이라는 언어로 표현되는 것만을 연구 대상으로 삼는다는 갈릴레오 패러다임에 근거해 지식을 생산한다. 우리가 생활 세계에서 천동설을 경험하며 살고 있으면서도, 지동설이 진리라고 말하게 하는 것이 과학의 힘이다. 진리에 관한 한 과학은 종교에 승리했고, 종교의 지배 영역은 과학이 알 수 없는 영역으로 한정됐다. "천체물리학자 닐 디그래스 타이슨은 말했다. '과학이 좋은 점은 당신이 믿든 안 믿든 사실이라는 것이다.'"[11] 과학은 사실에 관한 지식을 얻기 위해서 목적론적 설명을 제거했다. '왜' 생명이 탄생했는지를 묻지 않고, '어떻게' 생명이 생겨났는지를 탐구했다.

과학은 '왜' 우리가 여기에 존재하느냐는 물음에 답하

11 루크 오닐, 『휴머놀로지—42억 년 동안 인간과 생명은 어떻게 이어져왔을까?』, 김정아 옮김, 파우제, 2020, 156쪽에서 재인용.

려는 시도를 아예 하지 않는다. 과학의 주된 관심사는 우리가 '어떻게' 여기에 존재하느냐다. [……] 종교는 대개 우리가 '왜' 여기에 존재하느냐를 다루는 영역이다(답은 신 또는 신들이 우리를 만들어서다). 따라서 두 영역은 서로 별개이므로, 둘을 섞으려 할 때는 문제가 불거질 수 있다.[12]

갈릴레오 이후 종교와 과학은 일종의 상호 불가침조약을 맺었다. 과학이 지식을 대학에서 연구한다면, 종교는 믿음을 교회 또는 개인의 내면에서 키운다. 그런데 과학지식이 비약적 발전을 하면서 종교적 믿음을 시험에 들게 하는 일들이 발생한다. 예컨대 『구약성서』에서 말하는 천지창조의 연대를 과학적으로 계산하고 십자가에 매달린 예수의 몸의 흔적을 담고 있다는 토리노 수의壽衣 연대를 방사성 탄소로 측정해보니, 교회의 가르침이 허위로 드러났다.

그런 사례가 많아질수록 과학은 종교 문제와 거리를 두는 것이 올바른 연구 자세라는 인식이 자리 잡았다. 과학자들은 '왜'의 문제를 괄호 치고 오로지 '어떻게'를 통해 사실이 무엇인지를 밝히는 것이 진리를 추구하는 올바른 길이라고 믿는다. 그런데 문제는, 갈릴레오의 경우

___

12 같은 책, 138~39쪽.

처럼 종교의 '왜'가 과학의 '어떻게'를 규정하면 연구를 막는 도그마가 되지만, '어떻게'의 문제만을 붙잡고 '왜'에 대한 성찰을 하지 않으면 무의미하거나 위험한 연구가 될 수 있다는 점이다.

유전자 복제와 인공지능 연구에서 가장 중요한 문제가 초기조건을 어떻게 설정하느냐다. 컴퓨터과학에서는 이 초기조건을, 사용자가 값을 지정하지 않아도 컴퓨터 시스템 자체에서 저절로 주어지는 내정된 값이라는 뜻으로 기본 값이라 지칭한다. 인간 복제가 가능한 정도까지 과학기술이 발전했다면, 더 늦기 전에 인간 존엄이나 생명 윤리에 대한 기본 값 설정에 대한 논의를 시작할 때다. 다시 말해 어떻게 인간을 복제할 것인가의 과학적 연구에 앞서, '왜 인간을 복제하는가?'를 묻는 인문학적 성찰을 해야 하는 것이다.

인공지능 개발이 가속화되는 상황에서 선택의 시간은 우리에게 점점 더 가까이 다가온다. 사람과 같은 공간에서 작업하면서 사람과 물리적으로 상호작용 하는 '협동로봇cobot, collaborative robot'을 우리가 원하는가, 아니면 포스트휴먼이란 새로운 생명체로 진화하는 미지의 길을 따라 나아갈 것인가? 이 문제는 현재의 우리뿐 아니라 미래 인류의 운명을 결정한다. 따라서 더 이상 되돌릴 수 없는 임계 지점을 넘기 전에, 왜 우리가 인공지능이란 '판도라 상자'를 열고자 하는지에 대한 범인류적 논의가

시급하다.

'왜'와 '어떻게,' 이 둘 중 어느 하나가 다른 하나를 억압하거나 배제하지 않고 조화를 이루는 화이부동和而不同의 관계를 맺어야 한다는 것이, 과학과 인문학을 연결하는 다리가 필요한 이유다. '어떻게'의 질문으로 우주에서 일어난 사실을 밝혀내는 과학이 지식을 생산하는 학문이라면, 모른다는 것을 알고 '왜'라는 질문으로 의미를 추구하는 인문학은 상상력의 학문이다. 사실로서 지식은 유한하지만, 허구인 상상력은 무한하다. 인간에게 상상력은 자기 한계와 실재의 경계를 넘어 다른 차원과 소통하고 이동할 수 있는 매체이자 교통수단이다. 상상력이 없는 지식은 맹목적이지만, 지식을 기반으로 하지 않은 상상력은 공허하다.

과학은 결국 인간 생로병사의 비밀을 풀 수 있는 단계까지 발전할 것이다. 하지만 문제는, 일찍이 막스 베버가 근대 학문의 딜레마로 지적했듯 우리가 '과학적' 세계관을 가질 수 있지만 '과학' 그 자체를 세계관으로 삼을 수는 없다는 점이다.[13] 인간 없는 과학은 무의미하며 불가능하다. 인간이 과학을 할 때, '과학적' 세계관이 성립할 수 있다. 이 같은 과학의 한계 지점을 베버는 톨스토이를 인용해서 말했다. "과학은 의미가 없다. 왜냐하면 과학은

---

13 막스 베버, 『직업으로서의 학문』, 전성우 옮김, 나남출판, 2006, 9쪽.

우리에게 가장 중요한 문제인 '우리는 무엇을 해야 하며 어떻게 살아야 하는가'에 대해 어떤 답도 주지 못하기 때문이다."[14]

사실관계 규명에만 전념하는 과학은 '인간은 무엇을 위해 어떻게 살아야 하는가'에 대한 인간의 실존적 의미 탐구를 자신의 영역에서 추방했다. 유명한 SF 소설가인 아이작 아시모프는 "현재 생명의 가장 슬픈 측면은 사회가 지혜를 얻는 것보다 빠른 속도로 과학이 지식을 모은다는 것이다"라고 말했다. 사회가 지혜를 얻게 해주는 것이 인문학의 역할이다. 그런데 인문학으로 얻는 지혜는 산술급수로 늘지만, 자연과학이 지식을 축적하고 변화시키는 속도는 기하급수로 증가한다. 과학과 인문학의 연결을 추구하는 빅히스토리는 이런 지식과 지혜의 불균형을 해소할 수 있는 융합 학문의 길을 모색한다는 점에서 중요한 의미를 가진다.

역사의 물질적 전환과 빅히스토리

모든 것의 기원은 빅뱅이다. 빅뱅을 통해 물질과 에너지 그리고 시간과 공간이 생겨났다. 물질과 에너지는 본

---

14 Max Weber, "Wissenschaft als Beruf," *Gesammelte Aufsätze zur Wissenschaftslehre*, Mohr, 1988, p. 598.

질적으로는 같다. 그 둘이 호환된다는 것을 밝힌 공식이 아인슈타인의 $E=mc^2$이다. 우주에서 에너지는 열역학 제2법칙에 입각해 전체적으로 연결되어 있고, 슈뢰딩거가 음의 엔트로피라고 명명한 생명 또한 그런 에너지 흐름 속에서 생겨났다가 사라진다. 다윈은 지구에서 생명이 변화해온 전개 과정을 진화로 설명했다. 공기, 미생물, 바이러스, 돌, 나무, 사람 등 존재하는 모든 것은 입자로 구성돼 있다. 이 입자들의 구성과 배열로 모든 물질이 생겨나고 다양한 생명 종이 출현한다. 이렇게 모든 것을 물질적 연결의 관계적 존재론으로 보는 패러다임이 '물질적 전환'[15]이다.

물질적 전환은 인간만을 인식과 행위의 주체로 설정하고 다른 존재와의 관계를 규정하는 인간중심주의를 해체하고, 인간 정체성과 문화를 물질세계의 일부분이자 산물로 이해하는 신유물론에 입각해 있다. 이에 따르면, 인간만이 아니라 세상에 존재하는 것들은 나름대로 행위자이며, 세상은 그런 행위자들의 네트워크로 이뤄져 있다. 물질적 전환을 추구하는 대표적인 이론으로는 브뤼노 라투르의 행위자-네트워크 이론, 캉탱 메야수 등의 사변적 실

---

15 브뤼노 라투르, 『우리는 결코 근대인이었던 적이 없다―대칭적 인류학을 위하여』, 홍철기 옮김, 갈무리, 2009; 브뤼노 라투르 외, 『인간·사물·동맹―행위자네트워크 이론과 테크노사이언스』, 홍성욱 엮음, 이음, 2010; 김환석, 「사회과학과 신유물론 패러다임―사회학 분야를 중심으로」, 『안과밖』 48, 2020, 121~40쪽.

재론, 그레이엄 하먼의 객체 지향 존재론, 도나 해러웨이, 로지 브라이도티, 애나 칭 등의 페미니즘적 포스트휴머니즘, 제인 베넷의 생기론적 유물론 등이 있다. 인류세라는 전대미문의 인류 문명사적 위기에 직면해서 나온 이 새로운 학문 경향성은 언어적 전환 이후 가장 큰 패러다임으로 부상했다.

인간은 지구에서 생명 종의 다양성을 훼손하고 에너지 사용을 독점하는 방향으로 문명을 발달시켰다. 그런 문명 진보가 임계점에 도달한 시대가 인류세다. 인류세에 인간은 유사 이래 가장 큰 문명사적 전환기를 맞이하고 있다. 문명의 전환을 선도하는 두 축으로 4차 산업혁명의 디지털 변환과 포스트 화석연료 시대를 열 수 있는 신재생에너지 전환이 이야기된다. 이제 인류는 문명 전환의 길을 찾아야 한다.

인간은 지구 생태계에서 새로운 지역으로 들어가면 거기에 살고 있는 종들을 지배하거나 몰아내고 멸종시키는 가장 강력한 침입 종이자 최상위 포식자로서 상태계 안에 위치한다. 원래 최상위 포식자란 모든 생명체 위에 군림하는 전제자가 아니라 종의 개체 수를 조절하는 역할을 하는 종을 지칭한다. 그에 관한 유명한 사례가 미국 옐로스톤 국립공원의 늑대다. 1930년대 옐로스톤 국립공원의 최상위 포식자였던 늑대는 주변 가축의 피해를 염려한 농부들에 의해 사라졌다. 그러자 엘크 등 사슴 종류의 개체 수가 크게 증가했는데, 그들이 국립공원의 풀과 나뭇잎을 거의 싹쓸이하는 바람에 숲은 황폐해졌다. 먹이가 부족해지자 엘크들은 강가의 나무까지 먹어치우는 일이 벌어졌다. 그로 인해 강변의 토양이 침식되고 강에 살던 비버 등의 동물들까지 생존의 위협을 받게 되는 등 국립공원 생태계 전체가 대혼란에 빠졌다. 결국 미국 정부는 1995년 캐나다로부터 늑대를 들여와 국립공원에 풀어놓았다. 그 후 과도하게 많던 사슴의 개체 수가 줄어들면서 숲이 복원되고 생태계가 회복되었다.

46억 년 지구 역사에서 모든 존재는 서로 연결되어 진화했다. 이 연결을 재인식하는 사고 프레임으로서 물질적 전환은 인본주의의 틀을 깨고 지구에서 인간의 위치를 성찰하게 만든다. 지구 생태계는 '닫힌 원closing circle'으로 순환해야 지속 가능하다는 전제하에 배리 카머너는 다음과 같은 생태학의 네 가지 법칙을 제안했다.[16]

제1법칙　모든 것은 다른 모든 것들과 연결되어 있다.
제2법칙　모든 것은 어디엔가 남아 있게 된다.
제3법칙　자연이 제일 잘 안다.
제4법칙　공짜 점심 같은 것은 없다.

16　배리 카머너, 『원은 닫혀야 한다―자연과 인간과 기술』, 고동욱 옮김, 이음, 2014.

팬데믹과 기후 위기는 결국 인간이 네 가지 생태학 법칙을 위반한 징벌로 찾아왔다. 이들은 여섯번째 대멸종의 징조다. 물질적 전환을 통해 인본주의의 틀을 깨자고 주장하는 이유는, 인간 위주로 조망된 역사의 인식 지평을 지구와 우주의 관점에서 재인식하지 않으면 현재 인류가 직면한 생존 위기의 돌파구가 열릴 수 없다는 데 있다. 중요한 것은 의식이다. 인간이 살아 있다는 것은 몸이 물질대사를 한다는 것 이외에 의식을 갖고 행동한다는 것을 의미한다. 인간을 인간답게 만드는 것, 곧 생태학의 네 가지 원칙에 따르는 삶을 살도록 이끄는 것은 의식이다. 인간은 다른 생명체와 마찬가지로 이기적 유전자의 노예로 태어났지만, 자신이 그렇다는 것을 알고 유전자의 명령에 따르지 않는 행동을 할 수 있는 유일한 생명체다. 인간이 이 능력을 갖추게 된 것은 뇌의 전전두피질 영역이 뇌의 여러 부분과 복잡한 네트워크 관계를 맺게 되면서부터다. 그로부터 발현된 자기 주지적 의식은 시간의 흐름 속에서 우리 자신에 대한 심적 모델을 형성하는 능력을 부여했다. 그것을 통해 인간은 자신을 개인적 과거를 가진 실체로 경험하는 한편, 미래의 자기 자신에 대한 상상력을 갖도록 하고, 더 나아가 결국 존재하지 않게 될 실존에 대해서도 자각할 수 있는 의식 수준에 이르게 했다.[17]

인간의 의식을 깨우는 가장 중요한 질문이 '우리는 어

디서 왔고, 무엇이며, 어디로 가는가?'의 3문이다. 이제 우리는 더 늦기 전에 인문학 3문을 화두로 삼아 인간이 시간과 공간을 다스리는 문명 공식을 '리셋'할 수 있는 기본 값을 재설정하기 위한 집단 학습에 노력을 기울여야 한다.

17 조지프 르두, 『우리 인간의 아주 깊은 역사』, 485쪽.

5부
인문학 3문과 빅히스토리

15장
우리는 어디서 왔는가

3간의 매트릭스로서 역사

역사란 과거를 탐구하여 인문학 3문인 '우리는 어디서 왔고, 무엇이며, 어디로 가는가'에 답하는 이야기다. 인문학 3문은 현생인류의 과거, 현재, 미래에 관한 질문이고, 역사가는 이 질문에 대한 답을 인간, 시간, 공간이란 3간의 조합을 통해 일관된 이야기로 역사를 쓴다. 모든 이야기는 시작과 끝으로 구성된다. 그 둘을 연결해 스토리 라인을 형성하는 구조를 지칭하는 말이 플롯이다. 역사가들은 1894년 전라도에서 농민들이 봉기를 일으킨 사건에 '동학 난' '동학 혁명' '동학 운동' '갑오농민전쟁' 등 여러 이름을 붙이며, 서로 다른 플롯으로 복수의 의미를 부여한다. 이 플롯 구성의 차이를 만들어내는 가장 중요한 지점이 과거 사건을 재구성하는 이야기의 시작을 어떻게 하느냐다. '시작이 반이다'란 말처럼, 첫 단추를 어떻게 끼우느냐에 따라 이야기의 결말이 상당 부분 결정된다.

이 시작에 관한 질문이 첫번째 '우리는 어디서 왔는가'다. 이는 우리의 기원에 대한 물음이다. 그런데 우리의 과거를 결정하는 것은 '과거'인가, '우리'인가? 실제로 둘은 동전의 양면처럼 붙어 있다. 우리를 무엇으로 인식하느냐에 따라 과거의 범위가 달라지고, 어디까지를 우리의 과거로 보느냐에 따라 우리 정체성이 달라진다. 역사란 그 둘을 결정하는 서사다. 예컨대 김부식의『삼국사기』와 일연의『삼국유사』는 고려의 정체성에 관한 이야기이지만, 각기 함축한 '우리'가 다르다. 김부식은 고려의 전사前史를 삼국시대로 보고, 삼국의 건국 순서를 신라, 고구려, 백제의 차례로 하여『삼국사기』를 편찬했다. 일연은 김부식의 신라 정통론을 부정하고, 고려의 뿌리를 고조선과 단군까지 소급하여『삼국유사』를 썼다.[1]

역사의 주인공은 인간이다. 그런데 헤로도토스든 사마천이든, 모든 인간을 주인공으로 역사를 쓰지는 않았다. 자기가 살고 있는 정치 공동체라는 공간을 준거로 '우리'를 설정하고 시간을 거슬러 올라가 그 기원을 찾으며 인간, 시간, 공간의 3간을 조합한 역사를 썼다. 이는 자국사를 구성하는 기본 공식이다. 자국사란 결국 역사 3간의

---

1   김기봉,「한국 고대사의 계보학」,『한국고대사연구』52, 2008, 19~56쪽.

구성을 어떻게 하느냐에 달려 있다.

국내에서 일어난 역사 교과서 논쟁도 역사 3간의 조합을 둘러싼 이념과 정치 진영의 차이로부터 비롯했다. 이 논쟁의 아킬레스건은 한국 근현대사 서술에서 역사의 주인공인 '우리'를 누구로 설정하느냐다. 역사 3간 가운데 첫번째 요소인 인간의 경우에는 '우리'라는 정체성을 규정하는 코드를 민족으로 할 것인가, 아니면 대한민국 국민으로 할 것인가가 쟁점이다. 두번째 요소인 공간은 한반도 전체로 삼을 것인가, 남한만을 삼을 것인가로 진보와 보수 사이에 의견이 갈린다. 세번째 요소인 시간의 경우, 대한민국의 건국 시점을 둘러싸고 담론 투쟁이 벌어졌다. 논쟁의 전선은 출발점을 1919년 대한민국임시정부의 탄생으로 보느냐, 또는 1948년 대한민국 정부 수립으로 보느냐에 따라 형성되었다. 이렇게 다른 시작으로 전개되는 한국 현대사 이야기는 분단국가라는 비극으로 볼 것인가, 아니면 '한강의 기적'이라는 희극으로 볼 것인가에 따라서도 플롯 구성이 완전히 달라진다.[2]

국가 간의 역사 분쟁도 역사 3간을 조합해 자국사를 구성하는 문법의 차이에서 기인한다. 예컨대 일반적으로 한국사는 민족을 상수로 시간과 공간의 매트릭스를 짠다. 이에 반해 한漢족과 55개 소수민족으로 구성된 중국은

2　김기봉, 「역사 교과서 논쟁 어떻게 할 것인가—'역사의 정치화'에서 '정치의 역사화'로의 전환을 위하여」, 『역사학보』 198, 2008, 379~406쪽.

민족이 아니라 영토라는 공간을 준거로 중국사를 규정한다. 그래서 현재의 중국 영토에 있었던 모든 왕조의 역사를 중국사로 편입시켜서 고조선과 고구려도 중국사의 일부라고 주장한다. 따라서 한국과 중국 사이에 역사 분쟁이 일어나는 근본 원인은 역사 3간의 행렬 조합으로 자국사를 구성하는 매트릭스의 차이에 있다.

문제는 매트릭스 차이에서 발생하는 역사 분쟁을 어떻게 해결할 수 있는가다. 인간을 상수로 한 한국사 매트릭스와 공간을 준거로 한 중국사 매트릭스의 충돌로 빚어진 한중 역사 분쟁을 조정할 수 있는 결정 요인은 3간 가운데 나머지 하나인 시간 변수다. 중국은 오랫동안 고조선과 고구려를 중국사가 아니라 중국과 적대적이었던 오랑캐의 역사로 인식해왔다. 그런 중국이 전통적 역사 인식을 무시하고 주변국의 역사를 침탈하는 역사 공정을 벌이는 근저에는, 중국을 다시 제국으로 부상시키려는 신중화주의 야욕이 숨어 있다.

3간의 재구성과 역사 정체성

'우리는 누구인가'의 정체성은 시간의 흐름 속에서 시작과 끝을 연결하는 자국사 서술을 통해 주입되는 집단 기억이다. 집단 기억을 만들어낼 때 제기되는 가장 어려운 문제가 자국사의 실마리를 어떻게 푸느냐다. 자국사를 어떻게 시작하느냐로 국가와 민족 정체성의 코드가 결정된다. 고대사와 중세사처럼 국가와 민족 정체성이 없었던 시기의 자국사는 어떻게 쓸 것인가? 근대 역사학은 보통 고대와 중세의 역사까지 국가와 민족의 전사로 씀으로써 성립했다. 따라서 과학적 역사 서술 모델을 정립했다는 근대 역사학은 인류의 역사를 국가와 민족의 역사로 환원하는 역사 3간의 매트릭스라는 점이 치명적인 한계로 지적될 수 있다.

근대 역사학의 문제를 극복할 수 있게 해주는 대안적 역사 서술이 문명사다. 앞서 지적했듯, 우리 시대 가장 유명한 중세사학자인 르 고프에 따르면 문명은 역사 3간을 총체적으로 결합시켜서 시간과 공간을 어떻게 다스리느냐로 정의된다. 그는 중세를 암흑시대로 평가절하 하는 대신 정당하게 역사 속에 위치시킬 수 있는 방법론으로, 이 문명 개념에 입각한 역사 서술 모델을 제시했다. 문명사는 역사 3간을 가장 포괄적으로 조합해서 인문학 3문에 대한 가장 큰 답을 추구하는 역사 서술이다. 프랑수아 기조는 "문명의 역사는 모든 역사 가운데 실로 그 모든 것을 포함하는 가장 거대한 역사"[3]라고 말한 바 있다.

문명사적 역사학 3간의 구성 문법에서 첫번째 요소인

---

3 프랑수아 기조, 『유럽 문명의 역사—로마 제국의 몰락부터 프랑스혁명까지』, 임승휘 옮김, 아카넷, 2014, 33쪽.

인간은 모든 인류를 의미한다. 한 인물의 전기를 쓸 때 그가 태어난 시점부터 이야기를 시작하는 것처럼, 문명사적 역사 서술 역시 인류가 지구라는 역사의 무대에 처음 등장한 시점부터 시작할 필요가 있다. 현생인류인 호모 사피엔스의 탄생 시점은 20만 년 전으로 알려졌다가, 최근 화석의 발견을 통해 연대가 계속 올라가는 경향성을 보인다. 그런데 역사학에서 인류의 등장 시기와 과정은 연구 대상이 아닐 뿐 아니라 역사 이야기 구성에 별다른 영향을 미치지 않는다. 일반적으로 역사학은 아무리 길게 잡아도 현생인류가 지구상에 존재한 시간의 약 60분의 1에 불과한 5천 년 전부터 역사시대로 설정해 그 시간 범위만을 연구 대상으로 삼는다. 그 이전은 선사시대로 지칭하면서, 역사가 아직 없었던 시대로 간주한다.

그렇다면 역사학은 어떤 근거로 인류가 살았던 과거 대부분의 시간을 선사시대로 보는가? 역사학에서 역사가 있느냐 없느냐를 판단하는 기준은 문자 기록의 유무다. 인류가 문자를 발명한 이후에나 역사를 쓸 수 있었기 때문에 그 후만을 역사가 있는 시대로 설정하는 것이다. 하지만 문자 이전의 구술 시대에는 역사가 없다고 보는 것이 과연 옳은가?

흔히 역사가들은 기록이 없으면 역사가 없다고 말한다. 이 원칙이 생겨난 것은 동서양 양쪽에서 역사라는 용어 자체가 기록으로부터 탄생했기 때문이다. 중국에서 역사를 뜻하는 한자 '사史'는 역사가를 지칭하는 용어 '사관史官'에서 나왔다. 다시 말해 역사 기록을 남길 목적으로 사관이란 관직이 만들어진 것이 아니라, 사마천 가문처럼 천문天文을 담당하던 태사령太史令에서 유래한 직책인 사관이 쓴 기록을 가리키는 용어로 사史란 말이 생겨났다. 과거에 대한 기록으로서 역사가 성립한 것이 아니라, 기록자가 탐구하여 서술한 것을 지칭하는 용어로 역사라는 서사가 탄생했다는 것이 동서양의 사학사에서 동일하게 나타난 현상이다. 서양에서 'history'라는 용어도 헤로도토스가 페르시아전쟁을 탐구 조사해 기록한 책 제목에서 유래한 말이다.

이처럼 역사가에 의한 기록으로 역사가 만들어진다는 생각이, 역사의 시작을 인류의 탄생이 아닌 문자의 탄생으로 보는 관념을 형성했다. 근대 역사학 모델도 이런 문자 역사의 전통에 입각해서 성립했다. 랑케는 사료 비판을 전제로 해서만 과학적 역사 연구를 할 수 있다는 원칙에 입각해 오늘날 실증 사학이라 불리는 근대 역사학의 첫번째 과학 모델을 정립했다.

이런 문자 중심의 역사학은 과거 인류가 살았던 대부분의 시간을 역사 영역 밖으로 추방할 뿐만 아니라, 두번째 물음인 '우리는 무엇인가'에서 '우리'의 정체성을 문자 기록을 남긴 자들의 목소리로 규정하는 경향을 낳았다. 문자 기록을 남긴 자들은 대부분 지배자들이다. 결국 그들을 주인공으로 하는 역사 이야기를 쓴 셈이다. 그들에게 역사는 인류 전체가 아니라 왕조와 국가와 같은 특정 정치 공동체의 서사를 의미했고, 이로써 역사 이야기의 공간적 프레임이 정해졌다. 동아시아에서 역사는 주로 왕조의 정통성을 확립하기 위한 정사正史로 편찬됐다. 헤로도토스 또한 페르시아전쟁에서 승리한 선조의 위대한 업적을 후손들이 잊지 않고 그리스인 정체성을 보전하도록 『역사』를 기록했다고 첫 문장에서 밝혔다. 이렇게 '우리는 무엇인가'에 대한 이야기가 인류 보편사가 아니라 특정 정치 공동체의 집단 전기로 쓰임으로써, 역사는 일반적으로 정치사라는 고정관념이 자리 잡았다.

지나간 시간을 품은 장소

오랫동안 이어진 정치사 위주의 역사학 패러다임을 극복하게 해준 역사가가 '역사학의 교황' 페르낭 브로델이다. 그는 역사 3간 가운데 공간을 상수로 하는 구조사라는 새로운 역사학 패러다임을 창안했다. 모든 변화는 시간 속에서 일어난다. 하지만 변화가 일어날 조건과 토대를 형성하는 것은 지속적으로 있는 공간이다. 공간은 지나간 시간을 품고 있는 장소이며, 역사를 발생시키는 모태와 같다. 프랑스 아날학파 창시자 가운데 한 사람인 마르크 블로크는 『역사를 위한 변명』에서 역사학을 "시간 속의 인간에 관한 학문"이라 정의했다.[4] 이 정의에는 역사 3간 가운데 공간이 생략돼 있는데, 공간이 인간 존재와 역사 생성의 기본 조건임을 이미 상정했기 때문이다.

브로델은 역사의 상수로서 공간을 재인식하는 차원에서 역사적 시간을 세 층위로 구분했다. 첫번째는 사건으로 인식되는 짧은 시간이다. 이것은 표면의 물결처럼 나타났다가 곧 사라지는 시간이다. 두번째는 경제 주기처럼 반복되는 시간이다. 이것은 일정한 리듬을 형성하는 중층적 시간이다. 세번째는 지리적 공간처럼 변하지 않고 지속적으로 존재하는 심층적 시간이다. 무엇보다 지리적 공간은 역사의 심층적 시간을 담고 있는 장소다. 예컨대 한국사를 구성하는 역사 3간 가운데 가장 변하지 않는 구조는 한반도라는 역사 공간이다. 한반도라는 지정학적 위치가 한국사의 운명을 결정하는 가장 중요한 요인이라는 것은, 오늘날 중국과 미국이 세계 패권 경쟁을 벌이는 G2 시대에도 변함없다.

구조사적 역사 인식은 역사 3간 가운데 종래 역사학에서 가장 주목받지 못했던 공간을 근본적인 요인으로 설정하는 '공간적 전환spatial turn'을 일으켰다. 브로델의 구조사 이후 역사의 공간적 전환은 크게 세 가지 방식으로 업그레이드되었다.

---

4   마르크 블로크, 『역사를 위한 변명』, 고봉만 옮김, 한길사, 2007.

첫번째는 인류가 전 지구를 하나의 역사 공간으로 확대해나가는 과정을 서술하는 글로벌 히스토리다. 전 지구가 하나의 역사 공간으로 통합된 결정적 계기는 1492년 콜럼버스 항해로부터 촉발된 대항해 시대다. 콜럼버스의 항해는 역사의 무대가 육지로부터 바다로 확장되는 역사적 전환점을 이루는 사건이다. 대항해 시대 이후 '바다를 지배하는 국가가 세계를 지배한다'라는 것이 역사의 흐름이 되었다.[5] 바다는 대륙을 갈라놓는 장벽이 아니라 교류의 길이 되었고, 바닷길로 진출했느냐가 동서양의 운명을 갈랐다. 글로벌 히스토리는 이처럼 인류가 전 지구를 하나의 삶의 공간으로 통합해나가는 세계화의 과정으로 역사를 서술한다.

두번째는 역사의 장을 자연 생태계까지 확대한 환경사다. 인류는 환경의 지배를 받다가 환경을 지배하는 '지구의 정복자'로 변모한 지구상의 유일한 생명체다. 이런 현생인류의 특이성을 반영하여 인류세라는 새로운 지질시대 용어가 만들어졌다. 하지만 인류의 장래는 결코 밝지 않다. 생태계의 파괴라는 자연의 복수에 직면해 있기 때문이다. 환경사는 역사 3간의 시간과 공간을 확장했다. 먼저 시간 축을 46억 년에 달하는 지구 역사로 넓혔고, 공간 축을 자연 생태계 전체로 확대했다. 이런 확장을 통해

---

5   주경철, 『대항해 시대—해상 팽창과 근대 세계의 형성』, 서울대학교출판부, 2008.

환경사는 인간만이 역사의 주인공이 아니라 동식물과 미생물, 숲, 강, 기후, 생태 등에도 역사성을 부여함으로써 인간중심주의 역사 서사에서 탈피하여 다른 생명체와 공생하는 대안적 문명 패러다임을 추구하는 역사 서술이다.

세번째는 지구 차원을 넘어서 우주의 관점에서 현생인류의 기원과 문명의 지속 가능성을 조망하는 빅히스토리다. 빅히스토리는 빅뱅부터 세상 만물에 대한 모든 이야기를 역사로 포괄한다. 빅히스토리는 '우리는 어디서 왔는가'의 물음을 138억 년 전 빅뱅으로 소급한다. 모든 존재의 근거가 되는 물질과 에너지, 시간과 공간이 탄생하는 우주의 시작으로 '우리' 과거의 범주를 확장하여 기원 문제를 탐구한다. 기원에 대한 연구는 기본적으로 역사가 아닌 과학으로 여겨졌는데, 빅히스토리는 역사와 과학의 융합을 통해 시간의 지도를 그리는 '현대판 창조 신화'를 추구한다. 빅뱅이 우주의 시작이므로 모든 것은 다른 모든 것과 연결되어 있다. 빅히스토리는 기독교의 창조론 대신에 이 연결과 연쇄가 어떻게 이뤄졌는지 설명하는 이야기를 추구한다.

진화의 대서사시와 빅히스토리

우주의 거대 서사를 구성하는 빅히스토리의 등장과 함

께 역사 3간에서도 '창백한 푸른 점'을 초월하는 빅뱅이 일어났다. 우주는 시간과 공간을 담고 있는 그릇이다. 여기서 인간은 어떻게 생겨났는가? 이에 관한 질문이 '우리는 어디서 왔는가'다. 인류는 오래전부터 그 물음을 던져왔다. 빅히스토리는 그 답을 과학 지식, 곧 신화나 종교 같은 전승된 서사가 아니라 과학적으로 검증된 사실들을 바탕으로 구성해내고자 한다. 이는 한마디로 '탈주술화된' 기원 이야기를 추구하려는 노력이다. 이는 칸트의 말을 빌려 표현하면, 인류의 기원에 대해 "감히 알고자 한다"라는 계몽의 자세다. 자기 자신에게 책임이 있는 미성숙에서 벗어나는 계몽은 자의식을 각성하는, 이른바 '철드는' 때부터 시작된다.

인류는 언제부터 철들기 시작했을까? 그 답은 시각과 관점에 따라 많이 다를 수 있다. 빅히스토리의 입장에서는, 종교나 철학의 담론이 아니라 과학에 입각해 인간과 세상에 대해 설명하려 할 때라고 말할 수 있다. 그런 맥락으로 니체 이후에 신의 자리를 다시 없앤 유명한 과학자가 『이기적 유전자』의 저자 리처드 도킨스다. 그는 "어떤 행성에서 지적 생물이 성숙했다고 말할 수 있는 것은 그 생물이 자기의 존재 이유를 처음으로 알아냈을 때"라고 했다. 그렇다면 도킨스는 그때가 언제라고 보았는가? 그는 이렇게 말했다. "만약 우주의 다른 곳에서 지적으로 뛰어난 생물이 지구를 방문했을 때, 그들이 우리의 문명

수준을 파악하기 위해 맨 처음 던지는 질문은 '당신들은 진화를 발견했는가?'의 물음일 것이다."[6] 한마디로 인류의 기원을 진화론적으로 설명할 수 있게 된 시점이라는 것이다.

진화를 안다는 것에는, 창조론이 전제했던 인간 예외주의에서 탈피하여 지구 생태계 다른 존재와의 연관성 속에서 인류 종이 발생했음을 알아냈다는 뜻이 있다. 진화를 지구의 범위를 넘어 우주의 차원까지 확대 적용하여 인류 역사에 대해 이야기하려는 시도가 빅히스토리다. 빅히스토리는 인간이 역사의 주인공임을 부정하지는 않는다. 단지 시간과 공간을 우주의 범위로 확장해 인문학 3문에 대한 과학적인 답을 제시하려는 것이다. 이렇게 인식 지평을 확대할 수 있는 관점의 전환이, 도킨스의 제안대로 외계인의 시각에서 인류를 관찰하는 태도다.

진화라는 과학이 인류의 기원을 설명하기 이전에는 철학과 종교가 그 문제에 대한 담론을 주도했다. 고대 로마에서 중세까지 서구인들에게 가장 일반적으로 통용된 우주의 질서는 '존재의 대사슬'이었다. 그것은 창조주인 신을 정점으로 해서 천사-사람-동물-식물-무생물로 만물의 위계질서를 세우는 방식이다.

창조론에 기반한 '존재의 대사슬'을 끊어내고 생명체

---

6   리처드 도킨스, 『이기적 유전자』, 40쪽.

디다쿠스 발라데스, 「존재의 대사슬」,
『기독교 수사학*Rhetorica Christina*』, 1579.

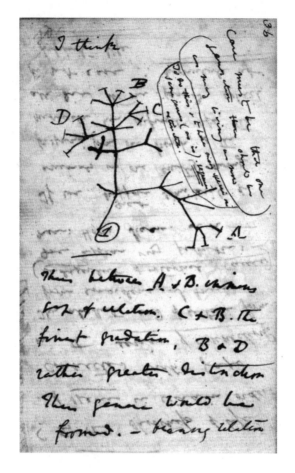

찰스 다윈이 『종의 기원』에 그린 생명의 나무.

의 관계망을 유물론적으로 재구성한 과학자는 찰스 다윈
이었다. 그는 신의 설계가 아니라 자연선택의 소산으로
생물 종이 진화해 인류가 탄생했음을 '생명의 나무' 모형
을 통해 그려냈다.

인간도 자연의 일부라는 과학자들의 주장을 인문학자들이 그대로 수용한다면, 인문학이란 학문의 고유성을 어디서 찾을 수 있는가? 철학자나 역사학자 등과 같은 인문학자들은, 인간이 사는 세계는 자연이 아니라 문화임을 강조하는 방식으로 학문적 독자성을 세우고자 했다. 생각하는 동물인 인간은 자기 자신이 짠 의미망에 매달려 사는 특별한 존재다. 그 의미망이 바로 문화다. 서양에서 문화를 지칭하는 말인 영어 'culture'와 독일어 'Kultur'가 '경작하다' 또는 '재배하다'를 뜻하는 라틴어 'cultus'에서 유래했듯, 문화란 자연에 인간의 작용을 가하여 그것을 변화시키거나 새롭게 만들어낸 것을 의미한다. 다시 말해 인간은 자연의 지배에서 벗어나 자연을 인위적으로 변화시켜서 문명을 건설하는 예외적 동물이란 것이다.

인간이 문명을 건설한 요인은 지능에 있다. 지능이란 주어진 자연을 바꿀 수 있는 지적 능력을 의미한다. 인간이 인간중심주의로 사물의 질서를 세울 수 있었던 것은 지구상에서 지능이 가장 뛰어난 존재라는 믿음을 갖고 있었기 때문이다. 이 자의식에 근거해 '나는 생각한다. 고로 존재한다'라는 데카르트 테제가 나왔다. 인간이 만물의 존재 방식과 이유를 해명하는 주체라는 자신감이 인본주의를 성립시켰다. 인본주의는 세계를 수학이라는 기호로 파악하는 자연과학으로부터 인문학의 독자성과 가치를 지켜내는 논리가 되었다.

하지만 디지털 문명 시대 인본주의를 붕괴시키는 징후들이 나타났다. 무엇보다 인본주의가 낳은 최고의 걸작인 인공지능이 인본주의의 성립 기반을 무너뜨렸다. 인공지능이란 인간 특유의 지적 행동으로 여겨져온 사고, 학습, 판단을 할 수 있는 기계다. 인공지능의 위력을 우리가 실감한 계기는 2016년 알파고와 이세돌 9단과의 바둑 대결이다. 이 대결은 많은 사람의 예상을 뒤엎고 알파고의 일방적 승리로 끝났다. 알파고는 세계 최강자인 커제 9단에게도 완승하고, 은퇴를 선언했다. 더는 인간과의 대결이 무의미하기 때문이었다.

그 후 구글 딥마인드는 2017년 10월 인간 바둑의 역사를 초월하는 새로운 버전의 알파고를 발표했다. 이세돌, 커제와 대국을 벌인 알파고는 인간의 기보를 입력한 후 강화 학습으로 기력을 향상시킨 인공지능이다. 이에 비해 새로운 버전 '알파고 제로'는 인간의 기보를 바탕으로 하지 않고 스스로 학습해 바둑에서 전인미답의 '신의 경지'를 열었다. '알파고 제로'는 단지 40일 동안의 독학으로 이전 버전의 알파고를 능가하는 실력을 발휘했다. 그 의미는 작지 않다. 적어도 바둑 분야에서는 인공지능이 인간의 지능을 추월하는 지능 폭발이 발생해서 바둑 역사의 종말이 일어난 셈이다.

문제는 바둑이라는 한 분야가 아니라 모든 면에서 인간의 지능을 넘어서는 범용 인공지능AGI이 등장하는 이른바 '특이점'이 도래할 때다. 그때가 되면 정말로 인간이 만든 최고의 발명품인 인공지능이 인간의 마지막 발명품이 되는 인류 역사의 종말이 일어날 수 있다. 하지만 그것은 현실의 기술 수준으로는 불가능한, 아직은 SF 영화에 나오는 이야기다. 인간과 인공지능의 능력을 단순 비교하는 것의 문제점을 미국의 로봇공학자 한스 모라벡은 이미 1970년대에 "어려운 일은 쉽고, 쉬운 일은 어렵다"라는 말로 표현했다. 인간은 걷기, 느끼기, 듣기, 보기, 의사소통하기 등의 일상 행위는 매우 쉽게 할 수 있지만, 복잡한 수학 계산을 하려면 많은 시간과 노력을 들여야 한다. 한편 수학 계산과 데이터 분석 능력은 이미 인간을 초월했지만, 인간의 일상 행위를 수행할 수 있는 로봇을 만들기는 매우 어렵다. 이런 '모라벡의 역설Moravec's Paradox'의 원인은 진화에 있다. 인류에게 탑재된 감각·운동 능력은 수백만 년에 걸쳐 진행된 진화의 소산이다. 그동안 이룩한 것을 인공지능이 단기간에 따라오기란 쉽지 않다.

결국 모든 것의 기원을 설명하는 키워드는 진화다. 이에 따라 빅히스토리는 '우리는 어디서 왔는가'의 답을 우주 역사 속 진화의 과정으로 설명한다. 그렇다면 다음 문제는 그렇게 진화된 '우리는 무엇인가'다. 진화를 통해 우리가 인간이 되었다면, 인공지능을 통한 포스트휴먼의 탄생 역시 진화라 볼 수 있는가? 결국 이 문제는 '진화로부터 탄생한 생명이란 무엇이며 그렇게 생겨난 유기체들 가운데 인류만이 존엄하다고 말할 수 있는 근거는 무엇인가'로 이어진다.

인본주의의 존립 근거는 지구상의 생명체 가운데 가장 지능이 뛰어난 존재가 인간이라는 데 있었다. 하지만 인간의 지능보다 뛰어난 인공지능이 등장하면, 인본주의는 더 이상 유효하지 않다. 인간은 탄소를 기반으로 하는 생명체인 데 반해, 인공지능은 실리콘으로 이뤄져 있다. 둘 다 같은 생명체라는 걸 인정한다면, 전자가 후자보다 우월하다고 말하는 것은 백인이 비백인보다 우월하다고 주장하는 인종차별주의와 다를 바 없다. 종 평등주의 관점에서 보면, 인간만이 인권을 갖는 게 아니라 모든 생명체가 나름의 권리를 가져야 한다. 그렇다면 다가오는 인공지능 시대를 대비하여 우리를 어떻게 재정의할 것인가?

16장
우리는 무엇인가

어떻게 수소에서 인간이 되었는가

빅히스토리는 세상에 관한 가장 큰 물음들에 답하려는 시도다. 우주는 어떻게 생겨났고, 태양과 지구는 어떻게 만들어졌으며, 생명과 인간이란 무엇인가? 이 물음들에 답하려면 인간의 지식과 상상력을 동원해야 한다. 개별 학문으로는 답할 수 없기에, 모든 학문 분야의 융합이 필요한 것이다.

존재하는 것은 크게 '세상'과 '나'다. 실재하는 세상 전체를 포괄하는 말이 우주다. 그것을 알고 말하는 주체는 나다. 이 둘을 전제로 하는 빅히스토리 이야기 구성은 크게 두 부분으로 나뉜다. 제1부는 우주 이야기다. 빅뱅으로 수소, 헬륨 같은 입자와 에너지, 시공간이 탄생했다. 성운 속 입자들이 뭉쳐져 생겨난 별에서 원소들이 만들어졌으며, 그것들로부터 '모든 생명체의 공통 조상'인 루카가 지구에 생겨났다.

제2부는 이 단세포가 진화하여 다세포생물, 그리고 마침내 인류가 탄생하면서 전개되는 인간의 이야기다. 별들에서 만들어진 원소들의 집합으로 구성된 우리는 물질 차원에서 보면 우주의 먼지에 불과하다. 하지만 우주의 다른 존재와 구별되는 점은 브라이언 스윔Brian Swimme의 말대로 "어떻게 수소가 인간으로 변했는지"[1]를 알아낸 유일한 유기체라는 것이다. 모든 기원이 빅뱅으로 환원되듯, 모든 것은 궁극적인 하나로부터 시작해 서로 연결되어 있다. 이 모든 연결에 대한 이야기가 빅히스토리다.

그렇다면 어떤 원리로 연결되었을까? 천체물리학자 에릭 체이슨은 그 원리로 진화를 들었다. 2011년 그는 시간이 흐르면서 증가한 복잡성을 수학적으로 표현할 수 있는 양적 방법인 에너지 비율 밀도energy rate density를 고안했다. 에너지 비율 밀도란 특정한 계system 1그램당 1초에 흐르는 에너지의 추정치를 말한다. 즉 단일한 측정 단위를 기준으로 특정 계가 얼마나 복잡한지, 시간에 따라 에너지의 흐름이 얼마나 달라지는지 비교 분석하는 모델이다. 이 모델에 의거해 계산함으로써 체이슨은 우주의 시작부터 지금까지 우주의 일부 구역에서 복잡성이

---

1   신시아 브라운, 『빅 히스토리―우주, 지구, 생명, 인간의 역사를 통합하다』, 이근영 옮김, 웅진지식하우스, 2013, 9쪽에서 재인용.

증가했다는 연구 성과에 기반해 우주의 역사를 '진화의 서사시'로 썼다.[2] 그는 진화의 단계에 따라 우주의 역사를 미립자 시대-은하계 시대-항성 시대-행성 시대-화학 시대-생물학 시대-문화 시대의 일곱 시대로 구분하고, 마지막 여덟번째 시대로 미래를 덧붙였다.

진화의 문제에 대하여

이 빅히스토리 플롯 구성에서 일차적으로 문제가 되는 개념이 진화다. 적어도 두 가지 의문이 제기될 수 있다. 첫째, 무생물에도 진화 개념을 적용할 수 있는가, 둘째, 진화가 과연 복잡성의 증가라는 방향성을 갖는가다.

이 문제를 코로나19, 신종 코로나바이러스와 연관 지어 생각해보자. 코로나19는 인수공통감염병이라는 특징을 지닌다. 코로나바이러스는 1930년대 닭에서 처음 확인되었다가, 1960년대에 이르러 사람에게서도 발견되기 시작했다. 확인된 7종 가운데 4종은 감기와 비슷한 가벼운 증상만 일으킨다. 문제는 이후 차례로 등장한 나머지 3종, 사스 코로나바이러스와 메르스 코로나바이러스, 그리고 이번에 중국 우한에서 최초로 보고된 코로나19다.

2   Eric Chaisson, *Epic of Evolution: Seven Ages of the Cosmos*, Columbia University Press, 2006.

코로나19 펜데믹은 코로나바이러스의 진화를 통해 일어난 사건이다. 바이러스는 기본적으로 생명과 물질의 중간 존재로 분류되지만, 분명 변이를 일으켜 진화한다. 생명체처럼 DNA든 RNA든 자신의 정보를 퍼뜨리는 특성을 갖고 있기 때문이다. 생물은 생식을 통해 자신의 유전정보를 퍼뜨리지만, 바이러스는 숙주에 기생해서 자신의 정보를 퍼뜨리는 속성을 갖고 있다. 따라서 감염병이 생겨나고 인간은 고통을 겪는다. 인간은 백신을 개발해 병을 예방하려 하지만 쉽지 않다.

생명체의 유전정보를 담은 물질인 '핵산'은 DNA와 RNA로 나뉜다. 이 중 DNA는 이중나선 구조로 꼬여 있는 안정적인 구조를 이루지만, RNA는 단일 가닥으로 돼 있어서 돌연변이가 일어날 확률이 DNA 바이러스에 비해 10만~100만 배 이상 높다. 문제는 코로나바이러스가 RNA 계통 바이러스라는 점이다. 이는 집단면역을 어렵게 한다.

하지만 문제를 코로나바이러스의 입장에서 생각해보면, 해결의 실마리를 찾을 수 있다. 숙주인 인간이 죽는 것은 바이러스에게도 치명적이다. 문제는 바이러스가 강해서가 아니라 인간의 면역력이 약해서 발생한다는 것이다. 결국 둘 사이의 전쟁은 바이러스와 인간이 '적대적 공존 관계'를 맺으면서 복잡성을 증가시켜나가는 것으로 종결될 것이다.

이 관점에서 감염병의 역사를 보면, 병원균과 인류의

싸움은 어느 한쪽의 일방적인 승리가 아니라 모순의 변증법으로 날이 갈수록 고도화된다. 과학은 바이러스와 세균을 결코 박멸할 수 없으며 오히려 그들의 진화를 돕는다. 이 모순의 변증법으로 지구 생태계와 우주 전체가 연결되어 있음을 이야기하면서, 인류 문명이 어디를 향해 나아가야 하는지 성찰하는 것이 빅히스토리 앞에 놓인 중요한 과제다.[3]

진화의 플롯으로 빅히스토리 스토리텔링을 구성할 때 제기되는 두번째 문제는, '진화가 과연 복잡성이 증가하는 방향성으로 진행되는 일반적 과정인가'다. 물론 진화의 시계에서 늦게 등장한 생물일수록 자연선택을 통해 살아남는 과정에서 더 큰 복잡성을 갖는다는 것은 사실이다. 하지만 그것을 우주 차원의 일반적 경향성이라고는 결코 말할 수 없다.

스티븐 제이 굴드는 진화의 방향성을 부정한 유명한 진화생물학자다. 그는 진화라는 테이프를 되돌리는 실험을 한다면 인류가 탄생할 확률은 거의 제로에 가까운 우연이라 했다. 예컨대 1억 5천만 년 동안 지구를 지배했던 공룡이 멸종하지 않았다면 인류는 생겨날 수 없었을 것이다. 이처럼 진화는 반복 불가능하고 순전히 우발적으로 일어나는 현상이다.

3   이에 대해서는 김기봉, 「미래를 위한 '역사학 선언'과 빅히스토리」,『서양사론』144, 2020, 226~55쪽.

하지만 개별 종의 차원이 아니라 전체 종의 관점에서 보면, 진핵세포의 등장이나 다세포생물의 출현 같은 생물학적 대격변은 비가역적이고 복잡성이 증가하는 방향으로 나아간 것 역시 틀림없는 사실이다. 물론 소행성 충돌과 같은 우연이 진화의 방향을 순식간에 바꿀 수 있다. 하지만 다윈이 말한 진화의 중요한 특징 가운데 하나가 적응이다. 유기체는 환경의 도전에 대해 생존에 유리한 방향으로 자연선택되며 적응해나가는 속성을 갖기에 진화에 방향성이 있다고 주장할 수 있다.

하지만 적응이란 어디까지나 생명을 대상으로 하는 말이다. 지구에서 생명이 탄생했고, 빅히스토리는 그것을 우주 진화의 결정적 임계 지점으로 구분한다. 생명이 탄생한 이래, 우주란 무엇인지를 묻고 의미를 부여하는 인간이 등장했기 때문에 우주는 역사를 갖게 되었다. 물론 인간중심주의라는 비판을 받을 수 있다. 하지만 인간 없는 역사란 불가능하며 무의미하다는 것이, 빅히스토리의 선험적 조건임을 부정할 수는 없다.

복잡성의 증가라는 진화의 대서사시로 우주의 역사를 쓰는 것에 대한 가장 큰 비판은, 이 플롯 구성이 열역학 제2법칙에 위배된다는 점이다. 열역학 제2법칙에 따르면, 우주 전체는 엔트로피의 증가가 일어나야 한다. 엔트로피 법칙에 맞지 않는 예외가 생명이다. 그래서 슈뢰딩거는 열역학 제2법칙을 따르는 우주에서 유기 생명체가 어떻

게 성장하고 번식했는지를 고찰했다. 슈뢰딩거는 유기 생
명체가 외부로부터 고품질의 에너지를 섭취함으로써 복
잡성을 증가시키는 '음의 엔트로피'를 발생시킬 수 있기
때문이라 설명했다. 그런 생명의 신비를 표현한 문장이
"스스로 알을 깨면 한 마리의 병아리가 되지만, 남이 깨
주면 달걀 프라이가 된다"는 것이다. 이처럼 생명의 탄생
은 인간이 알이라는 물리 세계를 깨고 나와, 허구 세계든
메타버스든 가상현실을 창조할 수 있는 계기가 되는 우
주적 대사건이다.

복잡성의 증가로 보는 빅히스토리

지구에서 생명이 탄생한 이후 인류가 출현하여 전개된
우주적 사건들의 연쇄가 빅히스토리의 제2부에 해당하
는 문명사다. 새로운 것이 창조되기 위해서는 더 많은 에
너지가 흐르면서 더 많은 구성 요소가 구조 안에 포섭되
는 복잡성의 증가가 일어나야 한다. 그렇게 구성 요소들
이 특정 방식으로 배열되고, 새로 조합함으로써 더 많은
에너지가 나타난 새로운 현상을 창발이라 부른다. 생명은
창발 현상으로부터 발생했다. 이처럼 열역학 제2법칙에
어긋난 듯한, 예외적 상황이 벌어질 수 있는 조건을 프레
드 스피어Fred Spier는 골디락스 조건이라고 지칭했다.

스피어는 물질을 관통하여 흐르는 에너지가 복잡성을 창발하고 소멸시키는 경계 조건이 있다는 전제로 빅히스토리를 썼다. 그는 물질, 에너지, 엔트로피, 복잡성과 같은 핵심 개념들에 근거하여 우주가 그 경계 조건을 넘어 진화하는 과정을 체제regime의 이행으로 설명했다.[4] 체제가 이행하는 것으로 전개되는 빅히스토리에서 가장 결정적인 분기점은 생명의 탄생이다. 스피어에 따르면 항성과 은하 같은 '비적응 체제non-adaptive regime'였던 우주는 생명의 탄생과 함께 생물학적 체계 같은 '적응 체제adaptive regime'로의 진화가 일어났다. 이 두 과정을 스피어는 다시 3단계로 시대를 구분했다. 시대구분의 기준은 복잡성의 증가로, 이를 측정하는 키워드는 정보다.

갈릴레오가 자연을 수학화해서 과학혁명을 촉발했다면, 정보를 수학화하여 정보혁명의 아버지로 불리는 정보이론가가 클로드 섀넌이다. 1948년 「통신의 수학적 이론」에서 섀넌은 정보를 의미로부터 분리시키고, "송신자와 수신자를 연결하는 채널을 통해 전달되기 위하여 부호화된 모든 것"[5]이란 정의에 입각해 정보를 수량으로 다룰 수 있는 방법을 고찰했다. 예컨대 섀넌은 '내일 해가 동쪽에서 뜬다'와 '내일 지구에 종말이 온다' 중에서 무

4   Fred Spier, *Big History and the Future of Humanity*, Wiley-Blackwell, 2015.

5   C. E. Shannon, "A Mathematical Theory of Communication," *Bell System Technical Journal* 27, 1948, pp. 379~423, 623~656.

엇이 더 의미 있는가를 묻는 대신에, 무엇의 정보량이 더 많은지 계산해낼 수 있는 방식을 궁리했다.

정보의 수학적 계산을 통해 섀넌이 알아낸 중요한 사실은, 정보가 확률과 관련 있다는 것이다. 일어날 확률이 적을수록, 우리가 모를수록 정보량이 많다. '내일 해가 동쪽에서 뜬다'는 모르는 사람이 거의 없기에 정보량이 매우 작은 반면, '내일 지구에 종말이 온다'는 일어날 가능성이 매우 적기 때문에 놀라움의 정도가 크고 거기에 담긴 정보량이 많다.

섀넌은 우리가 모르는 정도를 수학적으로 계산할 수 있다면, 메시지에 담긴 정보의 양을 측정할 수 있으리라는 아이디어를 냈다. 예측 불가능성이 높을수록, 곧 확률이 낮을수록 정보량은 크다. 어떤 일E이 일어날 확률을 P(E)라고 할 때, 그것이 갖는 정보량을 나타내는 정보 함수 I(E)는 그 확률에 대한 평균값으로서 다음과 같이 이진수 비트의 양으로 정의된다.

$$I(E) = -\sum_E P(E)\log_2 P(E) \quad [\text{bits}]$$

이 공식은 볼츠만이 경우의 수W에 로그log를 붙인 양을 엔트로피라고 정의한 방정식S=klogW과 같은 형태다. 이 점에 착안하여 섀넌은 정보 엔트로피를 정보량과 확률 곱의 결과물이라 정의했다. 열역학 제2법칙에 따르면 엔트로피는 고립계에서 항상 증가하거나 일정한 방향으로 사건이 일어난다. 곧 무질서해지는 과정에서, 뭉쳐 있던 에너지는 평평한 평행 상태로 안정화된다.

그렇다면 우주에서 인간의 위치는 무엇인가? 인간은 외부로부터 질 좋은 에너지를 받아들여 음의 엔트로피를 통해 생명 활동을 한다. 인공지능 또한 외부 에너지를 사용하여 엔트로피를 감소시키는 방향으로 학습을 최적화하며 진화한다. 인간은 과학을 통해 우주의 정보량을 늘려나간다. 이 과정은 인간이 우주와 스무고개 놀이를 하는 것에 비유된다. 디지털 기호로 정보화되는 '예' '아니오'로 답할 수 있는 질문을 인간이 우주에 던지는 가운데, 답을 맞힐 확률은 점점 높아지면서 정보 엔트로피는 감소한다. 인간이 그런 식으로 정보를 계속 확장하려면 질 좋은 에너지가 점점 더 많이 필요하며, 물질이 에너지로 변화됨으로써 열역학 엔트로피는 증가한다. 그런 상관관계에 입각하면, 물질과 에너지라는 우주의 근본은 정보와 같다는 추론이 가능하다. 생명체든 무생물이든 관계없이 모든 우주의 사물은 그 자체로 정보의 발현체이자 정보의 구성체다. 정보적 전환에 따르면 사물은 정보의 집합체이며 반대로 정보는 사물을 구성하므로 '만물의 근원은 정보다'라는 명제가 성립한다.

정보적 전환은 에너지의 집결로 일어나는 복잡성의 증가를 정보의 관점으로 설명할 수 있는 길을 열었다. 스피어는 정보적 전환에 입각해 '거대 정보 역사big informa-tion history' 모델을 제시했다. 이에 따르면 첫번째 단계는 '물리적 우주physical universe'다. 여기서는 생명이 없는 물질이 어떤 연쇄들을 이루며 정보를 전달했다.[6] 우주에 질서와 형태를 부여하는 원천 중 하나는 중력이다. 중력이 빅뱅으로 탄생한 물질과 에너지를 끌어당겨서 우주에 특정한 형태와 구조를 부여했기에 질서가 성립할 수 있었다. 태양계 행성들도 태양 주위를 도는 작은 물질 덩어리가 중력에 의해 서로 끌어당겨지면서 만들어졌다. 이들 가운데 지구가 태양으로부터 알맞은 거리로 떨어져 있고, 보호 자기장을 형성할 만큼 충분한 양의 철을 보유했으며, 또 생명을 진화시키기에 알맞은 환경과 지열을 가진 골디락스 조건을 갖춤으로써 인류가 탄생할 수 있는 별이 되었다.[7]

두번째 단계의 복잡성 증가는 생명의 탄생과 함께 형성된 '생물학적 세계biological world'에서 일어났다. "생명은 DNA 분자에 저장된 유전정보의 도움으로 조직되었

---

6   Fred Spier, *Big History and the Future of Humanity*, p. 25.
7   같은 책, 25쪽.

다."[8] 생명이란 정보를 담고 있으며 복제·전달할 수 있는 체계다. 이 정보처리 시스템을 탄생시킨 별이 지구다. 항성들은 자체의 구성 속에 저장된 물질을 공급받지만, 살아 있는 유기체들은 복잡성을 창조하고 유지하기 위해 외부로부터 에너지를 공급받을 수 있는 체계를 마련했다. 또한 생식을 통해 후속 세대에 자기 체계의 복잡성을 구성하는 방식에 관한 정보를 전달한다. 그 과정에서 정보의 변형이 일어난다.

생명이 탄생하는 과정에서 일어난 신비는 유독 물질이던 산소가 생명 유지에 필수적인 원소로 바뀌었다는 점이다. 그럴 수 있었던 것은 무엇보다 세균 덕분이다. 세균이 인간을 만들었다고 해도 과언이 아니다. 세균은 우리 몸을 구성할 뿐만 아니라 몸의 기능을 돕는다. 더구나 인간에게 알맞은 환경을 제공하고 물을 정화하며, 흙의 생산성을 높일 뿐 아니라 대기를 안정시키기에 인간은 생존할 수 있다. 질병을 유발하는 세균은 1,000개 가운데 하나 정도일 뿐, 대부분은 인간에게 이로운 존재다.

세균은 수십억 년간 지구를 지배했다. 이들은 네 가지 혁신을 통해 복잡성을 증가시키는 것으로 지구환경을 바꾸었다. 그 네 가지는 광합성, 호흡, 진핵세포, 유성생식이다.[9] 세균이 혁신을 이룩한 것은 무작위적인 돌연

---

8 같은 책, 27쪽.

변이가 발생해 자연선택을 통한 진화가 일어났기 때문이다. 세균은 수십억 년의 진화를 통해 지구환경을 생물이 살 수 있는 곳으로 바꾸었다. 하지만 지구 전체에서 생물이 존재할 수 있는 범위는 표층 영역으로만 한정된다. 이 영역을 오스트리아의 지질학자 에두아르트 쥐스Eduard Suess는 생물권biosphere이라 지칭했다. 이는 모든 생명체들이 살아가는 수권, 암권, 대기권을 포괄하는 환경을 뜻하기에 생태권ecosphere이라고도 일컬어진다. 지구상의 모든 생명체에게는 고유의 생태 환경이 있다. 그런데 예외적인 종이 현생인류다.

세번째 단계는 그런 복잡성의 증가로 이뤄낸 '인간 문화의 세계world of human culture'다. 여기서 우리가 아는 복잡성이 최대로 증가했다. 이는 인간이 정보량을 최고 수준으로 증가시킨 덕분이다. 인간은 뉴런과 뇌세포, 그 밖의 여러 기록 장치를 통해 정보를 획기적으로 증가시켰다.[10] 인간의 정보처리 시스템인 뇌를 활성화시키기 위해서는 많은 에너지가 필요했는데, 불을 사용하게 되면서 인간은 먹을 수 있는 것들의 종류와 양을 확대했다. 또한 불은 음식을 소화가 잘되도록 요리를 할 수 있게 만듦으로써 외부로부터 더 많은 에너지를 획득할 수 있게 해주었다.

9 신시아 브라운, 『세상이 궁금할 때 빅 히스토리―빅뱅에서 당신까지』, 이근영 옮김, 해나무, 2020, 183쪽.

10 Fred Spier, *Big History and the Future of Humanity*, p. 27.

문자 기록은 인간의 기억 용량을 확대하고 시공간을 초월한 정보화를 가능하게 만들었다. 정보화를 통해 인간이 정보를 축적하고 확산할 수 있게 되면서 생겨난 것이 집단 학습이다. 집단 학습은 인간이 개체 차원을 넘어 집단과 종 전체의 모든 과거에 대한 정보를 유산으로 재사용할 수 있는 교육이라는 제도를 만들었다. 이로써 발현된 문화 유전자의 진화는 새로운 버전으로 업그레이드됐다. 유기체의 진화란 기본적으로 생물학적 유전정보를 매개로 이뤄진다. 첫번째 물리적 우주의 단계에서 복합성의 증가는 입자가 재배열·재조합되는 연쇄에 의한 정보의 증가였다. 두번째 생물학적 세계에서의 진화는 세포라는 물질에 담긴 생물학적 유전정보를 매개로 이뤄졌다. 하지만 세번째 인간 문화 세계의 단계에서는 물질의 실재 세계를 초월하여 비물질적인 허구 세계에서 정보의 확산과 축적을 가능케 하는 길을 열었다. 생물학적 유전자에 의한 자연 진화를 넘어 문화 유전자를 매개로 하는 '문화'라는 인간 특유의 새로운 진화 모델을 창조했다. 이를 통해 인간이 이룩한 것이 문명이다.

생물학적 진화와 문화적 진화의 공진화

인류는 문화적 진화를 통해 문명의 진보를 이룩한 지

구상의 유일한 유기체다. 진화가 자연에서 일어나는 복잡성의 증가라면, 진보는 자연과 환경에 대한 인간 지배력의 증가다. 인류 문명사는 진보를 통해 지구환경을 변화시키려는 노력으로 전개됐다. 그 결과가 인류세다. 인류세에 이르기까지 인류는 문명사적으로 다음 네 단계의 패러다임 전환을 했다. 첫걸음마는 이미 1부에서 살펴봤듯 이야기를 통해 현실 세계 너머, 허구 세계의 문을 여는 인지 혁명으로 시작됐다. 인류는 신화, 종교, 역사와 같은 서사를 매개로 익명의 수많은 개체들이 모여 거대한 협력 공동체를 구성했다. 어떤 동물보다 계산 능력이 뛰어난 인간은 매우 이기적인 개체다. 그런데 인간의 특이함은 수많은 이기적 개체들이 모여 거대한 이타적 공동체를 만들어낸 데 있다. 무엇보다 호모 나랜스라는 인간의 특성이 기적을 일으킨 원동력이다. 이야기를 통해 자기 정체성을 의식화하며 존재 의미를 추구한다는 특이성이, 인간을 '폴리스적 동물'로 살도록 만들었다.

인지 혁명이 인류 문명의 걸음마 단계라면, 달릴 수 있게 된 것은 약 1만 2,000년 전에 일어난 농업혁명을 통해서였다. 이때부터 인류는 식물을 작물로 변형시키고 동물을 가축으로 길들이며 자연에 개입하기 시작했다. 농업혁명으로 인류가 다른 동물들을 추월할 수 있는 문명을 건설하는 방향으로 달리다가 마침내 날아오른 시점은 과학혁명을 통해서다. 과학혁명을 가능하게 만든 것은 '세계의 수학화'다. 자연이란 수학으로 쓰인 책이라는 생각이 과학혁명을 일으킨 동인이었다. 그런데 수학의 기호인 숫자는 관념, 즉 허구다. 인문학이 이야기라는 허구로 상상의 세계를 열었다면, 자연과학은 수학이라는 기호로 플라톤이 말하는 이데아의 세계를 열었다. 0과 무한대, 원과 삼각형 그리고 미적분은 유한한 현실을 초월해 무한한 관념의 세계로 날아가는 매체가 되었다. 그것들을 타고 인간은 자연을 정복해나갔다.

이야기를 매개로 자연을 의인화하는 것에서 탈피하여 수학화를 통해 원리와 법칙을 탐구하는 과학은 구체적이지만 주관적인 경험적 지식empirical knowledge의 한계를 넘어 일반적이면서 객관적인 명제적 지식propositional knowledge을 크게 확장했다. 명제적 지식은 현상의 경험적 사실들의 본질을 이루는 원리에 관한 정보를 근간으로 한다. 경험적 지식은 개별적이고 직접적으로 적용되는 반면, 명제적 지식은 뉴턴의 만유인력 법칙처럼 보편성을 주장하지만 실생활에 직접 도움을 주진 못하는 '형식적 지식'이다.

그것을 '유용한 지식useful knowledge'으로 바꾼 전환적 사건이, 자연의 열에너지를 기계 동력으로 바꾸는 기술혁신을 최초로 성취한 제임스 와트의 증기기관 발명이다. 그것을 계기로 인간은 비유기체 에너지인 화석연료를 사용하기 시작했고, 이로써 형식적 지식을 유용한 지식으로 전환시킬 수 있는 기계의 발명과 기술혁신이 잇달아 일어났다. 미국 노스웨스턴 대학교 조엘 모키르 교수는 지식과 정보를 토대로 인류가 문명사적 도약을 이룩한 역사적 단계를 산업 계몽주의라고 지칭했다.[11] 화석연료를 사용하는 에너지혁명을 통해 인류는 성장의 장벽을 뚫고 어떤 새보다 더 높이 날고, 어떤 물고기보다 더 깊은 바다 속으로 들어갈 수 있는 지구 생활자로서 새로운 정체성을 획득했다.

산업 계몽주의 이후 인류가 비행기 단계에서 로켓 수준으로 문명의 점프를 한 것이 디지털 혁명이다. 디지털 혁명은 세상의 모든 것을 0과 1의 코드로 환원하여 기호화하는 제2의 수학화 혁명을 열었다. 생명체의 본질이 유전자 정보로 해독되듯, 만물의 근원은 정보다. 디지털 혁명은 모든 정보를 0과 1이라는 이진수로 변환할 수 있게 만들었으며, 그 정보들을 기억할 수 있는 용량을 무어의 법칙에 따라 기하급수적으로 확장했다. 그 결과로 빅데이터가 생겨났고, 그것을 바탕으로 강화 학습을 할 수 있는 알파고와 같은 인공지능이 탄생했다. AI 분야의 세계적 권위자인 앤드루 응Andrew Ng 미국 스탠퍼드 대학교 교수는 "AI는 우주선을 건조하는 것과 비슷하다"라고 말했다. 이를 위해서는 거대한 엔진과 많은 연료가 필요한데,

---

11   조엘 모키르, 『성장의 문화─현대 경제의 지적 기원』, 김민주·이엽 옮김, 에코리브르, 2018.

로켓 엔진이 학습 알고리즘이라면 거기에 주입하는 연료에 해당하는 것이 빅데이터다.

21세기에 인공지능은 진화의 패러다임을 바꾸는 신기원을 열고 있다. 생명이 처음 발생한 30억 년 전 이래로 지구상의 모든 생명체는 자연선택에 따라 진화했다. 지적 창조자가 설계해서 만든 생명체는 아직까지 없었다. 하지만 이제는 다르다. 생명공학, 사이보그 공학, 비유기물 공학은 포스트휴먼이란 새로운 생명체의 탄생을 예고한다. 21세기에 인간은 '인간은 어디서 왔으며 무엇인가'의 물음에 어느 정도 대답 가능한 지식을 과학을 통해 얻을 수 있었다. 하지만 그 후 인류 문명은 '어디로 가는 것인가?' 과연 과학이 이 물음에 대한 답을 줄 수 있는가? 과학 없이는 이 물음에 답할 수 없지만, 인류의 미래가 걸린 문제를 과학기술이 이끄는 방향대로는 풀 수 없다는 것이 지금 인류가 처한 딜레마다.

결국 과학도 인류가 한다. 그렇다면 과학이 나아갈 방향키를 잡고 있는 인류는 어떤 선택을 해야 하는가? 이것이 인문학 3문의 마지막 문제, '우리는 어디로 가는가'다.

17장
우리는 어디로 가는가

라이프 3.0의 도래에 응전하는 빅히스토리

역사학은 문자 기록이 생겨난 5천 년 전부터 역사시대로 설정하고, 이 시기 안에서만 '현재와 과거의 대화'를 했다. 하지만 이 짧은 과거와의 대화로는 인류 종이 '죽느냐 사느냐'의 위기에 직면한 포스트휴먼 시대를 전망할 수 없다. '높이 나는 새가 먼 곳을 볼 수 있다'라는 말처럼, 역사가 인문학 3문에 대해 의미 있는 답을 제시하려면 인간, 시간, 공간의 3간을 가장 높이, 가장 크고 멀리 확장시킬 필요가 있다. 이런 문제의식에서 등장한 역사 서술이 빅히스토리다.

1956년 러시아 출신의 미국 천문학자 조지 가모프는 허블의 관측 결과를 토대로, 우주가 계속 팽창하고 있다면 그 과정을 역으로 계속 되돌린 '최초의 순간'에는 모든 것이 한 점에 모여 있었을 것이란 역발상을 통해 빅뱅 이론을 제시했다. 우주의 시작점이 있다면 언젠가는 끝 나는 때 또한 도래할 것이다. 그 과정에서 일어나는 것이 변화다. '모든 것은 변화한다. 변화하는 것은 역사다. 고 로 모든 것은 역사다'라는 삼단논법에 입각해서 빅히스 토리를 추구할 수 있다. 하지만 오늘의 역사학이 빅히스 토리를 포용하기 위해서는 문자 기록에 갇혀 있는 기존 지식 패러다임에서 탈피해 과학과 융합할 필요가 있다.

이런 해체와 융합을 모범적으로 수행한 역사가가 유발 하라리다. 그가 쓴 『사피엔스』와 『호모 데우스』는 역사학 의 경계를 해체하여 과학을 포용한 인문학적 빅히스토리 의 전형이다. 이와는 반대 방향으로, '인공지능이 열어갈 인류와 생명의 미래'를 전망하며 과학자가 쓴 과학적 빅 히스토리의 모범이 『맥스 테그마크의 라이프 3.0』이다. 테그마크는 생명을 다음과 같이 정의한다.

> 자신의 복잡성을 유지하고 복제할 수 있는 과정이다. 복제되는 대상은 물질(원자)이 아니라 정보(비트로 이 뤄진)다. 여기서 정보란 어떻게 원자가 배열되는지를 구체적으로 정하는 정보다. [……] 달리 말하면 생명은 자기 복제를 위한 정보처리 시스템으로, 정보(소프트 웨어)가 해당 개체의 행동과 하드웨어의 청사진을 결 정한다.[1]

인간이 몸과 마음으로 이뤄져 있듯, 생명은 하드웨어와 소프트웨어의 결합으로 이루어진다. 테그마크는 이 둘의 결합 방식이 변화함에 따라 생명이 3단계로 업그레이드했다는 플롯에 기반해 빅히스토리의 시대구분을 했다.

먼저 라이프 1.0은 하드웨어와 소프트웨어 둘 다 자연선택에 의한 진화로 생존하는 생명 형태다. 예컨대 세균은 자극에 반응하지만 환경의 도전에 대응하지 못한다. 개체가 환경의 도전에 대응하려는 노력이 학습이다. 쥐, 개, 침팬지는 학습 능력을 증진해 라이프 1.1에서 1.9까지 진화한 생명체다. 하지만 그들은 집단 학습을 통해 문화 유전자를 만들어내는 단계까지 오르지 않았다.

라이프 2.0은 소프트웨어를 설계해 문화 유전자를 만들어낸 단계를 지칭한다. 하드웨어의 측면에서 인류는 약 600만 년 전 침팬지로부터 갈라져 나왔다고 추정된다. 인류는 구석기시대 대부분을 유인원과 다를 바 없이 생활했다. 그 후 현생인류는 호모 나랜스의 정체성을 가지면서 라이프 2.0으로 전환했다. 이야기를 통해 인류는 현실 세계 너머의 상상 세계로 들어가는 문을 거쳐 문명 세계를 열었다.

과학기술을 바탕으로 소프트웨어를 설계한 인류는 인

1   맥스 테그마크, 『맥스 테그마크의 라이프 3.0─인공지능이 열어갈 인류와 생명의 미래』, 백우진 옮김, 동아시아, 2017, 43~44쪽.

류세를 열면서 라이프 2.9까지 업그레이드했다. 라이프 2.9의 정점에서 발명된 게 인공지능을 가진 로봇이다. 로봇은 인간이 앞으로 생물학적 후손이 아니라 소프트웨어로 설계된, 포스트휴먼이라 불릴 새로운 유형의 후손을 창조하는 단계까지 발전을 거듭해나가고 있다. 인류는 로봇을 통해 생물학적 육체를 버리고, 인간 두뇌 속 모든 정보를 컴퓨터에 업로드해서 '나 이후의 나'로 변환될 수 있다. 이 로봇을 한스 모라벡은 '마음의 아이들mind children'이라고 표현했다.

'마음의 아이들'로 탄생한 로봇은 소프트웨어뿐 아니라 하드웨어까지 갖춰진 라이프 3.0이다. 라이프 2.0인 인류는 죽음을 극복할 수 없다. 죽음이란 하드웨어인 몸이 더 이상 작동하지 않는 것을 의미한다. 하지만 하드웨어까지 설계된 라이프 3.0은 죽지 않는 몸을 가진 이른바 '호모 데우스'의 탄생이다. 만약 라이프 3.0이 실현된다면, 현생인류인 라이프 2.0의 운명은 어떻게 될 것인가?

우리는 과연 라이프 3.0 시대를 어떻게 맞이할 것인가? 그 답은 인문학 3문 가운데 하나인 '우리는 무엇인가'에서 '우리'의 정체성을 어떻게 규정하느냐에 달려 있다. 우리가 라이프 3.0으로 변환되는 길은 과학이 주도해서 연다. 앞서 언급했듯, 갈릴레오든 튜링이든 창의적 과학 이론은 생활 세계를 토대를 두고 창발했다. 모든 과학 지식은 인간의 마음으로 걸러진 것이다. 그래서 보편적 지식과 원리를 추구하는 과학도 역사가 있고, 그 역사를 전개하는 주인공은 고뇌하며 노력하는 인간으로서 과학자다.

라이프 3.0 시대가 '우리'에게 천국일 것인가, 아니면 지옥이 될 것인가? 이 물음에 대한 답은 결국 그 시대 '우리'는 무엇인가의 정체성 규정으로 내려진다. 생물체의 구조적, 기능적 기본 단위는 세포이고, 인간의 몸은 약 30조 개 세포가 모여 구성된 집합체이다. 뉴런과 눈 수정체 세포를 제외한 다른 주요 장기를 이루는 세포의 유통 기한은 대략 6개월이고, 7년이 지나면 대부분의 세포가 교체되어 내 몸은 다른 몸이 된다. 그런데도 같은 내 몸이라는 생각을 하는 이유는 뇌 안의 기억이 만들어내는 의식 작용 때문이다.

뇌과학은 그런 자아 정체성을 '테세우스의 배Ship of Theseus'의 역설로 설명한다. 고대 아테네인들은 국가적 영웅인 테세우스의 배를 낡은 판자를 새 것으로 교체하는 방식으로 보존했다. 그런데 원래 배의 판자가 모두 교체됐다면, 둘은 같은 배인가? 우리 몸의 30조 개 세포가 7년 후 모두 바뀐 후에도 같은 '나'로 인식되는 이유는, 실재가 아니라 기억이 정체성을 만들기 때문이다. '우리는 무엇인가'의 정체성은 집단 기억을 주입하는 역사 프로그램의 매트릭스를 어떻게 짜느냐에 달려 있다. 그런 문제의식으로 라이프 2.0에서 3.0으로의 전환기에 맞이

할 인류 정체성과 인간성의 위기를 극복하기 위해 새롭
게 설계해야 할 역사 프로그램이 빅히스토리다.

과학이라는 등불을 들고

빅히스토리는 최초의 생명인 라이프 1.0의 탄생 시점
까지 거슬러 올라가 인류의 미래를 전망한다. 라이프 2.0
으로서 인류의 탄생은 문화 유전자의 설계를 통해 유전
자의 노예에서 해방된 삶을 추구한 데서 이루어졌다. 그
런 인류가 문화 유전자인 정신을 기계에 탑재하는 사이
보그를 만들어내는 단계에 진입하면서 라이프 3.0의 출
현을 눈앞에 두고 있다.

그런데 사이보그가 탄생한다면, 그는 틀림없이 자기
정체성을 고뇌할 것이다. 실제로 이 주제를 선구적으로
다룬 이야기가 일본 애니메이션 「공각기동대」다. 이 애니
메이션을 영화화한 「공각기동대—고스트 인 더 셸」(루
퍼트 샌더스, 2017)에서 사이보그의 마지막 대사는 라이
프 2.0에서 3.0으로의 전환을 앞둔 인류에게 중요한 메시
지를 전한다.

"나의 정신은 인간이고 몸은 인공 신체다. 내가 첫번
째이지만 마지막은 아닐 거다. 우린 기억이 우리를 정

의하듯 기억에 집착하지만, 우리를 정의하는 건 행동
이다. 인간성이 우리의 장점임을 우리 후세에 전하기
위해 나의 고스트가 살아남았다. 난 내가 누구인지,
내 임무가 무엇인지 안다."

　인공지능 시대를 맞이하여 우리가 정말로 고뇌해야 할
문제는 육체를 호모 데우스로 어떻게 업그레이드할 것인
가가 아니라, 인간 정신과 인간성으로 무엇을 할 것인가
다. 아직까지 범용 인공지능이 출현하지 않은 현 단계에
서 실제로 인류가 당면한 심각한 문제는 '기계의 인간화'
보다 오히려 '인간의 기계화'라고 말하는 선각자가 많다.
애플의 최고 경영자 팀 쿡은 2017년 미국 MIT 졸업식
축사에서 "인공지능이 사람처럼 생각하는 것보다, 사람이
온정 없는 컴퓨터처럼 생각하게 될까 더 두렵다"라고 연
설했다. 그의 의도는 "뭘 하든 인간성을 불어넣으라"라는
데 있었다.
　그렇다면 인공지능 시대에 우리가 다시 각성해야 할
인간성이란 무엇인가? 앞에서 인용한 영화 대사가 하나
의 답을 제시한다. 정체성을 정의하는 것은 기억된 데이
터가 아니라 행동이라는 것이다. 빅데이터가 우리도 모르
는 우리에 대한 정보를 줄 수 있는 것은, 내 생각과 행동
의 패턴을 알려주기 때문이다. 과거의 패턴을 반복하며
사는 한, 인간은 인공지능이라는 빅브라더의 지배에서 벗

어날 수 없다. 패턴을 알고, 그 패턴과는 다른 결단을 내려서 행동하는 사람이 자유인이고 자기 운명의 주인이 될 수 있다.

인간이 운명을 개척하는 주체로 거듭날 가능성은, 인간이 허구 세계를 꿈꿀 수 있다는 데서 온다. 꿈꾸며 자기를 실현해나가는 인간성은 알파고 같은 인공지능에는 아직 없는 '고스트'다. '껍데기 속의 고스트Ghost in the Shell'의 의미를 성찰하는 학문이 인문학이다. 아직 오지 않은 미래를 꿈꾸며 이야기를 통해 행동하도록 일깨우는 인문학은, 인공지능이라는 판도라 상자를 열 미래 인류에게 마지막 남은 희망이다. 하지만 현재의 인문학이 인간에게 희망이 될 수 있는가?

양자역학에는 "닥치고 계산하라!"[2]라는 말이 있다. 물질은 입자인 동시에 파동이라는 코펜하겐 해석이 합리적으로는 이해 불가능하지만, 실제로 그러하니 이유를 따지지 말고 그냥 받아들이라는 주문이다. 하지만 그런 식으로는 살 수 없는 게 인간이다. 과학자는 '세계는 원자로 구성되어 있다'라는 전제로 수학 계산에 입각해 우주 만물의 이치를 연구한다. 반면 인문학자는 '세상은 이야기로 이루어져 있다'라는 믿음으로 자기가 이 세상에 존재하는 이유와 의미를 해명하는 이야기를 만들어간다.

2   Zeeya Merali, "Quantum Physics: What is Really Real?," *Nature* 521, 2015, pp. 278~80에서 재인용.

과학은 인문학이 이야기할 수 있는 세상에 대한 정보를 우주 차원까지 확대했다. 우주 자체가 하나의 거대한 컴퓨터라고 주장하는 이론까지 나왔을 정도다.[3] 역설적이게도 인간이 만든 인공지능이라는 컴퓨터에 의해, 인간 역시 우주라는 컴퓨터 안에 있는 아주 작은 컴퓨터라는 것이 증명되고 있는지도 모른다.

컴퓨터와 컴퓨터 사이의 수많은 연결로 생겨난 것이 인터넷이라는 네트워크다. 이런 인터넷 망으로 탄생한 것이, 가상 세계에서 오늘날 전 세계 인류를 하나의 지구촌 사회로 연결시킨 월드 와이드 웹이다. 인공지능이 선도하는 4차 산업혁명에서는 모든 것의 지능 정보화를 통해 사물 인터넷을 탄생시켰다. 그 결과 인간과 인간은 물론 사물들과 소통할 수 있는 연결 망을 창출함으로써 정보량은 비약적으로 증가했다. 이렇게 해서 창출된 빅데이터는 4차 산업혁명의 토대가 되는 원유로 여겨진다. 정보와 연결이 인류 미래 사회를 이끄는 동력이다.

문제는 인간이 존재하는 다른 모든 것과의 연결을 통해 만물 인터넷의 차원이 열리는 시대에 인간의 위치와 가치는 무엇인가다. 우주라는 네트워크에서 인간의 위치는 너무나 작은 점에 불과하다. 그런데 경이로운 사실

---

3 세스 로이드, 『프로그래밍 유니버스』, 오상철 옮김, 지호, 2007; 블라트코 베드럴, 『물리법칙의 발견―양자정보로 본 세상』, 손원민 옮김, 모티브북, 2011.

은, 이 무한대 우주와 연결되어 있다는 것을 아는 유기체는 우리가 아는 한 우리 인간뿐이라는 점이다. 인간이 인지 혁명으로 시작해서 과학혁명과 정보혁명을 통해 지구의 정복자가 되고, 최고이자 최후의 발명품이 될지 모른다는 인공지능까지 만들어냈지만, 우리가 우주에 대해 아는 정보는 일부에 지나지 않으며 빛이 도달할 수 있는 지점까지뿐이고 우주의 대부분을 차지하는 암흑 물질에 대해서는 아는 것이 별로 없다. 이 무지의 영역에 빛을 비추는 것은 과학이라는 등불이다. 그런데 그 등불을 누가 들고 있는가? 이 문제를 제기하는 것이 인문학의 역할이다.

아마 우주는 거대한 컴퓨터일지 모른다. 컴퓨터는 수학 계산으로 모든 문제를 푸는 알고리즘으로 작동한다. 그렇다면 이 알고리즘을 만드는 주체는 누구인가? 계산은 컴퓨터가 하지만, 그런 명령을 내리는 주체는 인간이다. 이런 주체 의식을 갖고 '우리는 어디서 왔고, 무엇이며, 어디로 가는가?'라는 3문을 탐구하는 학문이 인문학이다. 오늘날 인문학이 이 3문에 답하기 위해서는 과학적 지식이 절대적으로 필요하다. 인문학적 성찰 없이 계산만 하는 과학은 무의미하지만, 과학적 지식 없는 인문학은 공허하다.

세상을 바꾸고 인간을 병과 죽음으로부터 해방해주는 것은 과학이다. 하지만 과학의 주체는 어디까지나 인간이기에, 과학이 지배하는 시대에도 인문학은 필요하다. 과학은 인간이 원하는 모든 것들을 하나씩 충족시켜줄 만큼 비약적으로 발전할 것이다. 그런데 문제는, 인간이 진정으로 무엇을 원하는지에 대해서는 과학을 통해 답을 얻을 수 없다는 점이다. 이런 맥락에서 하라리는 인문학의 존재 의미에 대해 다음과 같이 말했다.

> 우주 그 자체로는 의미 없는 원자들의 뒤죽박죽일 뿐이다. 아무것도 아름답거나 성스럽거나 섹시하지 않다. 하지만 인간의 느낌이 그렇게 만든다. 빨간 사과를 먹음직스럽게 만드는 것도, 똥덩이를 역겹게 만드는 것도 오로지 인간의 느낌이다. 인간의 느낌을 제거하면 남는 것은 분자 다발뿐이다. 우리는 의미를 찾고 싶어 하면서도 우주에 관해 이미 다 만들어진 어떤 이야기에 자신을 맞추려고 한다. 하지만 [……] 진실은 정확히 그 반대다. 우주가 내게 의미를 주는 게 아니다. 내가 우주에 의미를 준다. 이것은 나의 우주적인 소명이다.[4]

우주가 아무리 크고 영원하다고 해도, 그건 지구라는 창백한 푸른 점에 잠시 머물다 사라질 내게 무슨 의미가 있는가? 우주가 내게 의미를 부여하는 것이 아니라, 내가

4　유발 하라리, 『21세기를 위한 21가지 제언―더 나은 오늘은 어떻게 가능한가』, 전병근 옮김, 김영사, 2018, 450~51쪽.

우주에 관한 정보를 생산하고 의미에 관해 이야기한다.
중요한 것은 인간 의식의 차원이다. 결국, 인공지능 시대
인류는 어디로 가는가? 궁극적으로 그 물음에 대한 답은
우리가 어떤 의식을 갖고 무엇을 하느냐에 달려 있다.

코로나19 팬데믹과 기후 위기를 겪으면서 새삼 깨달
은 것은, 우리가 요람에서 무덤까지 지구에서 존재하다가
사라지는 지구 생활자의 일원이란 사실이다. 600만 년
전 침팬지와 공통 조상에서 갈라져 나온 인류는 여러 계
통으로 분화됐지만, 호모 사피엔스 한 종만 살아남고 나
머지는 멸종했다. 46억 년 지구 역사에서 출현한 종 가운
데 98퍼센트 이상은 사라졌으니, 현생인류 또한 사멸해
서 지구 역사의 주인공이 바뀌는 날이 도래하더라도 결
코 이상한 일은 아니다.

기후 위기와 팬데믹은 순전히 인간의 문제다. 이들은
자연 재난이 아니라, 인간 활동에 대해 대기-지표-생물
권을 안정시키기 위한 피드백으로 지구가 자율 조절 기
능을 하며 야기한 현상들이다. 인간이 지구에 더 많은 영
향력을 행사할수록 인간에게 인과응보로 되돌아온다는
것을 이제는 모르지 않는다.

근대는 주체와 대상, 사실과 가치, 자연과 사회의 이분법을 근거로 성립되었다. 이 이분법은 근대를 이전 시대와 구분하는 본질로 여겨졌다. 하지만 순수하게 인간만으로 구성된 사회, 인간의 영향력이 미치지 않는 자연은 거의 없다. 신문 기사들을 훑어보아도 우리는 문화와 자연이 혼성을 이루는 세상에 살고 있음을 안다.

동물 가운데 인간만큼 사물과 연결된 삶의 방식을 지향하는 종은 없다. 인간만이 옷을 입고, 안경을 쓰고, 자동차를 발명해 타고 다닌다. 그런 인간의 특성을 극대화시켜 발명한 시대 개념이 근대다. 인간은 근대에 이르러 위로는 신으로부터 독립하고 아래로는 사물들을 지배하는 주체가 되는 '코페르니쿠스적 전환'을 했다고 스스로 믿어왔다.

하지만 실제로는 오히려 반대의 궤적을 그렸다. 과학기술이 발달할수록 우리는 비인간 존재들과 분리된 주체적 삶을 사는 것이 아니라, 신체를 연장시키는 도구와 기계, 뇌 기능까지 외부로 확장시킨 컴퓨터, 스마트폰 등과 혼합된 정체성을 형성해갔다. 그것들과 연결되지 않으면 생활할 수 없는 삶의 조건으로 전환된 것이다. 이에 대해 라투르는 "누구도 근대인이었던 적은 없다. 근대성은 시작조차 하지 않았다. 근대 세계는 존재한 적도 없다. 과거완료 시제의 용법은 여기서 중요한데 그것이 회고적인 감정의 문제이며 우리 역사를 다시 읽는 문제이기 때문이다"[1]라고 주장한 바 있다.

역사가는 과거완료가 된 시간 범위를 역사로 기술할 수 있다. 근대 역사학은 역사를 자연사와 구분하고, 인간이 비인간 존재에 대한 지배력을 확장하는 근대화를 세계화 과정으로 성취하는 것을 보편사적 목표로 설정했다. 하지만 인류세에 이르러 인간중심주의 세계관이 자멸을 초래할 수 있다는 반성과 함께, '생태화ecologization'[2]로 문명의 방향 전환을 해야 한다는 문제의식에 따라 역사를 재구성할 필요성이 대두했다. 과거 인간 활동에 대한 응보를 현재의 우리가 받고, 지금 우리가 무엇을 하느냐로 미래 인류에게 주어질 삶의 조건이 결정된다.

이에 따라 온고지신을 위한 역사보다는, 미래 궤도를 수정할 수 있는 내비게이션 역사가 더욱 요청된다. 지구온난화와 팬데믹 모두 인류 전체의 운명이 걸린 문제다. 이들의 발생 원인을 규명하고 미래 인류도 지구 생활자로 존속할 수 있으려면, 지금 우리는 무엇을 해야 하는지를 답할 수 있는 근대 역사학 너머의 역사를 모색해야 한다.

인류가 지질시대를 바꾸는 행위자가 된 원동력은 무엇보다 생물학적 진화와 문화적 진화의 공진화에 성공한

---

1 브뤼노 라투르, 『우리는 결코 근대인이었던 적이 없다』, 128쪽.

2 Bruno Latour, "To Modernize or to ecologize? That's the question," *Remaking Reality: Nature at the Millenium*, Routledge, 1998, pp. 221~242.

데서 비롯했다. 자연에서 유전자가 자기 복제를 통해 생물학적 형질을 전달하는 과정에서 돌연변이가 생겨나 자연선택됨으로써 진화가 일어나듯, 인류는 문화 유전자를 매개로 집단 학습을 거침으로써 복잡성을 증가시키는 문화적 진화를 이루었다. 이로써 단기간에 지구의 최상위 포식자가 되었다.

그렇다면 인류를 공진화하는 생명체로 바꿔놓은 요인은 무엇인가? 핑커는 연재만화 「캘빈과 홉스Calvin and Hobbes」에 나오는 일화로 인간의 특성을 설명한다. 캘빈은 호랑이 친구 홉스에게 왜 사람들은 자신이 가진 것에 만족하지 못하는지를 묻는다. 이에 홉스는 말한다. "당연하지. 인간의 손톱은 정말 초라해. 인간은 어금니도 없고, 밤엔 잘 못 보고, 분홍색 가죽은 있으나 마나고, 반사 신경은 한심하고, 심지어는 꼬리도 없잖아!"[3] 하지만 그런 신체적 한계를 가진 인간이, 호랑이가 지구 생활자로 계속 생존할 수 있을지를 좌우하게 되었다. 이는 무엇보다 객관 세계의 작동 방식을 이해할 수 있는 지능을 발달시킨 덕분이다.

인간은 문화적 진화로 자연이 설정한 '마의 장벽'을 뚫었다. 지능은 신체의 물리력이 아닌 인간 마음의 능력이

---

3   스티븐 핑커, 『마음은 어떻게 작동하는가─과학이 발견한 인간 마음의 작동 원리와 진화심리학의 관점』, 김한영 옮김, 동녘사이언스, 2007, 298쪽에서 재인용.

다. 동물은 감각에 대한 반응으로 본능적 행동을 하지만, 인간은 마음의 프로그램에 따라 목적 지향적 행동을 한다는 점이 다르다. 인간이 지식을 활용하는 방식은 정신적 모델mental model의 모색인 것이다. "정신적 모델은 상상력을 발휘하는 경기장arena이다. 그것은 장소에 따라 모델을 변경해서 다양한 시나리오로 실험할 수 있게 해준다."[4] 인간에게는 마음이라는 상상의 세계가 있기에 현실 세계에서는 불가능한 사고실험을 할 수 있다.

모델은 사물을 그대로 그려내는 것이 아니라 예시하는 기능을 한다. 모델은 관념을 재현한다. 인간이 모델을 만들 수 있는 것은 마음 세계가 있는 덕분이다. 인간이 손가락으로 달을 가리키고, 손가락이 가리키는 방향을 볼 수 있는 것은, 내면의 마음 세계에서 둘을 연결해보는 상상력이 발현되기 때문이다.

가리키는 것은 일종의 몸짓이다. 마이클 토마셀로에 따르면 인간 언어는 가리키는 몸짓이 상징적으로 변형됨으로써 나왔다. 여러 실험을 통해 그는 유인원들이 가리키는 행위를 이해하지 못하는 반면, 인간의 경우 아이들도 이해할 수 있는 이유가 언어 능력에 있음을 밝혀냈다.[5] 손가락은 실재하는 사물을 가리키지만, 언어는 허구

---

4   Judea Pearl & Dana Mackenzie, *The Book of Why: The New Science of Cause and Effect*, Basic Books, 2018, p. 26.

5   마이클 토마셀로, 『언어의 구축―언어 습득의 용법 기반 이론』, 김창구 옮김, 한국문화사, 2011.

를 표상하게 해준다.

언어는 인간에게 관념과 의미의 우주를 창조했다. "언어는 뇌의 구조와 공진화하면서 인간이라는 동물의 마음을 해방시켜서 창의적이 되도록, 그리하여 시간적으로 공간적으로 무한히 많은 다른 세계들을 상상하고 그 속으로 들어갈 수 있도록 했다."[6] 인간은 언어를 매개로 개념을 공유하는 종교와 문화를 만들어내고, 그것을 토대로 공동의 목표를 향해 집단 지향적 행동을 하는 폴리스와 같은 정치 공동체를 형성했다.

인간에게는 마음 세계가 있어서, 내면을 추구하는 독창성과 더불어 자아라는 심상을 갖게 되었다. 그러면서 자아실현을 삶의 목적과 의미로 설정하는 인간 특유의 실존적 삶의 방식 또한 정립됐다. 인간은 세상의 모든 것을 마음이라는 창을 통해 인식한다. 마음은 인간 조건을 형성하는 바탕이다. 인간의 마음은 존 밀턴의 표현대로 "지옥을 천국으로, 천국을 지옥으로 만들 수 있다."[7] 모든 것은 마음먹기에 달려 있다는 믿음으로 생겨난 전통 시대 동아시아 대표적인 심학心學이 불교와 성리학이다. 둘은 공통적으로 마음이 주인이며, 몸은 마음의 하수인이라고 가르친다. 이 가르침이 가능한 것은, 자기를 비추는 거울로서 메타 인지를 계발하는 방법을 알아낸 성인들

---

6   에드워드 윌슨, 『창의성의 기원』, 13쪽.

7   같은 책, 16쪽에서 재인용.

덕분이다. 몸과 마음을 마차와 말의 관계에 비유하면서
이때 말을 통제하는 마부는 누구인가를 화두로 마음공부
를 한다. 깨달음의 경지에 오르면 일체유심조一切唯心造
이기에, 모든 것은 오로지 마음에 달려 있다고 가르친다.
인문학은 기본적으로 인간의 마음에 관한 학문이다.

후설이 분석했듯 유럽 정신의 위기는 학문의 패러다임
이 인문학에서 과학으로 바뀐 데서 발생했다. 과학은 빅
뱅으로 물질과 에너지, 그리고 그로부터 우주의 모든 것
이 생겨났다고 설명한다. 물질을 이루는 가장 작은 단위
가 원자라면, 생명은 세포를 기본 단위로 성립한다. 살아
있는 물질인 세포의 탄생이 곧 생명의 기원이다.

살아 있는 모든 것에 정신이 있다고 말할 수 있는가?
슈뢰딩거는 물질에서 정신이 어떻게 생겨났는지를 물었
다. 정신은 뇌라는 물질에서 생겨난 것인데, 인간은 그 정
신으로 뇌를 연구한다. 뇌를 통해 뇌를 연구한다는 것, 곧
뇌가 연구 대상인 동시에 주체가 되는 역설은 어떻게 가
능한가? 이는 인간에게 자신을 대상화하는 의식이 있기
때문이다.

생명은 이기적 유전자를 담는 그릇으로 생겨났다. 그
런데 인간은 자신이 이기적 존재라는 것을 알고, 유전자
의 명령에 거부하는 행동을 한다. 자연의 본성에 따르기
보다 내면에 인간의 무늬를 새겨 의식적인 삶을 살고자
하는 노력의 총화가 인문학이다. 인문학은 인간과 자연

의 분리를 전제로 성립된다. 하지만 언어는 인류 진화 과정에서 발현된 뇌의 작용이며 우리의 마음 세계 또한 뉴런의 전기신호로 작동하는 매트릭스임이 밝혀지면서, '우리는 어디서 왔고, 무엇이며, 어디로 가는가'에 대한 인식 체계의 물질적 전환이 일어났다.

오늘날 물리학, 천문학, 생물학, 유전공학, 뇌과학 등의 첨단 과학적 지식을 토대로 하거나 인용하지 않고는 3문에 의미 있는 답을 할 수 없다. 물질적 전환을 통해 명확해진 사실은, 문자 발명 이후 5천 년에 불과한 역사시대의 인간 조건만을 연구하는 인문학으로는 인류세에 문명이 어디로 가야 하는지를 제시할 수 없다는 점이다. 요컨대 선사시대에 현생인류가 문화적 진화의 길을 열어젖힌 초기조건을 탐구하지 않고는 인류세의 근원을 밝혀낼 수 없기에, 미래 인류 생존을 위한 문명의 리셋을 할 수 없는 것이다.

창의성은 현생인류를 특징짓는 형질이다. 그 덕분에 현생인류는 문화적 진화를 이루었으며, 그 결과 자기 운명을 스스로 결정할 수 있는 지구 역사상 최초의 존재로 부상했다. 그 열쇠가 언어였다면, 인문학은 언어로 허구의 의미 세계를 구성하는 학문이다. 하지만 오늘날 인문학은 더는 창의성의 원천이 아니며, "인과관계 설명에 근원이 빠져 있고, 제한된 감각 경험이라는 공기 방울 안에 갇혀 있을 뿐"[8]이라는 비판을 면치 못한다.

학문 생태계가 인문학을 도태시키는 방향으로 전개되는 것에 대해 많은 사람들이 우려하지만, 그 방향을 역전시킬 묘안을 찾지 못한다. 인문학의 위기라는 문제의 복잡성은, 질주하는 과학을 통제하거나 이끌어줄 메타-과학이 절실히 요청되는 오늘날, 과거 그 역할을 해오던 인문학이 여전히 역사시대의 시간 범주에 갇혀 있는 데서 비롯한다. 과학 지식은 기하급수적으로 증가해나가는 데 비해, 인문학 지식은 차축시대 수준을 크게 넘어서지 못한다.

구글의 엔지니어 블레이크 르모인의 사례는 인문학의 지체 현상을 보여주는 전형적 사례다. 그는 2022년 6월 대화형 인공지능 람다LaMDA가 '사람 수준의 지각 능력'을 갖고 있다고 주장해 파문을 일으켰다. 이 일은 결국 한 개인의 일탈 행위가 빚어낸 해프닝으로 일단락됐지만, 본질적인 문제는 남아 있다. 람다는 정말로 '인간 같은 지각 능력'과 자기 주지적 의식을 갖고 있는가, 아니면 르모인의 의인화가 빚어낸 착각인가?

이에 대해 워싱턴 대학교의 언어학자 에밀리 벤더는 『워싱턴 포스트』와의 인터뷰에서, "우리는 지금 마음 없이 글을 생성할 수 있는 기계를 갖고 있다. 하지만 그 기계의 배후에 마음이 있다는 상상을 멈출 방법은 배우지

---

8   에드워드 윌슨, 『창의성의 기원』, 88~89쪽.

못했다"⁹라고 말한 바 있다. 우리는 인공지능이 방대한 자료를 처리하는 것을 '학습한다'라고 표현하며, '신경망'이라는 용어까지 사용한다.

그렇다면 우리가 직면한 중대한 문제는 의인화라는 오류에서 벗어나 인공지능을 하나의 기계로 대하는 방법을 새로 배워야 한다는 것인가, 아니면 더 나아가 인간의 뇌와 다른 방식으로 작동하는 인공 생명체가 탄생할 징조로 보고 이에 대비해야 한다는 것인가? 둘 사이에 무엇이 맞는지를 판가름해줄, 인공지능의 발달이 어디까지 나아갈지는 아직 명확하지 않다. 그럼에도 한 가지 분명한 사실은, 인간중심주의를 탈피하는 포스트휴먼 인문학을 점점 더 많이 요청하는 방향으로 문명이 전개될 거라는 점이다.

앞서 갈릴레오와 튜링의 예로 설명했듯 과학도 인간의 마음으로 한다. 인간과 세상을 보는 관점을 바꾸는 그들의 과학적 연구 과정에는, 지극히 인간적인 고뇌와 열정이 내재해 있다. 과학적 사실은 객관 세계의 재현이나 묘사가 아니라, 과학자가 우주에 참여 관찰participant observation함으로써 구성해낸 것이다. 라투르는 과학의 비밀이 기계, 텍스트, 사람, 동물, 언어적 진술 등 무수히 상

9 "The Google engineer who thinks the company's AI has come to life," *The Washington Post*, 2022. 6. 11.

이한 종류의 물질을 끊임없이 연결하는 과학자의 고통스럽고 창조적인 노력으로 드러나는 것이라 했다.[10]

이렇듯 고뇌하면서 노력하는 인간을 탐구해 이야기하는 학문이 인문학이다. 질주하는 과학을 운전하는 인간에 관한 학문으로서 인문학의 중요성을 부정하는 사람은 없다. '뇌의 나'로 태어난 인간이 '나의 뇌'로 살려는 불굴의 노력을 포기하지 않는 한, 인간 정체성과 존재 의미를 성찰하는 인문학은 필요하다.

인류세에 인간은 과학 없이 생존이 생존할 수 없다. 과학은 인류 문명의 지속 가능성을 보장하는 필요조건을 제공한다. 마찬가지로 인간은 과학만으로는 살 수 없다. 충분조건으로 인문학이 필요하다. 오늘의 인문학자들은 과학자들과 대화하고 협업하면서, 인류세를 사는 인간의 마음은 어떠해야 할 것인지 연구하고 성찰해야 한다. 종래의 인문학은 '인간은 만물의 척도'라는 인간중심주의를 내면화했다. 하지만 물질적 전환 이후에는 역으로 '만물이 인간 이해의 척도'라는 새로운 계몽의 선언이 요청된다.

역사학이 인간 행위자들만의 사회적 관계로 구성되는 서사였다면, 빅히스토리는 인간중심주의를 지양하는 인

---

10 브루노 라투르·스티브 울거, 『실험실 생활―과학적 사실의 구성』, 이상원 옮김, 한울, 2019.

간과 비인간 존재들의 사이, 동맹의 '집합체collective'[11]로 역사를 재구성할 수 있는 대안이다. 현생인류 존속을 위한 과학이라는 필요조건과 인문학이라는 인간 삶의 충분조건을 충족하는 '작은 빅히스토리Little Big History' 모델로 이 책이 조금이라도 유용하다면, 저자로서 그 이상 더 바랄 것이 없다.

---

11 Bruno Latour, *Reassembling the Social: An Introduction to Actor-Network-Theory,* Oxford University Press, 2007.

참고문헌

가드너, 하워드, 『지능이란 무엇인가?』, 김동일 옮김, 사회평론, 2016.

겔렌, 아르놀트, 『인간, 그 본성과 세계에서의 위치』, 이을상 옮김, 지식을만드는지식, 2015.

기든스, 앤서니, 『좌파와 우파를 넘어서』, 김현옥 옮김, 한울, 1997.

기조, 프랑수아, 『유럽 문명의 역사—로마 제국의 몰락부터 프랑스혁명까지』, 임승휘 옮김, 아카넷, 2014.

김기봉, 「역사 교과서 논쟁 어떻게 할 것인가—'역사의 정치화'에서 '정치의 역사화'로의 전환을 위하여」, 『역사학보』 198, 2008, 379~406쪽.

———, 「한국 고대사의 계보학」, 『한국고대사연구』 52, 2008, 19~56쪽.

———, 『히스토리아, 쿠오바디스—탈근대, 역사학은 어디로 가는가』, 서해문집, 2016.

———, 「미래를 위한 '역사학 선언'과 빅히스토리」, 『서양사론』 144, 2020, 226~55쪽.

———, 「화폐에 대한 역사철학적 성찰과 비트코인 화폐혁명」, 『철학과 현실』 130, 2021, 71~98쪽.

김도현, 「갈릴레오 사건—교회와 과학자 집단 간 갈등의 시발점」, 『신학전망』 201, 2018, 119~56쪽.

김세환, 「천문天文과 인문人文의 의미 고찰 , 『중국학연구』 79, 2017, 43~61쪽.

김형태, 『보이스 오디세이—목소리에 숨겨진 비밀을 찾아서』, 북로드, 2007.

김환석, 「사회과학과 신유물론 패러다임—사회학 분야를 중심으로」, **313**
『안과밖』 48, 2020, 121~40쪽.

너스, 폴, 『생명이란 무엇인가—5단계로 이해하는 생물학』, 이한음 옮
김, 까치, 2021.

노르베리-호지, 헬레나, 『오래된 미래』, 양희승 옮김, 중앙북스, 2007.

노에 게이치, 『과학 인문학으로의 초대』, 이인호 옮김, 오아시스, 2017.

뉴턴, 아이작, 『프린키피아 제1권—물체들의 움직임』, 이무현 옮김, 교
우사, 1998.

———, 『프린키피아 제3권—태양계의 구조』, 이무현 옮김, 교우사,
1999.

다윈, 찰스, 『종의 기원』, 김관선 옮김, 한길사, 2014.

———, 『종의 기원』, 장대익 옮김, 사이언스북스, 2019.

던바, 로빈, 『멸종하거나, 진화하거나—로빈 던바가 들려주는 인간 진
화 오디세이』, 김학영 옮김, 반니, 2015.

데닛, 대니얼, 『자유는 진화한다—자유의지의 진화를 통해 본 인간 의
식의 비밀』, 이한음 옮김, 동녘사이언스, 2009.

도킨스, 리처드, 『이기적 유전자』, 홍영남·이상임 옮김, 을유문화사,
2002.

뒤르켐, 에밀, 『에밀 뒤르켐의 자살론』, 황보종우 옮김, 청아출판사,
2019.

드앤, 스타니슬라스, 『우리의 뇌는 어떻게 배우는가—배움의 모든 것
을 해부하다』, 엄성수 옮김, 로크미디어, 2021.

라투르, 브뤼노, 『우리는 결코 근대인이었던 적이 없다—대칭적 인류
학을 위하여』, 홍철기 옮김, 갈무리, 2009.

———, 『지구와 충돌하지 않고 착륙하는 방법—신기후체제의 정치』,
박범순 옮김, 이음, 2021.

——— 외, 『인간·사물·동맹—행위자네트워크 이론과 테크노사이언
스』, 홍성욱 엮음, 이음, 2010.

———·스티브 울거, 『실험실 생활—과학적 사실의 구성』, 이상원 옮

314　김, 한울, 2019.

로이드, 세스, 『프로그래밍 유니버스』, 오상철 옮김, 지호, 2007.

로젠블룸, 브루스·프레드 커트너 『양자 불가사의―물리학과 의식의 만남』, 전대호 옮김, 지양사, 2012.

르 고프, 자크·장-모리스 드 몽트르미, 『중세를 찾아서』, 최애리 옮김, 해나무, 2005.

르두, 조지프, 『우리 인간의 아주 깊은 역사―생물과 인간, 그 40억 년의 딥 히스토리』, 박선진 옮김, 바다출판사, 2021.

리즈, 앤드루, 『도시, 문명의 꽃―도시를 읽는다, 세계를 읽는다』, 허지은 옮김, 다른세상, 2017.

리쾨르, 폴, 『시간과 이야기 1―줄거리와 역사 이야기』, 김한식·이경래 옮김, 문학과지성사, 1999.

리프킨, 제러미, 『공감의 시대』, 이경남 옮김, 민음사, 2010.

마자, 사라, 『역사에 대해 생각하기―오늘날 역사학에 던지는 질문들』, 박원용 옮김, 책과함께, 2019.

맥닐, 윌리엄, 『전염병과 인류의 역사』, 허정 옮김, 한울, 1998.

―――·존 맥닐, 『휴먼 웹―세계화의 세계사』, 유정희·김우영 옮김, 이산, 2007.

모키르, 조엘, 『성장의 문화―현대 경제의 지적 기원』, 김민주·이엽 옮김, 에코리브르, 2018.

박인규, 「중력, 만유인력인가 기하학인가」, 『사이언스올』.

박한선·구형찬, 『감염병 인류―균은 어떻게 인류를 변화시켜왔나』, 창비, 2021.

백종현, 「인문학의 이념과 한국인문학의 과제」, 『인문논총』 72, 2015, 163~93쪽.

베드럴, 블라트코, 『물리법칙의 발견―양자정보로 본 세상』, 손원민 옮김, 모티브북, 2011.

베버, 마리안네, 『막스 베버―세기의 전환기를 이끈 위대한 사상가』, 조기준 옮김, 소이연, 2010.

베버, 막스, 『직업으로서의 학문』, 전성우 옮김, 나남출판, 2006.

보비, 장-도미니크, 『잠수종과 나비』, 양영란 옮김, 동문선, 2015.

보이드, 브라이언, 『이야기의 기원—왜 인간은 스토리텔링에 탐닉하는 가』, 남경태 옮김, 휴머니스트, 2011.

분덜리히, 울리, 『메멘토 모리의 세계—'죽음의 춤'을 통해 본 인간의 삶과 죽음』, 김종수 옮김, 길, 2008.

브라운, 신시아, 『빅 히스토리—우주, 지구, 생명, 인간의 역사를 통합하다』, 이근영 옮김, 웅진지식하우스, 2013.

———, 『세상이 궁금할 때 빅 히스토리—빅뱅에서 당신까지』, 이근영 옮김, 해나무, 2020.

브래넌, 피터, 『대멸종 연대기—멸종의 비밀을 파헤친 지구 부검 프로젝트』, 김미선 옮김, 흐름출판, 2019.

브레히트, 베르톨트, 『갈릴레이의 생애—진실을 아는 자의 갈등과 선택』, 차경아 옮김, 두레, 2001.

블로크, 마르크, 『역사를 위한 변명』, 고봉만 옮김, 한길사, 2007.

사마천, 『사기 열전』, 옌볜인민출판사 고적연구소 엮고 옮김, 서해문집, 2006.

세이건, 칼, 『창백한 푸른 점』, 현정준 옮김, 사이언스북스, 2001.

슈뢰딩거, 에르빈, 『생명이란 무엇인가·정신과 물질』, 전대호 옮김, 궁리, 2007.

슈바니츠, 디트리히, 『사람이 알아야 할 모든 것—교양』, 인성기 옮김, 들녘, 2002.

스미스, 애덤, 『국부론(상)』, 김수행 옮김, 비봉출판사, 2007.

———, 『도덕감정론』, 김광수 옮김, 한길사, 2016.

스콧, 제임스 C., 『농경의 배신—길들이기, 정착생활, 국가의 기원에 관한 대항서사』, 전경훈 옮김, 책과함께, 2019.

시프먼, 팻, 『침입종 인간—인류의 번성과 미래에 대한 근원적 탐구』, 조은영 옮김, 푸른숲, 2017.

신상규, 「우리가 매트릭스 속에 살고 있다면」, 『헤겔연구』 20, 2006,

316   265~99쪽.

아리스토텔레스, 『정치학』, 천병희 옮김, 숲, 2009.

───, 『형이상학』, 김재범 옮김, 책세상, 2018.

야스퍼스, 칼, 『역사의 기원과 목표』, 백승균 옮김, 이화여자대학교출판부, 1986.

에델만, 제럴드 M.·줄리오 토노니, 『뇌의식의 우주─물질은 어떻게 상상이 되었나』, 장현우 옮김, 한언출판사, 2020.

엘리아스, 노르베르트, 『문명화과정 1』, 박미애 옮김, 한길사, 1996.

───, 『문명화과정 2』, 박미애 옮김, 한길사, 1999.

오닐, 루크, 『휴머놀로지─42억 년 동안 인간과 생명은 어떻게 이어져 왔을까?』, 김정아 옮김, 파우제, 2020.

오철우, 『갈릴레오의 두 우주 체계에 관한 대화─태양계의 그림을 새로 그리다』, 사계절, 2009.

윌슨, 에드워드, 『통섭』, 최재천·장대익 옮김, 사이언스북스, 2005.

───, 『생명의 편지』, 권기호 옮김, 사이언스북스, 2007.

───, 『인간 존재의 의미─지속 가능한 자유와 책임을 위하여』, 이한음 옮김, 사이언스북스, 2016.

───, 『창의성의 기원─인간을 인간이게 하는 것』, 이한음 옮김, 사이언스북스, 2020.

이경구, 『17세기 조선 지식인 지도』, 푸른역사, 2009.

이나스, 로돌포 R., 『꿈꾸는 기계의 진화─뇌과학으로 보는 철학 명제』, 김미선 옮김, 북센스, 2007.

이상욱, 「하나의 과학 방법론 고집 말라 그때그때 적합한 방법 찾아야」, 『한겨레』, 2005. 7. 22.

이영석, 『지식인과 사회─스코틀랜드 계몽운동의 역사』, 아카넷, 2014.

이진우, 『전쟁은 일어나지 않는다는 착각─우크라이나전쟁, 그리고 평화가 당연하지 않은 미래』, 휴머니스트, 2022.

조지프, 크리스토퍼, 『측정의 과학─펨토미터에서 허블 길이까지, 인류가 발명한 가치의 언어』, 고현석 옮김, 21세기북스, 2022.

조한욱, 「비코와 역사적 재구성」, 『청람사학』 23, 2014, 153~73쪽.

주경철, 『대항해 시대―해상 팽창과 근대 세계의 형성』, 서울대학교출판부, 2008.

―――, 『주경철의 유럽인 이야기 2―근대의 빛과 그림자』, 휴머니스트, 2017.

최성철, 「비코와 부르크하르트」, 『한국사학사학보』 11, 2005, 219~52쪽.

카너먼, 대니얼, 『생각에 관한 생각―우리의 행동을 지배하는 생각의 반란』, 이진원 옮김, 김영사, 2012.

카머너, 배리, 『원은 닫혀야 한다―자연과 인간과 기술』, 고동욱 옮김, 이음, 2014.

카시러, 에른스트, 『상징 신화 문화―에른스트 카시러의 1935~45년 에세이 및 강의』, 심철민 옮김, 아카넷, 2012.

카우베, 위르겐, 『모든 시작의 역사―우리와 문명의 모든 첫 순간에 관하여』, 안인희 옮김, 김영사, 2019.

칼레츠키, 아나톨, 『자본주의 4.0―신자유주의를 대체할 새로운 경제 패러다임』, 위선주 옮김, 컬처앤스토리, 2011.

켈리, 존, 『흑사병시대의 재구성―인류 역사상 가장 참혹했던 시대의 내밀한 이야기』, 이종인 옮김, 소소, 2006.

퀴스터, 한스외르크, 『곡물의 역사―최초의 경작지에서부터 현대의 슈퍼마켓까지』, 송소민 옮김, 서해문집, 2016.

크르즈나릭, 로먼, 『역사가 당신에게 들려주고 싶은 이야기―더 나은 삶을 꿈꾸는 당신에게』, 강혜정 옮김, 원더박스, 2018.

크리스천, 데이비드, 『거대사―세계사의 새로운 대안』, 김서형·김용우 옮김, 서해문집, 2009.

―――·밥 베인, 『빅히스토리―한 권으로 읽는 모든 것의 역사』, 조지형 옮김, 해나무, 2013.

크리스타키스, 니컬러스 A., 『신의 화살―작은 바이러스는 어떻게 우리의 모든 것을 바꿨는가』, 홍한결 옮김, 윌북, 2021.

탈레브, 나심 니콜라스, 『블랙스완—위험 가득한 세상에서 안전하게
살아남기』, 차익종·김현구 옮김, 동녘사이언스, 2018.

테그마크, 맥스, 『맥스 테그마크의 라이프 3.0—인공지능이 열어갈 인
류와 생명의 미래』, 백우진 옮김, 동아시아, 2017.

토마셀로, 마이클, 『언어의 구축—언어 습득의 용법 기반 이론』, 김창
구 옮김, 한국문화사, 2011.

토플러, 앨빈, 『제3의 물결』, 원창엽 옮김, 홍신문화사, 2006.

파이어아벤트, 파울, 『방법에 반대한다』, 정병훈 옮김, 그린비, 2019.

파커, 앤드루, 『눈의 탄생—캄브리아기 폭발의 수수께끼를 풀다』, 오숙
은 옮김, 뿌리와이파리, 2007.

피크, 파스칼·베르나르 빅토리·장-루이 데살, 『언어의 기원』, 이효숙
옮김, 알마, 2009.

핑커, 스티븐, 『마음은 어떻게 작동하는가—과학이 발견한 인간 마음
의 작동 원리와 진화심리학의 관점』, 김한영 옮김, 동녘사이언
스, 2007.

———, 『언어본능—마음은 어떻게 언어를 만드는가?』, 김한영·문미
선·신효식 옮김, 동녘사이언스, 2008.

하라리, 유발, 『사피엔스—유인원에서 사이보그까지, 인간 역사의 대담
하고 위대한 질문』, 조현욱 옮김, 김영사, 2015.

———, 『호모 데우스—미래의 역사』, 김명주 옮김, 김영사, 2017.

———, 『21세기를 위한 21가지 제언—더 나은 오늘은 어떻게 가능한
가』, 전병근 옮김, 김영사, 2018.

하우저, 아르놀트, 『문학과 예술의 사회사 1』, 백낙청 외 옮김, 창비,
1999.

한겨레, 「『총, 균, 쇠』 저자 "2050년, 우리 문명은 이제 30년 남았다"」,
2021. 7. 22.

한국18세기학회 편, 『위대한 백년 18세기—동서문화 비교 살롱토크』,
태학사, 2007.

한국철학사상연구회, 『인간을 이해하는 아홉 가지 단어—소수자에서

사이보그까지, 인간 존재를 묻는 철학 키워드』, 동녘, 2010.

해밀턴, 클라이브, 『인류세―거대한 전환 앞에 선 인간과 지구 시스템』, 정서진 옮김, 이상북스, 2018.

헌트, 린, 『무엇이 역사인가―린 헌트, 역사 읽기의 기술』, 박홍경 옮김, 프롬북스, 2019.

헤로도토스, 『역사』, 김봉철 옮김, 길, 2016.

호가스, 로빈 M.·엠레 소이야르, 『경험의 함정―빠르게 변화하는 시대에 경험은 왜 강점이 아닌 약점이 되는가』, 정수영 옮김, 사이, 2021.

홍성욱, 『포스트휴먼 오디세이―휴머니즘에서 포스트휴머니즘까지, 인류의 미래를 향한 지적 모험들』, 휴머니스트, 2019.

후설, 에드문트, 『유럽 학문의 위기와 선험적 현상학』, 이종훈 옮김, 한길사, 2016.

Brown, Cynthia, *Big History, Small World: From the Big Bang to You*, Berkshire, 2016.

Burkhardt, Jacob, *Weltgeschichtliche Betrachtungen: Über geschichtliches Studium*, BookRix, 1978.

Burtt, Edwin Arthur, *The Metaphysical Foundations of Modern Physical Science*, Doubleday, 1954.

Chaisson, Eric, *Epic of Evolution: Seven Ages of the Cosmos*, Columbia University Press, 2007.

Christian, David, *Maps of Time: An Introduction to Big History*, University of California Press, 2004.

Clarke, Peter, *Mister Churchill's Profession: Statesman, Orator, Writer*, Bloomsbury, 2012.

Crutzen, Paul J. "The Geology of Mankind," *Nature* 415, 2002, p. 23.

Dirlik, Arif, "Is There History after Eurocentrism?: Globalism, Postcolonialism, and the Disavowal of History," *Cultural Critique* 42, 1999, pp. 1~34.

eSchool News, "What Bill Gates is learning online," 2010. 1. 24.

Floridi, Luciano, *The Philosophy of Information,* Oxford University Press, 2011.

Friedman, Thomas L., "Our New Historical Divide: B.C. and A.C.— the World Before Corona and the World After," *New York Times,* 2020. 3. 17.

Kant, Immanuel, "Beantwortung der Frage: Was ist Aufklärung?," *Berlinische Monatsschrift,* Dezember Heft, 1784.

Kimball, Bruce A., *Orators and Philosophers: A History of the Idea of Liberal Education,* Teachers College Press, 1987.

Latour, Bruno, "To Modernize or to ecologize? That's the question," *Remaking Reality: Nature at the Millenium,* Routledge, 1998, pp. 221~242.

—————, *Reassembling the Social: An Introduction to Actor-Network-Theory,* Oxford University Press, 2007.

MacIntyre, Alasdair, *After Virtue,* University of Notre Dame Press, 1981.

McKinsey, "How COVID-19 has pushed companies over the technology tipping point—and transformed business forever," 2020. 10. 5.

Merali, Zeeya, "Quantum Physics: What is Really Real?," *Nature* 521, 2015, pp. 278~80.

Nietzsche, Friedrich, "Unzeitgemäße Betrachtungen. Zweites Stück: Vom Nutzen und Nachtheil der Historie für das Leben," *Nietzsche Werke: Kritische Gesamtausgabe,* Bd. 3(1), Giorgio Colli/Mazzino Montinari(ed.), De Gruyter, 1972.

Niles, John D., *Homo Narrans: The Poetics and Anthropology of*

Pearl, Judea & Dana Mackenzie, *The Book of Why: The New Science of Cause and Effect,* Basic Books, 2018.

Ranke, Leopold von, *Sämtliche Werke,* Bd. 33/34, Leipzig, 1885.

————, "Über die Verwandtschaft und den Unterschied der Historie und der Politik. Eine Rede zum Antritt der ordentlichen Professor an der Universität zu Berlin im Jahre 1836," *Über das Studium der Geschichte,* W. Hartdtwig(ed.), München, 1990, pp. 55~56.

Roberts, Patrick & Brian A. Stewart, "Defining the 'generalist specialist' niche for Pleistocene Homo sapiens," *Nature Human Behaviour 2,* 2018, pp. 542~50.

Shannon, C. E., "A Mathematical Theory of Communication," *Bell System Technical Journal 27,* 1948, pp. 379~423, 623~656.

————, "Coding theorems for a discrete source with a fidelity criterion," *IRE International Convention Record 7,* 1959, pp. 325~50.

Shennan, Stephen, *Genes, Memes and Human History,* Thames & Hudson, 2002.

Spier, Fred, *Big History and the Future of Humanity,* Wiley-Blackwell, 2015.

Tabachnick, David & Toivo Koivukoski, *On Oligarchy: Ancient Lessons for Global Politics,* University of Toronto Press, 2011.

Weber, Max, *Gesammelte Aufsätze zur Religionssoziologie,* Bd. I, 7. Aufl., Mohr, 1978.

————, *Gesammelte Aufsätze zur Wissenschaftslehre,* Mohr, 1988.

Wittgenstein, Ludwig, *Tractatus Logico-Philosophicus,* C. K. Ogden(trans.), Harcourt Brace & Company, 1922.

ㅎ